谨以此书献给中巴建交 50 周年

华语与华语传承书系

北京华文学院资助出版

巴西华二代
祖语传承研究

陈雯雯　著

暨南大学出版社
JINAN UNIVERSITY PRESS

中国·广州

图书在版编目（CIP）数据

巴西华二代祖语传承研究 / 陈雯雯著. -- 广州 ：
暨南大学出版社，2024．7． --（华语与华语传承书系）.
ISBN 978-7-5668-3950-3

Ⅰ．G749

中国国家版本馆 CIP 数据核字第 2024KY1050 号

巴西华二代祖语传承研究
BAXI HUA' ERDAI ZUYU CHUANCHENG YANJIU

著　者：陈雯雯

出 版 人：阳　翼
策划编辑：姚晓莉
责任编辑：姚晓莉　苏　洁
责任校对：孙劭贤　许碧雅
责任印制：周一丹　郑玉婷

出版发行：暨南大学出版社（511434）
电　　话：总编室（8620）31105261
　　　　　营销部（8620）37331682　37331689
传　　真：（8620）31105289（办公室）　　37331684（营销部）
网　　址：http：//www.jnupress.com
排　　版：广州市新晨文化发展有限公司
印　　刷：佛山市浩文彩色印刷有限公司
开　　本：787mm×1092mm　1/16
印　　张：17
字　　数：260 千
版　　次：2024 年 7 月第 1 版
印　　次：2024 年 7 月第 1 次
定　　价：69.80 元

总　序

世界各地都有中国话。各地的中国话所赖以依存的华人社会形成时间不一，环境各异，形成了具有当地特色的各式华语；同时，随着华人世代的更迭，各地的华人文化特性也呈现多元化。

在不少情况下，海外华语是作为一种祖语（heritage language）存在的。所谓祖语，主要指社会主体语言之外作为语言文化传承的祖辈语言。祖语传承是个世界性难题。让人感到欣慰的是，海外华人在解决这个难题上取得了历史性的成功。经过一代又一代的努力，华语至今仍是各地华人社会之间沟通的重要工具和身份认同的标志，中华文化至今仍在海外各地保持和发展；分布在世界各地的华语留下了中华文明在世界各地行走的记录，为研究语言接触、语言变异和发展等留下了大量的样本，成为一种值得广泛关注的语言资源和文化遗产。华语的成功传承以及对这一成功的研究具有深刻的历史和现实意义。

我们已经看到大量关于海外华语研究的成果。从《全球华语词典》到《全球华语大词典》，再到《全球华语语法研究》，以及其他大批华语研究学术成果，从描写华语事实出发，分析比较各自特点，寻找其中的发展变化规律，别开生面，让人眼界大开。目前，海外华语研究在向纵深处迈进，华语变体研究的深入和细化，区域华语之间的系统比较，海外华语资源的搜集、整理，海外华语遗产的挖掘，源方言和各地华语的关系探索，以及各地不同时期华语生活的记录分析等，正在形成未来新的研究空间。

海外华语传承研究也已有不小进展。华语传承涉及的领域非常广泛。海外华语传承伴随着华人移民而生，它成功打破了学术界的一些定律，例如，费希曼关于移民社会三代之间就会转换语言的预言；对各种祖语变异现象有了新的认识，丰富了社会语言学理论，例如，某些"语言磨损"等现象在一定程度上是祖语传承应变的结果，是祖语新陈代谢的表现。华语传承路径很多，教育无疑是一个重要方面，因此华文学校和华文教学一直占据着重要的地位。后来，人们意识到仅研究学校的华文教育远远不够，触角开始伸向家庭、华人社区以及其中的媒体、语言景观、社会文化活动等。海外华语传承何以能够成功，华语何以得以世代延续？在语言竞争不断加剧，祖语传承成为世界性难题的当今，如何借鉴海外华人祖语保持的经验，为保持世界语言文化多样性作出贡献？这些奥秘的探索颇具诱惑力，正在吸引着越来越多的研究者加盟。

"华语与华语传承书系"的推出，旨在努力对上述领域研究提供支持，推动中华语言文明在海外的传承和国际分享。它体现了暨南大学出版社作为百年侨校一份子的责任和担当，从中可以看到出版人的远见卓识，对于擦亮百年侨校金字招牌意义深远。毫无疑问，该书系的推出，在关心华语和华语传承的作者和读者之间搭起了一座重要的桥梁，成为世界范围内祖语传承研究重要成果的展示平台。我相信，该书系将会激励更多的人关注华语和华语传承研究，并将研究推向新的高度。它将会不断丰富祖语传承理论，为世界未来多元语言保持、为铸牢中华民族共同体和构建人类命运共同体作出自己的贡献。

郭　熙

2024 年 7 月

前　言

　　祖语（heritage language）是指作为语言文化传承的祖辈语言，存在于社会主体语言之外（郭熙，2017）。对于华侨华人来说，他们在大部分国家属于少数族裔，因而华语在海外通常作为祖语存在。因此，海外华语传承研究也被称为祖语传承研究。值得注意的是，祖语传承研究与祖语研究以及中文传播研究是不同的领域，因为它需要综合考虑语言、文化、社会和心理等多个方面的因素，所以它涉及多个学科领域，包括语言学、人类学、社会学、教育学、心理学、国际移民学等。

　　海外祖语传承是世界各国语言传承的一个组成部分。在不同国家和地区的华侨华人社区中，由于移民历史、社会环境、祖语教育等方面的不同，祖语在海外的传承呈现出多样性。因此，构建祖语传承理论需要借鉴世界各地祖语传承的研究理论，并在此基础上构建具有普遍意义的祖语传承的层级体系。祖语传承研究是一种由外而内的研究，因此国别化和区域化的研究在其中具有重要意义。

　　巴西的祖语传承作为海外祖语传承的重要组成部分，具有独特而丰富的历史脉络。本书聚焦于一个特殊的群体——巴西华二代，他们是指 2000 年后移民巴西的华侨华人子女。从动态和发展的角度，本书对巴西祖语传承的历史、现状和未来趋势进行了全面深入的探讨。

　　巴西的祖语传承是伴随着巴西华侨华人 200 多年来的移民史而发展起来的。

　　在最初的 100 多年里，巴西的祖语传承处于一种自然传承的状态，没有受到特别的组织或机构的干预。真正规模化的祖语传承始于 20 世纪 50 年代中期，至今已有 70 年左右的历史。

从巴西的华侨华人移民历史中，可以明显看出不同阶段的祖语传承呈现出不同的特点。在前期的移民潮中，尤其是在 2000 年之前，来自中国台湾的移民较多。这一时期的祖语传承路径主要包括宗教团体办学、台湾团体办学、台湾私人办学以及台湾华文媒体等。这些组织和机构在推动祖语传承方面起到了重要作用。然而，随着 2000 年以后大陆新移民的不断涌入，祖语传承路径发生了变化。大陆新移民成为主要的移民来源，这导致祖语传承路径主要以大陆私人办学和大陆华文媒体为主。这一时期的祖语传承呈现出蓬勃发展的态势，并且在公立学校中也有了一定程度的推广。

随着祖语传承路径的变化，巴西华二代祖语生的构成也随之发生了变化，变得更加复杂，本书以 2000 年后新移民的子女为主要研究对象。在实际的教学实践中，巴西华二代祖语生有三个突出表现：一是巴西华二代祖语生的中文水平通常高于当地主流语言水平。这表明他们在中文的学习和传承方面取得了显著的进展，可能是受家庭环境以及在华文学校接受的教育的积极影响。二是大多数巴西华二代祖语生使用国内的人教版教材。这一现象反映出祖语教育在巴西仍然以中国的教育体系和教材为主要参考，这有助于保持与中国文化和语言的紧密联系。三是巴西华二代祖语生在中国和巴西之间来回流动。这种流动可能与他们的家庭背景以及祖语传承路径的变化有关。他们可能在中国接受祖语教育，然后返回巴西继续学习，这种流动有助于维持他们的祖语能力。

通过对巴西教育体制和外语政策的研究，可以发现尽管中文作为一种外语在巴西属于少数族裔语言，但巴西的半天制教育体制和灵活的外语政策适合祖语传承。祖语教育仍然是祖语传承最重要的途径，而巴西的华文教师、华文教材和课堂教学在面对巴西华二代祖语生的教育时具有独特的特点，这有助于满足他们的学习需求和维护祖语的传承。

通过对巴西华二代祖语生中文、方言、葡文和英文四种语言水平情况的考察，可以发现他们这四种语言的水平从高到低依次为中文、葡文、英文、方言。中文的传承度达到与国内"同步"级别，而方言的传承度处于"濒危"级别。

对这些华二代祖语生来说，学习葡文像学习"外语"，而中文的实际应用语域比葡文要宽泛得多，包括家庭、学习、生活和社交媒介。他们的学习动机是"父母要求""回国上学"和"觉得中文非常重要"。在家庭语言规划方面，家长要求孩子学习中文的意愿强烈，目的都是为将来可能回国学习做准备；学校在面对这些华二代祖语生时有不同的语言规划，有的华文学校表示要改变"中文好于葡文"的现状，有的则觉得要适应家长和市场"人教版"的使用需求。

巴西新移民家庭面临着一个独特的挑战——在中国和巴西之间的"摇摆不定"。这种犹豫不决主要源于两国截然不同的自然、社会、教育和工作环境。在孩子成长的不同阶段，这些环境因素形成了各自的"推力"和"拉力"，导致许多巴西华二代祖语生在两国之间频繁地"来回流动"。这种流动发生在孩子们语言学习和认知发展的关键时期，可能会导致在中巴双向教育衔接上出现困难，从而对祖语传承产生复杂的影响。特别是在 2020 年之后，这种流动及其带来的问题变得更加显著。巴西华二代祖语生愈发强烈地希望回国，而中国在面对大量回流的巴西华二代祖语生时，如何有效地解决他们在祖语传承教育衔接、融入与认同上的问题成为我们未来亟待深入思考和解决的课题。

陈雯雯

2024 年 3 月

目　录

CONTENTS

第一章　绪论

第二章　国内外祖语传承研究综述

第一章　绪论

一、　研究缘起

　　巴西作为发展中国家，是拉丁美洲最大的国家，全称为巴西联邦共和国（英语为 The Federative Republic of Brazil，葡萄牙语为 República Federativa do Brasil）。巴西位于南美洲东部，东濒大西洋，地处热带，赤道和亚马孙河横贯其西北部；面积 851.5 万平方公里，约占南美洲总面积的 46%；人口 2.03 亿（截至 2022 年底），大西洋沿岸人口稠密，内陆地区较为稀少。巴西全国共分为 26 个州和 1 个联邦区，首都巴西利亚，官方语言为葡萄牙语，是拉丁美洲地区唯一以葡萄牙语为官方语言的国家。自 1974 年 8 月 15 日中国与巴西建立外交关系以来，两国政治、经济、文化、科技等合作发展顺利，高层交往频繁。1993 年，两国建立战略伙伴关系。巴西也是第一个同中国建立战略伙伴关系的发展中国家（张曙光，2015）。2012 年 6 月，双方签署涉及贸易、教育、科技、文化等领域的合作文件并发表联合声明，两国关系提升为全面战略伙伴关系。目前，巴西是中国在拉丁美洲最大的贸易合作伙伴，中国是巴西的第二大进口来源国和第二大出口市场（高伟浓，2012）。有大批中国企业去巴西投资设厂，巴西也有跨国企业和金融机构在中国设立办事处。中巴关系已超越双边范畴，成为经济全球化深入发展条件下新型国家关系的典范[①]，战略性、全球性影响日益凸显。

---

　　① 陈赟. 习近平会见巴西总统：中巴合作是坚定的战略选择 [EB/OL]. (2013 – 03 – 28) [2022 – 01 – 22]. https：//www. gov. cn/guowuguan/2013 – 03/28/content_2584837. htm.

巴西作为一个移民国家，接纳了世界 70 多个国家的移民。由于历史原因，巴西人口的种族构成十分复杂，种族和文化差异显著。巴西是中国人移居拉丁美洲最早的国家之一，迄今华侨华人移民巴西已有 200 余年的历史。近年来随着中巴政治、经贸关系持续良好，大批新移民来到巴西，主要居住在圣保罗、里约热内卢、巴西利亚等大城市（陈雯雯，2015），据不完全统计，目前巴西的华侨华人约 30 万人①。鉴于华侨华人对巴西社会作出的贡献，巴西政府将每年的 8 月 15 日定为"中国移民日"②。

尽管巴西与中国在地理上相隔遥远，文化习惯存在显著差异，但根据我们的田野调查和实际教学经验，我们发现对于巴西华二代（2000 年后移民到巴西的华侨华人新移民子女），中文不仅是他们的母语，还是他们的第一语言。这种现象在全球化和移民潮的背景下显得尤为独特。一些华二代祖语生甚至保留了中国国籍，展现了祖语传承在这个群体中的连续性和稳固性。

对于这一现象背后的原因，我们可以从几个角度进行分析。首先，家庭环境对于语言传承的影响至关重要。在许多巴西华侨华人家庭中，中文是家庭交流的主要语言。这种环境不仅帮助孩子们学习中文和维持中文水平，还强化了他们对华人身份和文化的认同。其次，随着新移民数量的增加，华文学校和教育机构在巴西逐渐增多，给华二代祖语生提供了系统的中文教育和文化学习的机会。然而，这种语言现状也带来了一些教育上的挑战。在某些华文学校，由于华二代祖语生的中文水平普遍高于葡文水平，学校不得不控制这部分学生的招生比例，甚至在校园内禁止使用中文。这样的举措主要是为了保持学校的教育多样性，同时也是为了帮助这些学生更好地融入巴西的社会和文化环境。

宗教在巴西社会中扮演着重要角色，巴西几乎是一个全民信教的国家。在巴西华二代祖语传承中，宗教团体起到了不容忽视的作用。这些团体不仅提供精神

---

① 据中国驻巴西圣保罗领事馆、巴西慈佑学校校长等估算，普遍认同这一数字。

② 杨宁，贺文翰. 巴西设立"中国移民日" 华人：我们有了自己的节日 [EB/OL]. （2018 – 07 – 02）[2022 – 10 – 08]. https://m. haiwainet. cn/middle/3541085/2018/0702/content_31344305_1. html.

和社区支持，还常常成为中文和文化传承的重要平台。通过宗教活动和社区聚会，宗教团体为华二代祖语生提供了学习和实践中文的机会，同时也加强了他们对华人文化的认同感。

随着中国大陆新移民的不断增多，巴西华二代祖语生在中国和巴西之间的流动性增加。这对于祖语传承有利有弊。一方面，它为这些年轻人提供了深入了解和体验两种文化的机会，有助于他们发展多元的文化视角和语言能力。另一方面，频繁的跨国流动可能对他们的教育连贯性和稳定性构成挑战。这些流动生在回国和再次前往巴西时面临着教育衔接和文化融入的问题。如何适应不同的学习环境，以及如何处理对两种文化的认同，都是他们需要面对的挑战。巴西华二代祖语生的语言和文化现状反映了全球化背景下移民群体的复杂性。他们的经历不仅与语言学习和文化传承有关，还与身份、融合和适应相关。了解和支持这一群体的需求，对于促进中巴两国文化交流和理解具有重要意义。

在巴西祖语传承研究领域中，大多数研究散落于对巴西华侨华人更广泛的研究之中，几乎没有针对祖语传承进行过深入探讨。过去，中文传播和教学的重点往往放在通过"孔子学院"等机构开展的活动上，而这些活动主要是面向对汉语感兴趣的非华裔学习者。杨小彬在 2017 年的研究中指出，巴西学生学习汉语的外部条件、动机和需求与国内面向留学生的汉语教学存在显著差异。然而，关于巴西华二代祖语传承的研究却相对较少。笔者在 2014 年作为国务院侨务办公室（以下简称"国侨办"）派遣的教师，有幸在巴西两所华文学校任教一年。在这一年的教学和研究过程中，通过实际课堂教学，问卷调查，学校走访，校长、家长和学生访谈等方式，我们发现巴西的祖语传承在某些方面与其他国家存在显著的不同。

巴西华二代祖语生学习中文的背景和动机与其他国家的华裔学生有所区别。在巴西，这些学生的中文学习往往与家庭环境和文化身份的认同密切相关。家庭对于孩子们学习中文的影响力巨大，父母的态度和期望在很大程度上决定了孩子们学习中文的积极性和持久性。巴西的社会环境和教育体系为祖语传承提供了特殊的条件。巴西社会对多元文化的接纳和融合，以及其灵活的教育政策，为华二代祖语生提供了一个相对开放和包容的学习环境。这些条件使得祖语传承不仅是语言学习的过程，更是文化身份和文化认同的构建过程。

本书期望在全面梳理和分析的基础上，能够对巴西祖语传承的情况进一步进行深入和系统的思考。这不仅有助于丰富和完善现有的祖语传承研究，还可能为中文教学和文化传播提供新的视角和策略，特别是在如何更有效地满足华二代祖语生的特殊需要方面。

二、　研究问题

我们希望对以下问题进行研究：

（1）巴西祖语传承的历史和发展。祖语传承是一定时期移民和社会发展的反映，需要从历史上去找寻根源。我们将从历史的、发展的角度，重点分析世界移民潮和巴西华侨华人三次移民潮交错叠加大背景下的祖语传承阶段情况。

（2）巴西祖语传承的路径和变化。与祖语传承历史相伴的是祖语传承路径的变化，我们将重点梳理办学主体类型、办学路径的变化。

（3）巴西华二代祖语传承教育情况。传统的"三教"（教师、教材、教法）仍然是巴西祖语传承的重要组成部分。我们将在问卷调查、实际教学和走访的基础上进行一一梳理。

（4）巴西华二代祖语生的多语水平和语言选择情况。我们将结合问卷调查和访谈，考察巴西华二代祖语生多种语言（中文、方言、葡文、英文）的语言水平、语言选择等。

（5）巴西华二代祖语传承的动机和语言规划。我们重点关注巴西华二代祖语生学习中文的动机，家庭、学校和社区对华二代祖语生的语言意识、语言选择、语言管理的影响，尤其关注中文水平高于葡文水平的华二代祖语生。

（6）巴西华二代祖语生流动动因。我们将从不同维度分析华二代祖语生被送回中国—被接去巴西—再回中国的双向流动动因、融入适应和祖语传承衔接等情况。

（7）巴西祖语传承网络教育的需求和供给。我们将根据对华文学校管理者、巴西华二代祖语生及家长的调查和访谈，分析总结新形势下巴西祖语传承网络教育的情况、需求等。

本书将对巴西祖语传承的历史、传承的路径、传承的现状、传承的动因、传承的流动、传承的双向衔接以及传承的网络教育需求和供给等方面进行全面梳理。

三、　研究价值

（1）从区域国别地缘研究的角度来看，本书研究的是目前国内研究较少的拉丁美洲国家巴西地区的祖语传承情况。

（2）从研究的路径来看，本书既有对巴西祖语传承历史脉络的梳理，又有对巴西祖语传承现状的归纳，重点对巴西祖语传承现状的复杂性进行阶段和层级剖析。

（3）从研究的理论基础来看，本书研究的是祖语在巴西的传承，不同于中文在巴西的传播；内容不仅仅着眼于语言传承教育本身，更进一步运用国际移民、人类学、社会学等相关理论深入分析相关因素对巴西华二代祖语传承的影响。

（4）从研究的角度来看，本书对巴西70年左右的祖语传承研究是动态的、非静止的，既有历时的梳理，又有共时的分析。关于巴西祖语传承的历史和发展情况，我们将从历史的、发展的角度，重点分析世界移民潮和巴西华侨华人三次移民潮交错叠加下的祖语传承阶段情况；既有宏观的，又有具体的，既有巴西华侨华人移民大背景的描述，又有巴西华二代祖语生语言水平、语言选择等具体的分析。

（5）从研究的内容来看，本书主要关注巴西教育体制下中小学阶段的祖语传承情况，具体包括：考察巴西社会的外语政策、巴西祖语传承的主体和路径，以及巴西宗教（天主教、佛教）办学的动因与特点；分析中国台湾和大陆办学主体的"此消彼长"路径转型情况，祖语传承教育中的"三教"（教师、教材和教法）情况；特别关注国内人民教育出版社出版的《语文》（以下简称"人教版《语文》"）教材、港澳台侨联考教材在巴西的使用情况；通过分析巴西华文学校、巴西社会和巴西华裔所在的家庭三个方面对巴西祖语传承水平的影响，解释巴西华二代祖语生中文水平高于葡文水平和华文学校要控制华二代祖语生比例的原因；分析巴西华二代祖语生在中国和巴西之间"来回流动"的"推力"和"拉力"，总结出不同阶段的影响因素；关注巴西祖语传承网络教育情况。

（6）从研究的材料来看，本书所采用的材料大部分来自一手调查、教学和访谈资料，时间跨度从2014年到2022年前后约9年，这些资料既有巴西2014年世界杯和里约奥运会前"中文热"时的，也有2019年移民流动高潮时的。

1．学术价值

（1）通过梳理巴西祖语传承70年左右的历史及其现状，为海外国别化祖语传承研究提供一定的理论和材料支持。

（2）通过深入分析历史上巴西华侨华人移民潮和大陆新移民潮下的巴西祖语传承情况，关注中国台湾和大陆移民情况以及一些华侨华人子女保留国籍问题带来的学习情况等变化，总结不同阶段巴西祖语传承路径的特点和变化，为祖语传承提供新的路径参考。

（3）通过对巴西祖语教育情况的研究，为进一步厘清祖语传承与中文传播的不同提供佐证。

（4）通过对未加入巴西国籍的华侨子女的分析，引发在海外如何进行祖语传承的思考。

（5）通过对巴西华二代祖语生的多语水平和语言选择情况的研究，为海外祖语学习者语言关键期内第一语言习得顺序、语言选择和语言规划等提出新的研究视角。

（6）归纳总结在全球化、"一带一路"、"人类命运共同体"等政治、经济和文化条件下，尤其是新形势（新移民＋互联网）下巴西祖语传承双向流动中的复杂性，以及面临的问题和挑战。

2. 应用价值

（1）通过调查访谈，对巴西的华二代祖语生、家长、华文学校、华文教师、华文教材等加以统计量化和质性分析，以便后来研究者使用。

（2）通过对国内人教版《语文》教材、港澳台侨联考教材等的调查和分析，为相关部门提供一定的参考数据，为探讨如何进一步做好华二代祖语生在海外的祖语教育提供一定的研究支持。

（3）通过对巴西华二代祖语生"钟摆式"流动（巴西—中国—巴西—中国）情况的研究，为其他海外归国华侨学生回流研究等提供新的研究角度，为相关部门的决策提供一定的参考。

四、 理论基础

1. 语言习得关键期理论

语言习得关键期的概念最早由 Lenneberg（Brown，1967）提出。他认为在语言习得的过程中有一段时间比较关键。在这段时间内由于生理因素的作用，语言的习得最为容易，超过这段时间语言的习得能力就受到一定程度的限制。后来大量的研究报告证明语言习得确实存在着一定关键期，但是对关键期的时间问题并没有达成完全一致的意见。

Lenneberg 认为语言习得的关键期是从 2 岁到青春期的这段时间。有的学者认为 5 岁是母语学习潜能发展的高峰期（Krashen，1973），有的学者则认为 5 岁之前儿童从语言障碍中恢复的可能性最大（Bates，1993）。《语言本能：人类语言进化的奥秘》中提到，正常人的语言学习在 6 岁达到顶峰，随后逐渐减弱，在青春期之后，很少有人会完全掌握一门新语言（Pinker，1994）。蒙台梭利根据生物学的关键期，提出了自己的敏感期理论（梁舒静，2019）。她认为 0~6 岁正是儿童的语言学习敏感期。教育学家认为 4~12 岁为语言学习关键期，而在第二语言的学习上，同样也存在 12 岁以前的语言学习关键期。尽管意见不一致，但综合各种意见可以看出语言习得的关键期一般是指从出生到青春期前的这段时间，其中 1~5 岁较为关键。在关键期内通过接触自然的语言环境以及与语言环境的相互作用，儿童自然学会语言，而错过了关键期，语言学习的效率会大大降低（陈宝国、彭聃龄，2001）。

在我们的研究中，巴西华二代祖语生多数处于中小学教育阶段，这一时期被认为是语言习得的关键期。在这个阶段，孩子们也在学习如何使用语言进行交流，巴西的教育体制为华二代祖语生提供了一个多语言和多文化的学习环境。在这个环境中，他们不仅学习葡萄牙语——巴西的官方语言，还有机会接触和学习中文。这种多语言环境对孩子们的认知发展和文化适应能力有着深远的影响，不仅增强了他们的语言能力，还帮助他们理解和欣赏不同的文化背景。

在家庭环境中，中文通常是沟通的主要语言。这是因为巴西华二代祖语生的父母大都是讲中文的华侨华人，不过更重要的是，这种家庭语言环境帮助孩子们建立了与中华文化的深厚联系。通过日常的家庭交流、节日庆典和传统习俗的实践，中文成为他们认识自己文化遗产的重要工具。

在学校环境中，巴西华二代祖语生不仅要学习葡萄牙语和适应巴西的文化环境，同时也面临着保持中文能力的挑战。华文学校在这方面扮演着至关重要的角色。这种双语或多语的教育环境也带来了一定的挑战。巴西华二代祖语生需要在中文和葡萄牙语之间找到平衡，这需要在不同语言和文化之间灵活切换。巴西华二代祖语生的语言习得是一个复杂而多维的过程。这一过程涉及语言技能的学习，在全球化背景下，理解和支持这些孩子的特殊需求，对于他们的成长和发展至关重要。

2.　第二语言习得理论

20 世纪 80 年代初，Krashen 提出了"语言监控"理论（the monitor theory）。该理论由五大假说构成，即习得/学习假说（the acquisition/ learning hypothesis）、自然顺序假说（the natural order hypothesis）、监控假说（the monitor hypothesis）、输入假说（the input hypothesis）、情感过滤假说（affective filter hypothesis）（李莉，1997）。习得/学习假说是第二语言习得理论的重要组成部分。Krashen 认为习得是"在自然条件下的语言环境中非正式的下意识的学习"（subconscious learning）。学习是学习者"有意识"的学习（conscious learning）（季绍斌，2003），是系统的、正规的（王小宁，2001）。在语言习得领域，学者们区分了习得和学习两种不同的语言掌握方式。在我们的研究中，这种区分在探讨华二代祖语生的中文和葡文学习过程中尤为显著。中文作为他们的第一语言，主要通过习得的方式掌握，而葡文作为第二语言，则更多通过学习的方式获得。

语言习得是一个潜意识的过程，通常发生在自然的语言环境中，不涉及直接的语言教学。对于巴西华二代祖语生来说，中文的习得主要发生在家庭和日常生活的语境中。在这种环境下，孩子们通过日常交流、故事讲述和日常活动自然而然地吸收语言，无须通过有意识的学习努力。这一过程在孩子的早期发展阶段尤其显著，即在 6 岁之前，孩子们在与家庭成员的互动中自然习得母语。

相反，学习则是一个有意识的、结构化的过程，通常发生在教室里，即涉及正式的教育。对于巴西华二代祖语生而言，葡文的学习通常在他们进入小学时开始，这时他们通过正式的教育体系学习葡萄牙语的语法、词汇和书写。这种学习方式强调语言规则的理解和应用，需要有意识地记忆和实践。

这两种语言掌握方式在巴西华二代祖语生的语言能力发展中扮演着关键角色。中文作为母语，通过习得的方式获得，这使得他们在中文的掌握上具有潜在的流利性和自然性；而葡文作为在学校学习的语言，虽然可能具备结构上的准确性，但可能缺乏使用中文时的自然流畅感。

此外，在中国和巴西之间的频繁流动对于巴西华二代祖语生的语言能力发展具有深远影响。这种跨国流动使他们处于一个独特的双语环境，既有助于他们加强对母语的掌握，也为他们学习第二语言提供了实践的机会。然而，这也可能带来语言技能发展的不均衡，特别是在他们尝试平衡两种语言的掌握程度时。

巴西华二代祖语生的语言能力发展是一个复杂的过程，涉及无意识的习得和有意识的学习。这一过程不仅反映了语言习得理论的核心观点，也揭示了跨文化背景下语言能力发展的特殊性。

3. 语言管理理论

语言管理理论（language management theory）是新兴的语言规划理论，与传统的自上而下的政府或权威机构的语言管理方法不同，它是一种自下而上的基于个人和社区交际的语言管理方法。语言管理分为简单管理（simple management）和组织性管理（organized management）两大类（权妍姬，2016），个人和家庭的语言管理一般为简单管理，而学校等的语言管理属于组织性管理（王英杰，2015）。博纳德·斯波斯基（Bernard Spolsky）于 2016 年在《语言管理》一书中引用了"语言管理"。语言管理是针对语言使用问题制订的语言政策。费什曼（Fishman，1972）提出了语言域的概念并将该术语应用于社会语言学中。语言域指的是一个社会空间，包含参与者、地点和话题，可以是家庭、学校、教堂、小区等（博纳德·斯波斯基、张治国，2019）。不同社会空间的语言政策由语言实践、语言信仰（语言意识）和语言管理三个部分组成（博纳德·斯波斯基，2016）。语言选择属于语言实践，体现语言政策。

本书旨在深入分析巴西华二代祖语生的语言实践，其中包括他们的语言水平和语言选择。为此，我们进行了一系列问卷调查，旨在收集这一特定群体详细的语言使用情况。通过这些数据，我们不仅能够了解他们对中文和葡文等语言的掌握程度，还可以探索他们在不同语境下的语言选择偏好。

问卷调查主要关注几个关键方面：巴西华二代祖语生的语言水平（包括听、说、读、写能力）、日常生活中的语言使用情况，以及他们对不同语言的态度和偏好。此外，我们还关注家庭和学校环境中的语言实践，以及这些实践如何影响巴西华二代祖语生的语言能力和选择。通过分析调查结果，我们可以揭示巴西华二代祖语生语言实践背后的深层动因。例如，家庭的语言环境和教育态度可能对孩子的语言偏好和能力产生显著影响。家长的语言选择、对中文和葡文的重视程度，以及他们对子女语言教育的投入，都是影响因素。同样，学校的语言教育策略和实践也是我们研究的重点。不同的学校可能采取不同的语言教学方法，这些方法可能对学生的语言发展产生重要影响。我们特别关注华文学校如何平衡中文教学与葡文教学，以及这种平衡如何影响学生的语言能力和文化认同。

此外，我们还考察了社会文化因素对巴西华二代祖语生语言实践的影响。这包括社会语境中的语言态度、文化认同和双语能力的社会价值。这些因素在一定程度上塑造了巴西华二代祖语生的语言选择和偏好，反映了他们在巴西多元文化背景下的适应和发展。通过问卷调查分析巴西华二代祖语生的语言实践，旨在深入理解这一特殊群体的语言能力、语言选择和语言态度。通过探讨家庭和学校的语言意识和语言管理，我们希望为了解和支持华巴西二代祖语生的语言和文化发展提供更全面的视角。

4. 语言认同理论

语言是人类最重要的交际工具，同时也是民族认同、社会认同的重要工具。"认同"包括身份认同、民族认同、国家认同、政治认同、社会认同、文化认同、宗教认同、地域认同、性别认同等（周庆生，2016）。20世纪90年代，博尼·诺顿（Bonny Norton）在后结构主义理论的框架下，在第二语言习得领域提出了"语言和认同理论"。该理论认为不能把语言学习者看作一组具有稳固心理特征的集合体，而应把他们视为具有主体能动性的、内心情感变化丰富且矛盾的、与社会关系作用和反作用的人，随着历史社会的变化而变化。"语言和认同理论"为语言学习领域提供了将个体语言学习者与更广阔的社会现实世界联系起来的综合性理论。目前国内对语言认同的内涵尚未完全形成共识。

海外华人语言认同作为语言认同中的组成部分，如何建构以及在多大程度上建构并维持身份认同，是语言认同研究领域长期关注的重要问题（周庆生，

2016）。本书旨在通过深入分析巴西华二代祖语生的语言态度和语言使用情况，探索他们对巴西的认同感和归属感。我们不仅关注语言能力的层面，还试图揭示语言与文化认同之间的复杂联系。语言态度是理解个体语言选择和使用的关键因素。对于巴西华二代祖语生而言，他们的语言态度反映了他们对社会文化环境的态度。我们通过调查和访谈来收集关于这些学生对中文和葡文的看法、偏好以及使用频率的信息。特别是他们对使用中文的情感联系和葡文的实用性之间的看法，能为我们加深对他们文化认同的理解提供帮助。

　　语言使用情况则直接反映了个体的语言实践。在日常生活中，巴西华二代祖语生如何平衡中文和葡文的使用，不仅展示了他们的语言能力，也体现了他们对巴西社会的适应程度。我们关注他们在不同场合（如家庭、学校、社交活动）的语言选择，以及这些选择如何影响他们的社交圈和文化认同。通过这些分析，我们可以深入探讨巴西华二代祖语生对巴西的认同感和归属感。语言不仅是沟通的工具，更是文化认同和社会归属的标志。巴西华二代祖语生在中文和葡文之间的语言实践，以及他们对这两种语言的态度，揭示了他们在巴西多元文化环境中的定位和自我认同的构建过程。

　　此外，我们还考虑到了社会、教育和家庭背景对巴西华二代祖语生认同感的影响。例如，家庭的语言政策、学校的多语言环境、社会对双语能力的看法等因素都在塑造他们的文化认同和社会归属感方面发挥着重要作用。综合考察巴西华二代祖语生的语言态度和语言使用情况，深入理解他们的文化认同和对巴西的归属感，不仅有助于了解这一特殊群体在巴西社会中的地位和发展，对于促进跨文化理解和融合也具有重要意义。

5.　人口迁移"推拉理论"

　　"推拉理论"（push and pull theory）是研究流动人口和移民的重要理论之一。该理论最早源于英国经济学家和社会学家的"迁移法则"，在此基础上，20 世纪 50 年代末美国学者唐纳德·博格提出了"推拉理论"，从运动学的观点来看，人口迁移是两种不同方向力量作用的结果，一种是促使人口迁移的力量，一种是阻碍人口迁移的力量（邹新树，2005）。"推拉理论"指市场经济和人口自由流动的情况下，人们通过流动改善自己的生活条件，"推力"指流出地中不利于个人价值实现的经济条件，"拉力"指流入地中利于生活条件改善和个人成长的经济条件。人口的流动迁移就是这两种力量相互作用的结果（张志锋，2013）。另外，无论是流入地还是流出地，都同时具有反拉力和反推力（马明，2016）。

在本书中，我们旨在通过运用现有的社会科学理论，深入探讨和分析华二代祖语生在中国和巴西之间流动的动因。我们关注的核心在于理解这种跨国流动背后的"推力"和"拉力"，即促使这些华二代祖语生从一个国家移动到另一个国家的各种因素。

"推力"通常指的是促使个体离开原始居住地的因素。对于巴西华二代祖语生而言，这些"推力"可能包括寻求更好的教育机会、家庭的经济或职业需要等。例如，一些家庭认为中国能提供更好的教育资源或文化环境，这促使他们将孩子送回中国学习。

相对地，"拉力"则是指吸引个体到新目的地的因素。对于在中国和巴西之间流动的巴西华二代祖语生来说，这些"拉力"可能包括被巴西更开放和多元的文化环境、更宽松的生活方式，以及巴西社会中更多的机遇吸引。此外，对于那些在巴西出生或长大的华二代祖语生来说，巴西可能提供了更强的社会和文化归属感。

在分析这些"推力"和"拉力"时，我们还考虑了家庭背景、社会经济状况、教育体制和社会文化环境等因素。这些因素在不同家庭和个体中的作用各不相同，从而导致了巴西华二代祖语生流动决策的多样性。

此外，我们也关注这种流动对巴西华二代祖语生的影响，包括他们的语言能力、文化认同和社会适应能力。流动不仅是物理上的移动，也是文化和社会背景的转换。对这些华二代祖语生而言，不断地在两种不同的文化和语言环境中切换可能既是一种挑战，也是一种机遇。通过分析巴西华二代祖语生在中国和巴西之间流动的动因，揭示其背后的社会文化动力机制，不仅有助于我们更好地理解这一特殊群体的需求和挑战，对于制订更有效的跨文化教育和社会融合策略也具有重要意义。

五、　研究设计

1.　研究思路

本书的研究思路在于通过时间线的布局，即以"历史—现状—未来"为主线，系统地探讨巴西华侨华人祖语传承的发展历程，并特别关注 2000 年后巴西华二代的祖语传承情况。这一思路使我们能够深入挖掘巴西祖语传承的历史背景，把握现阶段的挑战和未来的发展趋势。

在内容上，我们采用了"问题驱动"和"层层深入"的方法。通过追溯巴西华侨华人移民历史，我们发现巴西的祖语传承经历了不同的发展阶段，包括宗教团体、中国台湾和中国大陆新移民三大办学主体的变迁。这一历史背景为我们提供了研究的基础。

我们将焦点放在了 2000 年后的巴西华二代祖语传承上。通过实地教学和调查，我们发现这些华二代祖语生在语言方面呈现出一些"反常"的现象，如中文水平高于葡文水平，以及学校要控制华二代祖语生的比例等。这引发了我们的兴趣，想要深入了解他们学习中文的动机以及学校、家庭和华二代祖语生三方的语言规划的成因。我们通过调查和访谈发现，大部分华二代祖语生具有"再回中国"的语言规划，而且他们不是第一次回中国，呈现出反复、双向、多次流动的特点。这促使我们进一步分析他们回中国和去巴西背后的"推力"和"拉力"。

我们也关注了 2020 年后网络教育对巴西祖语传承的影响。我们从不同的层次和维度深入探讨了巴西华二代祖语生的语言实践、语言态度、语言使用情况以及他们对巴西和中国的认同感和归属感。这些内容反映了他们在多语境与跨文化环境中的生活经验和语言发展情况。

首先，我们着眼于语言实践，特别是语言习得的关键期。我们发现中文对于巴西华二代祖语生来说是第一语言或母语，而葡文则更多是在进入小学后学习的第二语言。这引发了我们对习得和学习的概念，以及巴西华二代祖语生在语言习得和学习过程中所面临的挑战与机遇的深入思考。

其次，我们将焦点放在了语言管理和规划上，探讨了家庭、学校和华二代祖语生三方在语言管理方面的作用和决策。我们发现许多家庭鼓励孩子学习中文，并计划将来送他们回中国学习，这涉及家庭对语言的认知和管理。同时，学校也采取控制华二代祖语生比例等策略，这影响着华二代祖语生的语言选择。

再次，我们关注了巴西华二代祖语生的流动，包括他们回中国和去巴西的动因。我们深入分析了每一次流动背后的"推力"和"拉力"，以更好地理解这一特殊群体的流动经历。

最后，我们分析了网络教育对巴西祖语传承的影响，以及巴西华文学校对网络教育的需求和国内对此需求的供给现状。

本书的研究思路和内容结构紧密相连，旨在全面了解巴西华二代祖语生的语言和文化体验，为未来的研究和政策制订提供有价值的参考。我们将在接下来的章节中深入分析这些方面，以期更全面地呈现研究的成果。

2. 研究框架

按照上节的研究思路，本书共分为九章。

第一章是绪论部分，涉及本书选题的缘起、研究问题、研究价值、理论基础、研究设计等。

第二章对祖语传承相关概念、祖语传承与中文传播的异同、国内外已有祖语传承的研究、中文在巴西的传播等方面进行论述。

第三章梳理巴西华侨华人移民的历史及祖语传承的路径与变化。由于大陆新移民大量出现在 2000 年以后，结合巴西华侨华人移民的特点，我们以 2000 年为时间节点，把在这个时间节点之前的称为早期移民与祖语传承，主要包括 20 世纪前的巴西华侨华人移民情况和对应的祖语传承路径，之后的我们称为新移民与祖语传承。

第四章关注新移民形势下巴西祖语传承的教育情况，这也是祖语传承的重要路径，包括巴西华文教师、华文教材和课堂教学；关注人教版《语文》等教材的使用。

第五章介绍新移民形势下巴西华二代祖语生的多语水平和语言使用情况。在上述四章的基础上，结合实际的教学经验、调查和访谈情况，我们逐渐聚焦到巴西华二代祖语生这一群体中，重点考察巴西华二代祖语生多语水平的发展。

第六章是在第五章的基础上，从语言规划的角度，分别从社会（宏观）、学校（中观）和家庭（微观）三个方面分析影响巴西华二代祖语生语言水平、语言选择和认知水平的因素。

第七章是巴西华二代祖语生流动与祖语传承研究。论述华二代祖语生在中国和巴西之间（出生在巴西—被送回中国—被接去巴西—再回中国）双向来回流动的动因、融入适应和祖语传承的衔接情况。

第八章是巴西祖语传承网络教育的现状、应对策略和国内供给研究。重点论述网络教育对巴西祖语传承的影响，以及巴西华文学校对网络教育的需求。

第九章是结语部分，对全文进行总结和归纳。

3．研究方法

在研究方法上，我们采用了与国际中文教育领域高度契合的方法，包括整体系统研究法和问题本位导向研究法，以及其他方法，以便全面而深入地分析巴西华二代祖语传承情况。

首先，我们运用了整体系统研究法，这一方法注重对整体情况的把握和系统分析。我们将巴西的祖语传承视为一个整体，进行了系统性的分析，并提出了解决方案，旨在于国际中文教育领域进行区域国别研究。这一方法有助于我们更好地理解巴西祖语传承的复杂性和多样性。

其次，我们运用问题本位导向研究法，着重研究了巴西祖语传承和教育中存在的真正问题。通过清晰地识别问题，我们能够深入探讨问题背后的理论问题，并将研究成果应用于实践。这一方法有助于我们深入挖掘祖语传承领域的核心问题，并提供有针对性的解决方案。

最后，我们还运用了文献分析法。除了查阅网络上的中外文献外，我们还前往巴西最大的中文图书馆（坐落于巴西圣保罗华侨天主堂中文学校）查阅资料。此外，我们参考了肖思佳神父提供的独有的纸质简报资料，以及《南美侨报》等报刊资料。这些资料为我们提供了丰富的信息和背景资料，支持了我们的研究。

在具体问题的研究上，我们采用了多种方法，包括田野调查法、问卷调查法、对比分析法和半结构式访谈法。这些方法允许我们从不同的角度和层面深入研究巴西华二代祖语生的语言实践、语言态度和语言使用情况。田野调查法使我们能够深入了解他们的日常生活和教育环境，问卷调查法允许我们收集大量数据进行量化分析，对比分析法帮助我们比较不同群体和情境，而半结构式访谈法则为我们提供了深入的定性信息，从而全面了解研究对象的语言传承经验。

本书的研究方法是多层次、多维度的，旨在深入研究巴西华二代祖语传承，为我们提供全面的理论基础和实证数据，以更好地理解和解决这一重要领域的问题。

（1）田野调查法。

在材料的收集过程中，我们主要采用了社会语言学调查的方法，遵循了社会语言学调查的五大步骤，包括选择项目、确定研究的范围和对象、搜集材料、分析材料以及撰写调查报告。

首先，我们选择了巴西华二代祖语传承作为我们的研究项目，因为这是一个具有重要社会意义和教育意义的话题。其次，我们明确定义了研究的范围和对象，即巴西华二代祖语生的语言传承情况和相关因素。在搜集材料方面，我们采取了多种方法。在巴西华侨天主堂中文学校、圣本笃中文学校、圣本笃中文学校工具街分校任教的经历，使我们积累了大量的教学实践经验。在任教期间，我们记录了日常的中文教学情况，并撰写了两本日记，记录了课堂上的观察和反思。

　　此外，我们还走访了当地十几所华文学校，向学生发放了调查问卷，并与华文学校管理者进行了访谈。这些问卷和访谈提供了有关巴西华二代祖语生语言使用和教育情况的重要数据。我们还收集了多所华文学校的招生简章、日常课表等文件，以了解这些学校的教学和管理情况。

　　除了教学和调查外，我们还参与了多次教育交流活动，为当地的华文教师提供培训，并参与了教学研讨会。我们还积极参与了中国和巴西的节日庆祝活动，亲身体验了当地的文化和社区氛围。

　　我们在材料的收集过程中采用了多种方法，包括教学实践、问卷调查、访谈、文件收集等，以全面了解巴西华二代祖语传承情况。这些数据为我们的研究提供了坚实的基础，使我们能够深入理解和分析这一复杂而重要的话题。

　　（2）问卷调查法。

　　与本研究相关的问卷调查共进行了三次，分别是在 2014 年、2019 年和 2021 年。这些问卷调查为我们分析巴西华二代祖语传承情况提供了丰富的数据。

　　首次问卷调查是在 2014 年 5 月进行的，调查对象主要是巴西华文学校的华文教师。该调查问卷包括了 43 个问题，涵盖了华文教师的基本情况、教学和课堂情况以及师资培训情况。其中，有 41 个问题是封闭式的，还包括 2 个开放式问题，用于收集详细的信息。

　　第二次问卷调查是在 2019 年 7 月进行的，面向来自巴西的华文教师。这次问卷调查是通过问卷星平台进行的，用于收集关于海外华文机构的信息和教学情况。这次调查为我们提供了有关教师和教育机构的重要数据。

　　第三次问卷调查是在 2021 年 10 月进行的，重点关注巴西华二代祖语生的语言传承情况。这份调查问卷用于收集巴西华二代祖语生的语言水平、语言使用和教育情况的有关信息。这些数据将是本书的主要分析对象，同时参考 2014 年和 2019 年的问卷调查数据进行综合分析。本书所聚焦的巴西华二代祖语传承研究正是在这三次调查以及巴西一线教学经验的基础上形成的。

　　这些问卷调查提供了丰富的数据，帮助我们深入了解巴西华二代祖语传承情况，并为研究打下了坚实的数据基础。这些调查数据将在后续章节中用于分析和讨论巴西华二代祖语生的语言情况和教育需求。

2021 年的巴西华二代祖语传承问卷学生卷共 40 题，全部为封闭式问题，包括两大部分，第一部分是学生的个人基本信息，涉及年龄、性别、祖籍地等，考察研究对象是否在学习中文、就读年级和是否华裔；第二部分主要包含以下方面的题目（见表 1－1）：

①巴西华二代祖语生的流动学习。

流动学习情况包括回中国和再去巴西两个部分的调查，具体有回中国的原因、年龄、学习情况，再去巴西的年龄和学习再适应情况等，其目的在于调查巴西华二代祖语流动生在国内学习和再去巴西学校后学习中文的情况。题目包括第 11～16 题（回中国的学习情况）、第 17～20 题（再去巴西的学习情况）。

②巴西华二代祖语生的语言态度。

语言态度在巴西华二代祖语生语言传承方面起着至关重要的作用。对学习中文的重要性，学习中文是否需要听、说、读、写技能都具备等问题的调查将反映出巴西华二代祖语生的中文学习情况。题目包括第 28～29 题。

③巴西华二代祖语生的语言使用。

语言使用情况包括使用的频次、环境，题目包括第 25 题、第 36 题。

④巴西华二代祖语生的语言水平。

该部分包括两个方面，一是四种语言的水平，包括中文水平、方言水平、葡文水平和英文水平，二是四种语言的输入和输出水平，目的在于考察巴西华二代祖语生四种语言的使用情况。题目包括第 27 题、第 29～33 题。

⑤外部环境对巴西华二代祖语生的学习影响。

外部影响相关题目包括第 22 题、第 24 题、第 29 题和第 38 题。

表 1-1   巴西华二代祖语传承问卷学生卷问题归类

分类	题号	题目内容
基本信息	Q1	年龄（填空题）
	Q1	华文学校名字（填空题）
	Q2	性别（单选题）
	Q5	你现在在学中文吗（单选题）
	Q6	你现在或之前读几年级（填空题，中文年级和葡文年级）
	Q9	你的祖籍地是哪里（填空题）
筛选题	Q7	你是华裔吗（否，停止回答问卷）
	Q10	你在中国读过书吗（没有，直接跳转到第20题）
流动学习	Q11	你回中国学习的原因是什么（多选题）
	Q12	你是几岁回中国的（填空题）
	Q13	你回到中国后去过中国哪些学校学习（多选题）
	Q14	你喜欢在中国学习吗（单选题）
	Q15	你觉得在中国学习难不难（单选题）
	Q16	你觉得在中国学习最难的是什么（多选题）
	Q17	你是几岁再去巴西的（填空题）
	Q18	我回到巴西适应得又快又好（矩阵量表题）
	Q19	你回到巴西不适应的原因是什么（多选题）
	Q20	你将来想在中国、巴西还是其他国家读大学（单选题）
学习动机	Q26	你现在或之前学习中文的原因是什么（多选题）
语言使用	Q25	你常常使用下面的语言吗（矩阵量表题，含"中文、方言、葡文、英文、西班牙文"）
	Q36	你在家里说什么语言（多选题）
	Q36	你在中文学校下课后说什么语言（多选题）
	Q36	你在葡文学校下课后说什么语言（多选题）
	Q36	你在超市说什么语言（多选题）
	Q36	你在医院说什么语言（多选题）
	Q36	你上网聊天用什么语言（多选题）
	Q36	你看电视节目用什么语言（多选题）

（续上表）

分类	题号	题目内容
语言态度	Q28	按照你认为的语言的重要性从高到低排序（排序题）
	Q29	（我觉得）中文比葡文重要（矩阵量表题）
	Q29	（我觉得）要先学好中文再学习葡文（矩阵量表题）
	Q29	（我觉得）中文能听、能说就行，不用会读、会写（矩阵量表题）
语言水平	Q27	按照你的语言水平从高到低排序（排序题）
	Q29	我的中文比葡文好（矩阵量表题）
	Q30	你的葡文水平怎么样（矩阵量表题）
	Q31	你的中文（普通话）水平怎么样（矩阵量表题）
	Q32	你的方言水平怎么样（矩阵量表题）
	Q33	你的英文水平怎么样（矩阵量表题）
家庭	Q29	父母对我的中文学习很重视（矩阵量表题）
	Q29	父母对我的生活很关心（矩阵量表题）
	Q29	父母对我的要求很严格（矩阵量表题）
学校	Q21	网课前你在中文学校的学习时间安排（多选题）
	Q23	网课前你学习中文时班里同学的比例（矩阵文本题）
	Q34	你现在或之前学中文使用的是什么教材（多选题）
	Q35	除了学习语文，你还学习什么（多选题）
	Q37	你喜欢跟中国同学一起玩吗（矩阵量表题）
	Q37	你喜欢跟巴西同学一起玩吗（矩阵量表题）
外部影响	Q22	网课期间你的学习时间安排（多选题）
	Q24	网课期间你学习中文时班里同学的比例（矩阵文本题）
	Q29	我喜欢在家里上网课（矩阵量表题）
	Q29	网课结束后我想回中国读书（矩阵量表题）
	Q29	我知道很多中文学习网站和 App（矩阵量表题）
	Q38	你用过下面什么 App（多选题）

（3）对比分析法。

为了更好地对比和凸显巴西祖语传承教育的特点，我们对 2019 年来京学习的海外华文教师发放了"海外华文学校/机构、教师及教学调查表"，该表共 118 题，其中封闭式问题具体包括基本信息（1～7 题）、所在学校或机构的概况（8～21 题）、华裔学生情况（22～37 题）、华文教师个人成长与教学情况（38～55 题）、所在学校活动及国内支持情况（56～101 题）、所在学校的课程安排情况（102～106 题）、其他情况（107～117 题），以及开放式问题（118 题）。

（4）半结构式访谈法。

表 1-2   受访的华文学校管理者基本信息

编号 M -	访谈时间	转录文本字数	所在华文学校	性别	国籍
1 号 - CXZ	20140518	9 296 字	中华会馆中文补习班	女	中国
2 号 - TFJH	20140524	19 771 字	华侨天主堂中文学校	女	中国
3 号 - YXZ	20140530	10 928 字	乐儿学园	女	中国
4 号 - CLJ	20190922	16 147 字	幼华学园	女	中国
5 号 - LSJ	20190922	21 016 字	慈佑学校	女	中国
6 号 - WWG	20210930	33 672 字	德馨双语学校	男	中国
7 号 - LSJ	20211002	23 094 字	慈佑学校	女	中国
8 号 - XSJ	20211002	16 331 字	圣本笃中文学校	男	中国

表 1-3   受访的巴西华二代祖语生基本信息

编号 S -	访谈时间	转录文本字数	年龄	是否回过中国学习	所在华文学校	性别	国籍
1 号 - YQQ	20220120	9 504 字	17	是	慈佑学校	女	巴西
2 号 - XKL	20220121	8 076 字	12	是	慈佑学校	女	巴西
9 号 - LMY	20220119	10 078 字	11	否	德馨双语学校	男	巴西
15 号 - YD	20220129	3 645 字	8	否	德馨双语学校	女	巴西

（续上表）

编号 S –	访谈时间	转录文本字数	年龄	是否回过中国学习	所在华文学校	性别	国籍
28 号 – PXX	20220207	8 297 字	13	否	德馨双语学校	女	巴西
31 号 – CWL	20220129	4 062 字	12	否	德馨双语学校	男	巴西
33 号 – HYS	20220129	8 506 字	13	是	德馨双语学校	女	巴西
48 号 – LN	20220120	7 067 字	13	否	德馨双语学校	女	巴西
52 号 – CJX	20220120	7 706 字	14	是	德馨双语学校	男	巴西
55 号 – HXY	20220120	11 823 字	11	否	德馨双语学校	女	中国

表 1 – 4　受访的巴西华二代祖语生家长基本信息

编号 P –	访谈时间	转录文本字数	性别	国籍
9 号 – LXY	20220119	20 811 字	女	中国
72 号 – WYX	20220122	19 282 字	女	中国
73 号 – WYX	20220122	13 256 字	女	中国

我们共进行了 3 次半结构式访谈（访谈提纲详见附录二、附录三、附录四）：2014 年在巴西走访的时候我们访谈了 3 位华文学校的负责人，2021 年 10 月又采访了 3 位巴西华文学校的校长，2022 年初访谈了 10 名巴西华二代祖语生、3 位家长，平均每人采访约一小时。此外，海外华语研究中心的郭熙教授于 2019 年采访了巴西慈佑学校和幼华学园的校长，并分享了这部分录音给我们。我们将访谈后的录音首先用科大讯飞的办公本 X2 进行首次转录，准确率在 90% 以上，然后将文本交由人工进行第二次校对，保证 95% 以上的准确率。华文学校管理者、巴西华二代祖语生及家长访谈转录文本共计 282 368 字，其中华文学校管理者150 255字，巴西华二代祖语生 78 764 字，家长 53 349 字。

受访的巴西华文学校管理者共有 8 位（见表 1 – 2），在后续行文中，首字母统一编码为 M（manager），后面的大写字母为其姓名拼音首字母。其中 5 号和 7号先后两次参与了访谈，8 位管理者均为巴西重要的华文学校校长或负责人。他们里面有宗教团体办学的代表（天主教神父），有中国台湾团体办学和私人办学的代表，有办学路径转移时期的管理者代表，也有大陆新移民私人办学的代表，他们是巴西祖语传承 70 年左右的见证者，年龄在 45～80 岁之间。

受访的巴西华二代祖语生共有 10 名（见表 1 - 3），家长有 3 位（见表 1 - 4），与巴西华文学校管理者按照时间顺序编码不同，巴西华二代祖语生和家长的编码是按照 73 份线上问卷进行对应编号的，巴西华二代祖语生的首字母统一编码为 S（student），家长的首字母统一编码为 P（parents），后面的大写字母为其姓名拼音首字母。比如：S 9 号 - LMY 对应第 9 份，也就是名叫 LMY 的巴西华二代祖语生的调查问卷。巴西华二代祖语生和家长均采用随机抽取的方式进行访谈。

第二章　国内外祖语传承研究综述

本章将进行国内外祖语传承研究的综述，以便人们更好地理解巴西华二代祖语传承情况。首先，我们将从社会学、语言学、社会语言学等角度对"祖语""传承""祖语传承"等概念进行界定，以确保我们对这些关键概念的理解一致。我们将把研究的重点放在与"祖语传承"相关的理论方面。这包括探讨已有的理论框架，以及对这些框架进行梳理和评述。我们将回顾国内外在祖语传承领域的研究成果，了解已有的理论观点和研究方法。这将有助于我们更好地理解祖语传承的复杂性和多样性，为后续章节中分析巴西华二代祖语传承情况提供理论支持。

一、 相关概念

1. 华语、汉语、中文、普通话、国语

在说清楚什么是"祖语"之前，我们首先要清楚什么是"华语"。语言名称多是约定俗成的，对于语言的命名没有统一的标准，人们对"华语""汉语""中文""普通话""国语"的认识不一，在词典中大多互为解释，但是在实际的社会生活运用中所指并不完全相同，这跟上述名称出现的历史时期和分类标准有一定的关系，其中"汉语"出现的时间最早，起初指的是汉朝的语言，后来演变成汉民族语言。《中华人民共和国国家通用语言文字法》规定："各民族都有使用和发展自己的语言文字的自由。"汉语是我国使用人数最多的语言，现代汉

语有标准语和方言之分①。"国语"出现在清朝末年，五四运动极大地推动了"国语运动"。中华人民共和国成立后"国语"被"普通话②"所取代。《中华人民共和国宪法》规定："国家推广全国通用的普通话。"1956 年，国务院发出《关于推广普通话的指示》。2001 年起，中国施行《中华人民共和国国家通用语言文字法》，确立了普通话为国家通用语言的法律地位（张振，2015）。"中文"作为联合国工作语言之一，指的是中国的语言文字，在国内一直作为"汉语"的同义词，在民间是汉语言文字的通俗统称，包括书写体系和发音体系。有学者曾认为应把"汉语""汉文"改为"国语""中文"。"华语"最早出现于唐代以前，当时有"华言"之称，在民国时期仍然使用；20 世纪 50 年代以后在海外使用的频率高于国内且被赋予新的含义，尤其是在新加坡、马来西亚等地使用广泛，这一时期"华语"在海外流行使用还是源于"中华民族"；20 世纪 70 年代后随着新加坡"讲华语运动"的推行，对海外华人产生了直接或间接的影响（郭熙，2004b）。

大多数学者意识到由于历史性、国际性、官方性、民族性等各种原因使"华语"与其他四个名称不同，但各有补充，主要体现在：一是一些地区的不可替代性，台湾地区不太可能用"汉语"取代"国语"，大陆也不太可能用"国语"取代"汉语"；二是概括的范围不同，"华语"的范围要更广泛，能用"汉语"的地方可以用"华语"，但是能用"华语"的地方不一定能用"汉语"（郭良夫，1985）；三是指向性不同，"华语"是可以共用的，对内称"汉语"，对外称"华语"（关文新，1992）；四是分类标准不同，或是以民族为分类标准的"汉语"，或是以"国家"为分类标准的"中文"，或是体现官方法律地位的"普通话"，或是民间统称的"中文"，或是以"中华民族"为源起的作为共同语的"华语"，或是在部分地区使用的"国语"。

---

① 《中国语言文字概况（2021 年版）》，引自中华人民共和国教育部政府门户网站（moe. gov. cn）。

② 普通话是以北京语音为标准，以北方方言为基础方言，以典范的现代白话文著作作为语法规范的通用语。

我们于 2021 年 11 月 16 日在互联网上用百度对 2011 年 1 月 1 日至 2021 年 11 月 16 日"普通话""中文""汉语""国语"和"华语"的使用情况进行了搜索。从关键词搜索指数来看，从高到低依次是"普通话""中文""汉语""国语"和"华语"；从词条搜索数来看，依次是"中文"（66 700 000 条）、"汉语"（22 600 000 条）、"普通话"（21 700 000 条）、"国语"（20 200 000 条）和"华语"（5 030 000 条）。由此可见，国内对于上述五个词语名称的认识不一，有必要对"华语"的概念进行进一步阐释。

关于"华语"的具体概念，进入 20 世纪 80 年代后，"华语"已经不是过去民国时期的概念，国内外学界提出了不少看法，陈重瑜（1985）较早指出"华语"是华人的共同语，既包括中国大陆的普通话、中国台湾的国语，也包括新加坡一带的华语。这个概念包括了汉族，也包括了满、蒙、回、藏等少数民族，又超越了地缘上的限制。有的学者则希望用"华语"取代中国各民族的语言和文字（丁安仪、郭英剑、赵云龙，2000）。大多数学者认为"华语"是全世界华人的共同语（周有光，2001）。基于"共同语"的认识，郭熙（2004b）认为"华语是以现代汉语普通话为标准语的华人共同语"，并在之后（2006）进一步认为"华语是以普通话为核心的华人共同语"，"标准"变为"核心"使得"华语"更适合和接近海外华人所使用的以普通话为主导的"华语"标准。李泉（2015）认为国内外汉语教学的语言和文字标准均宜采用"双轨制"；在语言标准上，海外采取"普通话"和"大华语"双标准。

学界在上述认识不断深入的基础上提出了"大华语"的概念（陆俭明，2005），其后大批学者对"大华语"名称展开了论辩（王若江，2010；周清海，2017；李宇明，2017；刁晏斌，2018）。《语言战略研究》在 2017 年第 4 期以"大华语"作为专题就该名称的意义（卢德平，2017b）、层级体系（贾益民，2017）、现实意义（姚敏，2017）等进行了讨论。大家普遍认可"大华语"指的是"以普通话为基础而在语音、词汇、语法、语用上可以有一定弹性、可以有一定宽容度的全球华人共同语"（陆俭明，2017）。[①] 从"华语"逐步发展到"大华语"概念，"大"是范围意义上的"大"，具有"全球"的意思。指称范围的扩大引起了学界的广泛关注，大家开始把视角转向"全球华语"大背景下的"华语"研究（王晓梅，2017）。

"华语"概念从古到今，被赋予了新的含义；研究范围从小到大，目前华语研究作为语言学科一个重要的学术方向，研究主要集中在华语学科建构、华语事实（词汇、语法、语用等）、华语规划、华语传承、华语传播、华语接触、华语社区、华语生活八个主题，但是我们同时也要看到华语研究在整体实力、学术影响、学科地位等方面仍然比较薄弱（祝晓宏，2021a）。

2. 祖语

（1）国外祖语概念。

祖语，在英语译为 heritage language，国外关于祖语的研究最早可以追溯到 20 世纪 60 年代，Fishman（1966）在其早期代表作中对祖语的保持和转变进行了研究。"祖语"一词最早出现于 1977 年加拿大"安大略传承语项目"（Ontario Heritage Language Programs）中，指的是非官方语言或土著语（Cummins & Danesi，1990）。关于祖语的研究主要集中在美国、加拿大和澳大利亚等英语为主导语言的移民国家。20 世纪 90 年代，祖语在美国出现并开始在语言政策和语言教育领域频繁使用（曹贤文，2017）。2005 年，随着国际语言学期刊 *International Journal of Bilingual and Bilingualism* "继承语专刊"的集中推出，继承语研究成为美国应用语言学一颗耀眼的新星（吴文，2012）。祖语在美国指的是"少数民族语言"（minority language）（Cummins，2005；Duff，2008；Fishman，2001）。与之相关的词语有"国际的"（international）、"社区"（community）、"移民"（immigrant）、"种族的"（ethic）、"土著的"（indigenous）、"少数的"（minority）、"祖先"（heritage）、"第三"（third）、"非官方语言"（non-official language）（Bian-

---

① 为了便于区分和讨论问题，本研究使用"华语"时取的是大华语的概念，即全球华人的共同语。

co，2008；Duff，2008；Fishman，2001；Wiley，2008）等。欧洲国家用"少数族裔"（ethic minorities）指称移民及其子女，他们因各种原因移民，如"工作移民"（migrant worker）、"家庭移民"（immigrant families）、"难民"（refugees）等（Extra & Verhoeven，1993）。欧洲的社区语言（community language）指的是欧洲共同体国家的语言（Coulmas，1991），不包括土著语言和非土著少数族裔语言。在澳大利亚，社区语言指移民语言和澳大利亚土著语言（Clyne，1991）。由此我们可以看到，澳大利亚的社区语言和北美的祖语含义一致。

关于祖语的定义至今是一个尚存争议的问题，大致可分为类型学定义、生态学定义和描述性定义三种（张广勇，2014）。类型学定义以"特殊身份"为标准，根据美国社会的情况，把祖语分为三类：①原住民祖语，指居住在美洲大陆的原住民使用的印第安语；②移民祖语，指来自世界各国移民所使用的语言，如华人移民使用的华语；③殖民者祖语，指殖民者所使用的语言，包括德语、法语、西班牙语等（Fishman，2001）。生态学定义侧重语言的使用环境，尤其是语言使用者之间的关系。Carreira（2004）给出的描述性定义则是通过描述祖语学习者需要具备的四个特征：来自某一特定群体的语言共同体，语言学习的目的是保持家庭和民族的关系，具有一定的祖语水平，没有语言水平但参加课堂学习的学习者具有强烈的身份认同感（国家语言文字工作委员会，2019）。

Polinsky（2008）把"祖语"定义为"因语言环境改变而未能完全学会的母语或第一语言"；Fishman（2006）则认为"祖语"是"主要在家庭环境中使用的语言，使用者在一定程度上具备了双能力，但该语言在学习者日常工作语言中仅处于消极待用的地位"。与祖语的定义相比，祖语学习者的定义相对统一，"学习一门家庭所用的、非英语语言的人，他们会说或者至少能听懂这门家庭语言，并且在一定程度上具有英语和这种语言的双重能力"（Valdés，2001）。

（2）国内祖语概念。

国内关于祖语的概念最早可以追溯到高虹（2010）对 heritage language 的译名进行的研究，之后该研究在传入我国的十多年时间里，对我国的祖语研究产生了重大影响。国内与祖语相关的概念有族裔语（秦悦，2013；周庆生，1994）、祖裔语（李丽、张东波、赵守辉，2013）、祖裔语言（赵守辉、张东波，2012）、祖籍传承语（张天伟，2014）、继承语（吴文，2012；曹贤文，2014；张广勇，2014）、传承语（曹贤文，2017、2018；萧旸，2017；李计伟、张翠玲，2019；吕崇伟，2020）等。祖语，取"祖传语言"之意，更容易为中国人所理解，海外的华语是作为祖语而存在的，主要指的是社会主体语言之外作为文化传承的祖辈语言（郭熙，2017）。

祖语不同于第一语言也不同于第二语言，祖语也不是民族语，可以是方言，同一个民族可能使用不同的语言，如有些地区把粤方言当作传承语言来学习（方夏婷，2016）；在某些地区方言在语言传承方面也有重要的作用（郭熙，2017）。

祖语之所以"祖"是由于存在"祖"的历史，与形成"祖"的历史有关系（郭熙，2017）。祖语在主体语言之外的国家或地区处于边缘化状态，在语言竞争环境中处于劣势，主要是在家庭或是在社区中使用。祖语的活力取决于母体的活力和内部的活力，活力包括活跃、稳定和衰减。刘丽敏（2019）通过对美国华裔子女祖语的现状和问题的研究认为祖语不断发展更深层次的原因是中国综合国力和文化软实力的提升。内部的活力取决于祖语所在国家的语言政策、经济地位、功能地位等（郭熙，2017）。祖语还具有身份认同的象征性，这主要是由于祖语与祖籍国有祖辈的特殊的感情，由于移民等原因使得祖语成为不可避免的一种象征性的文化符号（郭熙，2017）。尽管祖语因语言环境的改变而未能完全学会，但是祖语作为与生俱来的、有特殊感情的语言，具有较强的家庭性和归属性（高虹，2010）。

本书从海外华语的角度，使用更能体现传承的"祖语"一词，并在郭熙（2017）祖语概念链术语群的基础上从社会语言学、理论语言学、语言习得与教学、生态语言学、社会文化与心理学等学科属性上对祖语概念相关术语进行了分类（见表2-1）：

表 2 - 1　祖语概念相关术语

学科	术语
社会语言学	祖语政策、祖语环境、祖语生态、祖语景观、祖语共同体
理论语言学	祖语现象、祖语能力、祖语生、祖语使用者、祖语机制
语言习得与教学	祖语教育、祖语教学、祖语习得、祖语学习
生态语言学	祖语传承、祖语保持、祖语维护、祖语中断、祖语阻断、祖语分化、祖语磨损、祖语丧失
社会文化与心理学	祖语文化、祖语认同、祖语期待、祖语崇拜、祖语压力、祖语焦虑

巴西华二代祖语指的是生活在巴西的华侨华人子女所说的中文，其是语言文化传承的祖辈语言（Chinese heritage language）。本书考察的是巴西华二代祖语传承，采用的是 Fishman（2001）的广义定义，即虽然不会说或者听不懂祖语，但仍然是祖语的学习者。

3. 语言传承、华语传承和祖语传承

近年来，随着我国语言生活的变化以及对全球华语研究的关注，"华语传承"的相关研究引起了人们的关注。关于"华语"的研究不再囿于习得理论和语言本体理论，"华语传承研究"不等同于"传承语研究"，学界从认识到"华语教学"不等同于"对外汉语教学"，发展到"华语教学"是"华文教育"中的主要组成部分，再到新时代下意识到"华文教育"是"华语传承"的一个路径，"华语"相关研究已经发展成与移民、社会语言学、生态语言学等多学科交叉的研究，在移民、社会的大背景下去研究"华语"是如何传承的意义重大。

"华语（文）教学""华文教育""华语传承""祖语传承"名称的嬗变与"对外汉语教学""汉语国际教育""国际中文教育""国际中文传播"相伴相生，在2020年国际中文教育进入4.0时代后（王春辉，2021），华语传承研究作为国际中文教育的组成部分也迎来了新的发展空间。

华语传承研究是语言传承研究的一个组成部分，华语传承主要存在于代际传承之间，目前的研究领域包括汉语及汉语方言传承，少数民族语言传承和华语传

承（李春风，2019）。在地理和空间范围上，华语传承又包括中国大陆地区的母语、方言和民族语言传承，中国台湾地区的国语传承，新加坡、马来西亚、文莱地区的华语传承和其他地区的华语传承。《语言战略研究》在 2017 年第 3 期曾对"华语传承"研究开设了专题，在 2021 年第 4 期再次开设"华语与华语传承"专题，把华语和华语传承研究继续往前推进。海外国家的华语传承研究作为华语研究领域的一个重要组成部分，近年来受到越来越多的关注，前文我们已经知道，海外的华语是作为祖语而存在的，因此，我们把海外华语传承称为"祖语传承"。

祖语传承是世界历史性难题（郭熙，2017）。祖语学习是祖语传承的重要途径，由于语言环境的改变使得祖语需要学习，学习的内容包括祖语语言各个子系统、祖语文化和祖语书面语（郭熙，2017）。祖语学习者尤其是"一语生"具有一些特征：与母语类似的发音和流利性、掌握大部分句法规则、词汇量丰富、熟悉语言使用的基本隐性文化规范（曹贤文，2014）。

在祖语传承的持续性上，祖语的传承包括完全传承、传承中断和完全隔绝三种（郭熙，2017）。需要注意的是，祖语传承中断指的是语言离开了原有的国家或地区，移民带来语言环境的变化主要是祖语传承中断，这个中断是空间地理意义上的中断，会导致祖语语言学意义上的中断和隔绝。我们研究的是华侨华人移民巴西带来祖语地理意义上的中断后如何在巴西进行祖语的语言传承，尤其是巴西新移民的后代存在不同于其他国家的祖语现象，表现在语言习得期和语言教育期中断后学习的复杂性上。结合联合国教科文组织濒危语言保护规划文件《语言活力与语言濒危》的划分，本书进一步考虑使用"祖语传承度"去衡量巴西的祖语传承情况。祖语传承度包括语言（中文、方言）传承度和中国元素（传统、现代）传承度，共分为六个级别，从高到低依次为：同步（5 级）、保持（4级）、维持（3 级）、濒危（2 级）、中断（1 级）、完全中断（0 级）。

4．祖语传承与中文传播

（1）传承与传播。

为了更好地区分"祖语传承"与"中文传播"的关系，我们首先要分清"传承"和"传播"。关于"传承"的概念，我们查阅了部分词典和百度百科：

《现代汉语词典》（第七版）：（动）传授和继承。

《辞海》（网络版）：传播和继承。

《现代汉语规范词典》（第三版）：（动）传播和继承。

百度百科：泛指对某某学问、技艺、教义等，在师徒间的传授和继承的过程。

综合上述词典和百度百科关于"传承"的词义解释，我们可以看到"传承"的解释中都有"继承"一词，所不同的还包含"传授""传播"等。"传承"是"传"下去的"继承"。谈及"传"肯定不是自我单方完成，而是从一方到另一方的"传授"和"传递"，更是一个动态的过程。

"传播"与"传承"不同，上述词典和百度百科中"传播"的释义如下所示：

《现代汉语词典》（第七版）：（动）广泛散布。

《辞海》（网络版）：广泛散布。

《现代汉语规范词典》（第三版）：（动）大范围散布、传送；四处推广。

百度百科：传播是指两个相互独立的系统之间，利用一定的媒介和途径所进行的、有目的的信息传递活动。

我们利用北京大学 CCL 现代汉语语料库[①]进行普通查询后，得到使用"传承"的语料 1 562 条、使用"传播"的语料 16 541 条。由此可见，在实际运用中"传播"的使用频次更高。我们把这些语料导入 Nvivo12 软件生成词库云（见图 2－1、图 2－2）。

---

① 语料主要来自报刊、电视电影、文学作品、翻译作品、应用文，部分来自口语和网络。

图 2-1　"传承"的词库云　　图 2-2　"传播"的词库云

通过进一步统计分析（见表 2-2、表 2-3），我们可以看到"传承"与"传播"的高频词都有"文化""中国""发展"和"世界"，所不同的是"传承"的使用场景多是"传统"的、"民族"的、"历史"的，需要去"保护"，传承的内容多是"精神""艺术""文明"；"传播"的使用场景是"社会"的、"媒介"的，传播的内容多是"信息""病毒""新闻""知识""报道""技术"等。

表 2-2　"传承"使用频次统计

高频词	计数	加权百分比/%
文化	869	2.28
中国	334	0.88
传统	267	0.70
民族	229	0.60
历史	204	0.54
遗产	189	0.50
保护	188	0.49
发展	174	0.46
世界	168	0.44
精神	156	0.41
艺术	155	0.41
民间	153	0.40
文明	126	0.33
中华	120	0.32

表 2-3　"传播"使用频次统计

高频词	计数	加权百分比/%
文化	3 163	0.75
中国	2 433	0.58
信息	2 245	0.53
病毒	2 033	0.48
新闻	1 799	0.43
艾滋病	1 776	0.42
知识	1 369	0.32
社会	1 345	0.32
发展	1 233	0.29
科学	1 048	0.25
世界	999	0.24
媒介	946	0.22
报道	897	0.21
技术	824	0.20

（2）祖语传承与中文传播。

从 20 世纪 80 年代初至今，随着研究的不断深入，汉语教学学科从"对外汉语""汉语国际教育"再到"国际中文教育"，内涵范围不断发展（吴应辉，2022）。"国际中文教育"概念是在 2019 年孔子学院大会上提出的，有学者指出国际中文教育的概念内涵扩大了，具有更大的包容性①。国际中文教育包括国内的对外汉语教学、海外的国际中文教学和海外华文教育（郭熙、林瑀欢，2021）。海外华文教育所包括的海外华文学校、华文教学等是祖语传承的重要组成部分（郭熙、王文豪，2018）。我国海外的祖语传承从"华文教学"到"华文教育"，再到"华语传承"，看似内涵扩大，实则正被逐渐地"看见""发现"和"挖掘"，由于华侨华人移民历史较长，世界各地祖语传承早已存在，其历史比汉语教学学科悠久得多，只是一直被边缘化。目前看来祖语研究的确已成为应用语言学界（吴文，2012）和语言教学界（刁力人、张凤鸣，2013）中冉冉升起的新星。中国的语言传承研究工作也能够为世界的语言传承研究提供参考（戴庆厦，2017）。

祖语传承研究不等同于祖语研究，前者涉及移民和语言的关系、人类学、社会学、教育学、心理学、政治学等诸多领域，后者大多是从语言学出发进行教学与教育研究，即我们常说的海外华文教育。海外华文教育能力是国家语言能力的一个组成部分（郭熙，2020）。

祖语传承也不等同于中文传播，郭熙（2023）在《试论海外华语传承话语体系的构建》中进一步指出国际中文教育的核心任务有两个：一个是海外华侨华人的母语或祖语传承，另一个是中文的国际传播。祖语传承是代际的，是在海外一代代华侨华人移民中的传承，是纵向的；国际传播是群际的，是自国内这个中心向海外四散开的，是横向的。一纵一横构成国际中文教育的完整网络。

祖语传承理论的构建不同于中文在世界的传播理论，祖语传承研究大多需要

---

① 王辉，冯伟娟. 何为"国际中文教育"［EB/OL］.（2015 – 03 – 15）［2019 – 01 – 06］. https：//www.gmw.cn/xueshu/2021 – 03/15/content_34688036.htm.

所在国实际的田野调查。而中文传播理论是自内而外的，多是先有一套成熟的教学大纲、教材等，然后再去传播扩散。在"人类命运共同体""一带一路"的倡导下，共同体国家华侨华人对中国传统的继承遵循着和中国国内继承不同的路径（崔希亮，2018）。

二、　国外祖语传承研究视角

国外对于祖语学习者的研究有人类文化学、语言生态学、语言习得理论、社会心理学等视角。

人类文化学视角以 Fishman（2001）为代表，体现的是族裔视角，强调语言文化之"根"，祖语文化（近似于母语文化）是学习者与生俱来的、有特殊关系的文化（Zapata，2007），祖语文化存在于与祖语不同的文化环境之中并且要让位于所在国家或者地区的主体文化，不同于文化冲突，祖语文化的学习者要做好祖语（文化）与主体语（文化）的对接，一旦失去了联系或者产生了消极的连接，祖语的学习就很难进行下去（吴文，2012）。巴西华二代祖语生在学习祖语时所遇到的困难正是由于中国文化和巴西文化存在极大的不同，我们将在本书后续中深入研究。

从语言生态学的角度来看，华语作为祖语在社会主体语言之外的国家和地区的生存情况也引起了人们的注意。在海外，祖语的传承面临着巨大的挑战，2002年，美国"祖语在美国"大会上强调祖语的研究方向是祖语的代际传承（Campbell，2003）。在祖语传承领域，祖语代际转用模式（Fishman，1966、2001；Veltman，1983）认为在使用祖语的家庭中，祖语传承不过三代。第一代移民以祖语为主要语言，很少说英语或者不说英语；第二代移民同时使用英语和祖语；第三代移民以英语为主要语言，很少说祖语或者不说祖语。关于祖语代际转用模式已有学者从祖语转用程度、出现区域、转用速度、使用祖语的目的等多方面进行了验证，发现祖语转用并非线性的，代与代之间并不一定存在转用(Ishizawa,

2004），祖语转用情况更容易出现在边界社区，不同地区的语言转用速度是不同的，亚洲与欧洲的后代速度基本一致，西班牙的后代要慢一些（Alba，2004），希腊阿尔巴尼亚裔祖语转用是急速的（Gogonas，2009）。在语言听、说、读、写四个方面，韩裔（Park，2007）、沙特阿拉伯亚裔（Habtoor，2012）认为下一代对上一代使用祖语交流主要是为了听而不是说，在平辈中主要使用优势主体语。研究发现，把祖语纳入官方的教育体系会促进人们使用祖语，反之则会对祖语的学习起到消极的作用，甚至让人产生对祖语的抵制行为（Zhang & Slaughter-Defoe，2009）。言语社区是决定第三代移民及其后代是不是双语人的一个重要因素（Hurtado & Vega，2004），言语社区起到激励人们使用祖语的意愿的作用，同时较大族群的语言行为也会影响个体的语言选择（Linton，2004）。家庭环境对祖语的维护也起着重要作用，长辈与子女交流时常选择熟悉的祖语（Alba & Logan & Stults，2002；Arriagada，2010）。在家庭中最重要的因素是父母的意识和行为，如果父母对祖语的价值和地位持有积极的态度，会在家庭中采取多种积极的手段促进孩子的祖语学习，还会送孩子去祖语学校学习，在这种家庭成长的孩子祖语传承得较好（Jeon，2008）。

　　语言习得理论以 Valdés（2001）为代表，强调传承与学习者实际的语言水平。祖语习得研究首先要回答的问题就是祖语习得与二语习得以及母语习得之间有什么异同，这是它作为独立研究领域的前提条件。学者们通过理论和实证研究发现这三者之间既有相似之处也有差异（见表2－4）（Lynch，2003）。

表2－4　祖语（HL）和第一语言（L₁）、第二语言（L₂）的区别特征

区别特征	HL	L_1	L_2
较早接触目标语	±	+	－
自然环境下的语音输入	+	+	－
成功完全习得	－	+	
区别特征	HL	L_1	L_2
石化现象	－	－	+

（续上表）

区别特征	HL	L_1	L_2
语言迁移	+	−	+
动机和情感因素对学习的影响	+	−	+

注：+表示具有该特征，−表示无此特征，±表示两种情况都存在。

　　大多数的祖语学习者在孩童时期有过自然语境下习得祖语的语言输入经历，语言接触早于二语学习者，因此在发音方面优于二语学习者，具有祖语的潜能（Au & Knightly & Jun，2002），但是在语言输出方面又与母语者存在明显的差距。总体而言，祖语习得不同于二语习得和母语习得，但又同时兼具二者的一些特征，被称为母语与二语的交叉点（Montrul，2010）。典型的祖语学习者和一般的外语学习者的语言知识和语言能力比较（Kagan & Dillon，2017）见表2－5，具体包括语音、词汇、语法、社会语用规则、读写技能等方面。从祖语习得的角度来看，祖语学习者在语言发展的关键期中断了祖语的学习，因此，祖语习得是在双语而非单语环境下未完成的一语习得，同时又有二语习得的许多特点，具有一语习得和二语习得的双重特征。祖语的习得具有非完整性，原因在于有限的语言接触环境、语言磨蚀以及缺乏继续接受学校教育的机会（张广勇，2014）。

表2－5　典型的祖语学习者和一般的外语学习者的语言知识和语言能力比较

语言知识和 语言能力	典型的祖语学习者	一般的外语学习者
语音	发音、重音、语调等接近母语者水平，发音系统可能是方言的	基本上获得了一种标准语或标准方言的发音系统，但有外语口音
词汇	词汇丰富，但局限于家庭、社区和宗教等场合，大量词语借自社会主体语	词汇很有限，但与标准语或有声望的方言一致
语法	能恰当地使用大部分语法，但不熟悉抽象的语法规则	熟悉语法规则，但不会流利使用，也不能在真实的生活交际中完全理解

（续上表）

语言知识和语言能力	典型的祖语学习者	一般的外语学习者
社会语用规则	掌握与家人和社区成员之间语言互动的相关规则，但在其他社会互动领域中的语言能力有限	除了用于课堂的语用知识和能力外，其他的社会语言知识和能力十分有限
读写技能	没有发展出初级水平以上的读写技能，不过能快速发展这方面的能力，在获得读写能力的早期就可以处理较长的文本	在发展读写能力方面具有较好或很好的基础

在祖语教学研究与评估方面，由于祖语学习者的听、说、读、写技能发展不平衡，听被认为是祖语学习者最强的技能，其次是说，再次是读和写，因此，对于典型的祖语学习者和一般的外语学习者需要采用不同的教学路径（见表2-6）（Kagan & Dillon，2003）。

表2-6　语言教学的宏观路径和微观路径

教学领域	祖语教学（宏观路径）	二语/外语教学（微观路径）
词汇教学	与学习者年龄相适应的，着重书面的、正式的学术词汇	全部领域的各种词汇
阅读教学	几乎从一开始就可以是篇幅大的、复杂的文本	开始是小文本，慢慢增加容量和复杂性
写作教学	强调内容，同时提高拼写、语法水平和语言风格	由句子逐渐提升至段落
说话教学	强调独白和讨论	由对话逐渐进步到独白和讨论
听力教学	各种各样的本族语言输入	由简短的文本逐渐增加容量和复杂性
文化教学	包含相关文化信息的全领域语言输入	开始时是孤立的、去语境化的、学习者非常了解的文化项目

　　不同于第一语言和第二语言学习者，关于祖语使用的标准与评估是具有挑战性的事情，学界使用的标准也不同。在祖语的转用方面，有的以语言的优劣势为标准（Hakimzadeh & Cohn，2009），有的以语言偏好为标准（Rumbaut et al.，2006），有的以语言的使用环境是内部（家庭）或外部（如工作）等为标准（Barre et al.，2007）。在祖语学习者语言能力方面，目前国际流行的外语评价工具有美国外语教学委员会（American Council on the Teaching of Foreign Languages，ACTFL）的"口语语用能力评估"（Oral Proficiency Interview，OPI）和该组织联合法语、德语、西班牙语教师协会研制的《21世纪外语学习标准》。显然，祖语学习者在家庭环境下自然习得祖语可以比较轻松地完成人际交流和文化目标，但进一步的研究发现这些评价工具并不适合祖语学习能力测试（Friedman & Kagan，2003）。同时，祖语学习者的语言能力是动态改变的，祖语学习者的语言能力发展是单语能力向多语能力转变的一个过程，传统的二语习得理论对其解释有一定的局限性，二语习得的研究对象还应包括祖语学习者（Valdés，2005）。当祖语学习者的二语水平或者外语水平达到一定的程度时就具备多语能力（Cook，2003）。

　　社会心理学理论以Hornberger和Wang为代表，他们强调祖语学习者对所学语言所属群体和文化的自我认同以及学习动机等，并认为祖语学习者对所学语言所属群体和文化的自我认同以及学习该语言的动机和兴趣非常重要，他们可以自主决定自己是否成为祖语的学习者。祖语学习者有很强的学习动机是由于存在与某种语言有很强的文化联系的人（Deusen-Scholl，2003）。身份认同不是一个静止的、固定的状态，而是动态的，是在社会中建构起来的，是祖语学习者不断自我定位的过程（He，2006）。

三、　国内祖语传承研究内容

　　国内祖语传承研究虽然起步较晚，但是作为我国语言传承研究三大组成部分之一的祖语传承研究已成为国内语言研究的一个热点话题（李春风，2019）。我国有关传承语最早的文献是继承语术语翻译（高虹，2010）。国内跟传承语相关的概念有祖语、遗产语言、祖裔语、继承语、祖籍传承语、族裔语等。祖语具有中断性、家庭性、归属性（高虹，2010）、保守性（李计伟、张翠玲，2019）、情感性、民族性、民间性、群众性、服务性和多样性（郭熙，2022）。

从整体来看，祖语传承研究主要包括祖语本身的研究、祖语传承主体——祖语学习者的研究和祖语传承环境的研究三大类。其中祖语本身的研究包括祖语习得、祖语使用、祖语学习策略等；祖语传承主体的研究包括祖语态度、语言选择、身份认同、学习动机等；祖语传承环境的研究包括家庭、学校、华人社区、华文媒体等（吴勇毅，2017）。

下面我们将围绕祖语本体研究、祖语教育研究、祖语学习者研究、祖语传承路径研究、祖语传承因素研究和文化传承研究展开综述。

1. 祖语本体研究

祖语教育与华语研究衔接起来的重要基础是华语本体研究，这需要从祖语学习者的实态出发（郭熙、王文豪，2018）。关于祖语生理解和产出汉语关系从句的实验研究认为祖语儿童在侨居国需要更多的关键性输入来习得关系从句（吴菲，2016）。

按照华文作文水平测试的华文作文结构标准，即"部件完整""层次清楚""顺序合理""详略得当"和"连贯衔接"五项标准（李银萍，2015），高年级汉语祖语生的写作只能算"半个母语"，其词汇和句法上的问题原因在于中文输入的不足和英语的迁移（刘海咏，2009）。刘熹蒨（2015）通过分析写作质量，发现印度尼西亚祖语生的字、词和句子的复杂度低于马来西亚祖语生。由于华裔后代在祖语教育上的特殊性，古滢（2012）结合《21世纪外语学习标准》的规定对美国5C教学方法进行了系统的研究。

语言标准化测试也是祖语教育中质量控制的组成部分。华语水平测试是面向海外华二代祖语生而设计的测试。在标准加常模的参照体系、认知加语言的等级结构、听说和读写尽可能严格区分的试题追求、强化对汉字能力的要求和强化中华文化背景的存在五个基本理念中，我们可以看到华语水平测试有别于汉语水平考试（王汉卫，2016、2018）。

2. 祖语教育研究

祖语理论有利于帮助我们进一步厘清华文教学的性质，使我们在主体教学对象、宏观教学目标方面有新的认识（韩晓明，2018）。在祖语理论的指导下，海外华文教学重新划分为祖语教学、第一语言教学和第二语言教学（曹贤文，2017）。海外华文教学应遵循祖语教育规律。目前海外华文教材在对象目标、能力目标、题材设置、语法设置、参照标准等方面存在一些问题，王秋萍（2018）结合对华文教材的考察和祖语习得的规律尝试性提出了一些解决策略。早期华文教材是海外祖语传承的重要载体和宝贵资源，应当加强对海外华文教材的抢救和整理，建立早期华文教材资源库（祝晓宏，2021b）。华侨华人华语基本信息资源数据库——华侨华人人口数据库、华语相关语言政策规划及华语使用数据库、华语机构数据库的建设势在必行，这能在一定程度上解决目前海外华语及华文教学研究"家底不清"的问题（刘慧，2021）。

3. 祖语学习者研究

在学习年龄上，祖语学习主要集中在儿童和青年时期（郭熙、李春风，2016），海外祖语学习者呈现低龄化特征（曹贤文，2018）。

在学习动机上，由于祖语生独特的家庭文化背景，语言学习动机相对较为复杂（邵明明，2018）。东南亚祖语生语言学习动机较强，对任务价值的认同感也较强，更偏向融合型动机，学习焦虑较弱（原源、吕静、原一川，2016）。印度尼西亚祖语生在听力、口语、阅读和写作课堂上均存在焦虑，其中听力焦虑较低，写作焦虑较高。职业发展和交流动机是日本祖语生学习中文的主要动机，其中，自我提升和情感动机为一般动机，外在动机为次要动机（邵明明，2018）。柬埔寨祖语生学习动机最强的三个变量是融入型动机、学校和教师（宋靖武，2020）。有的学者则通过个人研究认为传统的融入型动机正在对华二代祖语生的学习动机失去解释力，研究没有发现被试显示出强烈的对华人社区的融入性意愿（闫姗姗，2020）。

在祖语生的语言使用上，东南亚华人后代会说中文普通话的比例小于欧美地区，方言社区交际占主导地位（郭熙、李春风，2016）。

祖语对于个体的群体认同和保持语言的多样性有积极的作用，陈建伟（2013）通过分析国外祖语代际传播文献，认为祖语的代际传播是祖语研究的一个重要方向。意大利华二代族群认同感最高，文化认同感最低（张巧宏等，2021）。

4．祖语传承路径研究

在祖语传承的路径上，东南亚地区学校的祖语教育仍然是主要途径（郭熙、李春风，2016）。家庭语言模式是祖语传承的最后堡垒（陈保亚，2013）。家庭语言实践的实施与家庭内部的语言规划密不可分（王玲，2017），要重视在华国际家庭的语言教育规划研究（李英姿，2017），关注家庭语言维持与转用（李嵬、祝华、连美丽，2017）。

语言传承的路径也随着社会和科技的进步不断发展。孔江平（2013）从有声语言和口传文化认知的角度讨论了全面精确传承语言文化的理论基础。杨慧君（2017）认为可以使用新媒体网络视频等搭建交流平台促进语言文化的传承和传播。

5．祖语传承因素研究

语言政策、言语社区、家庭环境、家庭语言策略、语言意识是影响祖语传承的因素（陈建伟，2013）。

研究发现，把祖语纳入官方的教育体系会促进人们使用祖语（Jeon，2008），反之则会对祖语的学习起到消极作用，甚至让人产生对祖语的抵制行为（Zhang & Slaughter-Defoe，2009）。李国芳和孙茁（2017）通过对加拿大华裔的研究构建了家庭语言政策连续发展的模型，在现有的家庭语言政策理论框架的基础上，为海外多语的宏观社会环境下移民家庭的语言政策研究提供了新的视角。家庭语言政策是祖语教育的原生驱动力，要增强华侨华人家庭的语言规划和政策意识（白娟，2019）。

相关研究结果表明，语言使用和学校教育对华二代祖语生的语言水平影响显著（原鑫，2020）。祖语生的学习动机是祖语保持的重要因素（韦九报，2021）。在动机中家庭的因素显著，家庭中最重要的因素是华裔家庭父母的传承语意识（王玲、支筱诗，2020）。王琳璐（2016）讨论了加拿大二代移民继承语习得的因素和造成继承语面临流失的因素，认为保护和鼓励二代移民进行祖语学习至关重要。在二代移民中，华裔学习者的语言使用情况比较复杂，华裔家庭的语言背景对祖语的认同具有重要影响。研究发现，在日本家庭成员中，祖父母对第二代继承语学习者的语言保持和发展起着重要作用，父母对语言的态度和语言水平直接影响日本华裔家庭的语言选择和使用（邵明明，2018）。除此以外，祖语生同伴也是华二代祖语传承的影响因素（张巧宏等，2021）。

6．文化传承研究

语言传承的是一种文化，具有界定一种语言的文化属性的功能，在国际交往中起着重要的作用（金玉顺，2011）。在语言教育的对象里，语言具有文化传承的维度，以文化传承的视角还原语言的意义，为补充语言论范式的学科教育能力提供了新的途径（谢荣娥，2017）。中国的文字是人类文明的奇迹，文字具有中华文明传承的纽带作用（刘金萍、傅惟光，2012），此外还要充分认识到汉语言文学在文化传承中的作用（谢大顺，2021）。

在东南亚国家，年轻的祖语生逐渐融入居住国的文化，也逐渐偏向居住国的语言使用（郭熙、李春风，2016）。

文化传承体现在语言的景观上，王婷（2019）从语言景观的视角出发，提出了文化传承的原则和策略，为未来文化传承相关研究提供了新的视角。

四、　国别化祖语传承研究

目前国内对海外祖语传承的研究主要集中在东南亚的印度尼西亚（范立立，

2019；劳红叶，2019）、缅甸（李春风，2021）、柬埔寨（宋靖武，2020；刘慧，2021）、马来西亚（姚敏，2021）；中亚国家（刘悦，2020）；欧洲的意大利（张巧宏，2019）；北美洲的美国（曹贤文、金梅，2021；刘丽敏，2019）；大洋洲的新西兰（王丹萍，2021）；拉丁美洲说西班牙语的国家（刘伊尧，2019）。

五、 中文在巴西的传播研究

1. 教学与习得研究

孔子学院、巴西公立大学是巴西中文传播的两大教育主体。自孔子学院 2008 年落户巴西以来，截至 2019 年 12 月，巴西共设有 11 所孔子学院和 5 个孔子课堂，数量位居拉美国家之首。巴西学生选择学习中文的内在动机是对中文感兴趣，觉得中文有趣并希望通过学习中文提升自己的职业前景，汉语学习者的融合型动机和工具型动机较为强烈，渴望融入汉语社团（吴健，2019）。由于巴西学生对在校成绩不是很看重，更喜欢个人学习完成学业，外在目的动机和考试动机是影响巴西学生继续学习的消极因素。

巴西的官方语言是葡萄牙语，属于印欧语系罗马语族，与属于汉藏语系的中文有较大的差异。已有的研究涉及语音、汉字、词汇、语法等方面。研究发现，在语音方面，巴西学生学习中文存在的难点和偏误是声母 b ［p］、d ［t］、g ［k］、r ［ʐ］ 和 l ［l］（柴纹纹，2011）；在读汉语的声调时，汉语四声学习的难度顺序分别是去声、阴平、阳平和上声（郭军叶，2012）。在汉字方面，陈明（2019）、李贝贝（2020）对汉字偏误进行了研究；陈丽芳（2016）认为在巴西学生初级汉字学习阶段，"语文分进"的教学模式比"语文并进"的教学模式效果更好；在教学上通过微课进行会意字教学对巴西汉语学习者学习汉字有着积极的影响（李典，2020）。在词汇方面，学者们对巴西学生学习动词、形容词、名词（李岩岩，2014）、语气词（田诗园，2014）、名量词（何冉，2017）、成语（董伟，2020）等的偏误进行了研究，并分析产生上述词汇偏误的原因在于中巴两国之间的文化差异、社会习俗、生活习惯、人们的情感等，这也是巴西中文学习者汉语心理词典的组织结构不同的原因。在语法方面，朱瑞花（2010）、石琳（2013）等分析了巴西学生中文语序习得偏误类型、状态补语句偏误（邹瑜然，2016）。

在巴西中文教学研究方面，有学者分别对巴西孔子学院的课程设置和教学设计（廖雯莹，2018）、教学法（王泓博，2019）、中巴合作编写的教材（王泉玲，2013）、葡语版教材《当代中文》（邢越，2020）、《精英汉语·教师手册》（雷敏，2019）等进行了系统研究；杨小彬（2017b）针对"三教"（教师、教材和教法）问题进行了系统梳理。

2. 文化研究与推动力量

（1）巴西中文传播的文化研究。由于中国和巴西地缘距离较远，文化差异比较大。朱瑞花（2010）从巴西留学生汉语学习过程中所遇到的地域文化、颜色文化、习俗文化、手势语文化四个方面对中巴文化冲突问题进行了分析，并认为教师在教学过程中应该有中巴文化冲突的敏感意识。佩德罗（2017）则从中国和巴西谦虚文化、等级关系、性别文化等方面阐述了文化差异对汉语二语教学的影响。

（2）巴西公立学校。巴西境内正规开展汉语教育的公立学校截至2017年仅有1所，是由巴西里约热内卢州政府教育厅和里约热内卢天主教大学孔子学院共同创办的若阿金·戈麦斯·德·索萨葡中双语高中。据了解，该葡中双语高中自2015年2月正式启动以来，受到越来越多学生和家长的青睐。最初学校计划每年招收72名学生，分为3个班，但随着需求不断增加，2017年人数扩招到130人。这使中国的语言教学和文化传播进入巴西的主体教学当中，在中巴的对外交流中有重要的意义。2018年有44名学生从该校毕业，同时他们中的6名将到中国继续攻读本科。另外，孔子学院已与巴西圣埃斯皮里图州政府教育厅达成合作协议，计划在该州开办类似的葡中双语学校①。

---

① 巴西第一所葡中双语高中迎来首届毕业生［EB/OL］.（2018 – 01 – 23）［2021 – 10 – 13］. http://www. hanban. org/article/2018 – 01/23/content_ 716307. htm.

（3）巴西公立大学。圣保罗州立大学（USP）是巴西唯一一所在大学本科层次开设中文专业的院校，最早开设于 1976 年。圣保罗州立大学虽然开设了中文专业，但是与英语专业和西班牙语专业相比，毕业生较少。据统计，从 1997 年到 2005 年，只有 9 名毕业生从中文专业毕业（Lima，2012）。

（4）孔子学院。自 2008 年孔子课堂落户巴西以来，截至 2019 年 12 月，巴西共设有 11 所孔子学院和 5 所孔子课堂（见表 2 - 7、表 2 - 8），数量位居拉美国家之首。

表 2 - 7　巴西 11 所孔子学院

孔子学院名称	所在城市	承办机构	合作机构	设立时间
圣保罗州立大学孔子学院	圣保罗	圣保罗州立大学	湖北大学	2008 年
巴西利亚大学孔子学院	巴西利亚	巴西利亚大学	大连外国语大学	2008 年
里约热内卢天主教大学孔子学院	里约热内卢	里约热内卢天主教大学	河北大学	2011 年
南大河州联邦大学孔子学院	阿雷格里港	南大河州联邦大学	中国传媒大学	2012 年
FAAP 商务孔子学院	圣保罗	FAAP 高等教育中心	对外经济贸易大学	2012 年
米纳斯吉拉斯联邦大学孔子学院	贝洛奥里藏特	米纳斯吉拉斯联邦大学	华中科技大学	2013 年
伯南布哥大学孔子学院	累西腓	伯南布哥大学	中央财经大学	2013 年
坎皮纳斯州立大学孔子学院	坎皮纳斯	坎皮纳斯州立大学	北京交通大学	2015 年
帕拉州立大学孔子学院	贝伦	帕拉州立大学	山东师范大学	2016 年
塞阿拉联邦大学中医孔子学院	福塔雷萨	塞阿拉联邦大学	南开大学	2019 年
戈亚斯联邦大学中医孔子学院	戈亚尼亚	戈亚斯联邦大学	河北中医学院、天津外国语大学	2019 年

表 2-8　巴西 5 所孔子课堂

孔子课堂名称	所在城市	承办机构	合作机构	设立时间
圣保罗亚洲文化中心孔子课堂	圣保罗	圣保罗亚洲文化中心	国侨办	2008 年
圣保罗华光语言文化中心孔子课堂	圣保罗	华光语言文化中心	—	2011 年
伯南布哥天主教大学孔子课堂	累西腓	伯南布哥天主教大学	中央财经大学	2015 年
圣玛利亚学校孔子课堂	累西腓	圣玛利亚学校	中央财经大学	2015 年
弗鲁米嫩塞联邦大学孔子课堂	尼泰罗伊	弗鲁米嫩塞联邦大学	河北师范大学	2017 年

　　下面以圣保罗州立大学孔子学院为例，简要介绍一下巴西孔子学院的生源。圣保罗州立大学孔子学院成立于 2008 年，从成立至 2016 年共有师资 66 人次，教学点 13 个，分布在圣保罗州的 12 个城市（刘念、石锓，2016）。49% 是当地民众，43% 是圣保罗州立大学的在校生，8% 是巴西公立学校的在校生。学习中文的注册人数从 2008 年的 31 名到 2019 年累计 13 359 名（程晶，2020）。高中生班是在孔子学院和圣保罗市教育局签署的合作协议下运行的，免费为圣保罗州 4 个城市的 1 000 多名中学生教授汉语课程。小学生的班级是 2015 年新开设的，由孔子学院为圣保罗市属公立小学 CEU Menino 和圣若泽市公立小学 Instituto Alpha Lumen 免费提供师资为其学生授课。一年时间内学生从 10 人次增至约 100 人次（刘念、石锓，2016）。

　　经过 10 多年的发展，巴西的孔子学院已成为中文教学的重要力量，培养了一批熟悉两国语言和文化的高层次人才，增进了中巴两国的交往。在海外对孔子学院和中国文化认可度的报告中，巴西排名超过印度、俄罗斯、美国等，位居世界第一。

六、 祖语传承研究方法

在祖语传承研究方法上，不同于研究祖语本身，祖语传承研究方法具有多样性和学科交叉性。祖语传承研究方法多样，涵盖了个案研究、文化分析、对比研究等不同的视角和方法。张楠（2019）运用个案研究法从祖语生习得过程的角度对美国大学初级阶段的祖语课堂进行了研究，并综合运用了课堂观察、单独访谈、团体访谈的研究方法。韦九报（2021）运用个案研究法考察了日本华二代祖语生的传承情况，指出祖语传承应考虑文化情感与现实理性、阶段需求与长期规划、个人意志与社会压力、群体需求与整体设计、语言规划与语言生活五组外部关系。白娟（2019）利用半结构式访谈和个人民族志材料剖析了家庭语言政策对祖语保持的影响。饶倩楠（2019）运用教育人类学的理论和研究方法，调查了泰北安康村云南裔华人家庭、社区和学校中的祖语教育现状。刘悦（2020）采用对比研究的方法对中亚和缅甸华二代祖语生汉字学习策略进行了研究。

有关祖语传承的硕士和博士论文数量逐年上升，论文多采用问卷调查、访谈等综合方法对各区域华裔祖语保持等进行系统研究（劳红叶，2019；刘伊尧，2019）。

七、 小结

祖语传承研究的重要性逐渐受到国内外学术界的认可，并且已成为世界传承语研究的一部分，以及国际中文教育研究的重要组成部分。然而，在国内，这一领域的研究相对较新，并且曾长期与国际中文传播（对外汉语教学）领域存在混淆。近年来，随着研究的深入，关于祖语传承的研究逐渐成为热门话题，为了更全面地理解祖语传承研究的现状和未来发展趋势，我们将对其进行深入探讨。

值得关注的是祖语传承研究的背景和重要性。祖语传承是指在移民国家的第一代和后代华侨华人之间传承母语或祖辈的语言的过程。这一领域的研究已经成为国际社会关注的焦点，因为语言是文化传承的核心要素。祖语的传承不仅关系到族群身份和文化认同的维系，还对后代的教育和社会融入产生深远的影响。因此，祖语传承研究具有重要的社会和文化意义。

祖语传承研究在国内及国际学术界的发展历程值得关注。国外的祖语传承研究起步较早，主要集中在东南亚、美国、加拿大、澳大利亚等地区和国家。这些地区和国家的华侨华人社群一直致力于祖语的传承工作，因此有着丰富的研究材料和经验。相比之下，国内的研究相对较新，起步较晚。国内研究者主要关注祖语的理论与概念，还处在对国外祖语理论的引介中。国际研究成果的引进为国内的祖语传承研究提供了新的视角和方法。

祖语传承研究在内容和方法上存在一些问题和挑战。目前，国内外的祖语传承研究主要集中在祖语的语言能力和水平方面，而对于其他方面的研究相对不足。例如，传承民族身份的认同、祖语传承的保持和转用、传承的评估与标准等问题尚未得到充分关注。此外，方言作为祖语传承研究的一个重要方面，在海外祖语传承中的研究也相对较少。未来的研究应该更加全面地考虑这些问题，以丰富祖语传承研究的内容和方法。

在祖语传承研究对象上，国内的祖语传承研究主要关注海外成人学习中文的群体，而对于海外低龄华侨华人子女的研究相对较少。这也是一个值得关注的领域，因为海外低龄华侨华人子女在祖语传承中具有独特的特点和需求。未来的研究可以更加关注这一群体，以深入了解他们在祖语传承中的情况。

此外，已有的祖语传承研究主要集中在东南亚、美国、加拿大、澳大利亚等地区和国家，对于拉丁美洲地区巴西的华语传承研究则几乎没有。已有的研究主要依托孔子学院进行，而对于实际祖语传承主体如巴西华文学校、华文教师等缺乏研究，也尚未出现关于巴西华语传承模式和路径的研究。因此，本书旨在填补巴西华语传承领域的研究空白，通过深入研究巴西华二代祖语传承情况，为国内外的祖语传承研究提供新的视角和经验借鉴。同时，本书也将为巴西华二代祖语传承提供有针对性的建议和解决方案，以促进祖语的传承和发展。

在未来，祖语传承研究将面临新的机遇和挑战。随着社会的变迁和全球化的影响，祖语传承研究将不断发展和壮大。未来的研究可以更加注重实际的祖语传承现状、模式和路径的研究，尤其是针对不同国家和地区的华侨华人社群。此外，跨学科研究和国际合作也将成为未来研究的重要方向，以促进祖语传承研究的发展。综上所述，祖语传承研究在国内及国际学术界已经引起了广泛关注，但仍面临着许多问题和挑战。通过更加全面和深入的研究，我们可以更好地理解祖语传承的重要性，并为其未来的发展提供有益的借鉴和建议。祖语传承研究的未来充满潜力，将继续吸引更多学者的关注和参与，为推动祖语的传承和发展作出贡献。

第三章　巴西华侨华人移民与祖语传承

祖语传承与华侨华人移民历史息息相关。目前巴西华二代祖语传承中的现象和问题需要先从华侨华人移民历史上去找寻答案。从历史的角度来看，一般的新移民研究以 1978 年改革开放的时间为界限（庄国土，2015），我们通过查阅资料，在世界移民潮的大背景下，综合考虑巴西华侨华人移民历史、语言环境、人口数量等因素影响，认为巴西华侨华人移民潮不同于中国整体移民潮（密素敏，2015；庄国土，2015）。巴西移民潮以 2000 年为界限，2000 年以前的早期移民按照群体的不同分为契约华工、台湾移民和大陆早期移民三类。2000 年以后的称为新移民，其以大陆新移民为主。巴西祖语传承路径总体上分为巴西华语传承历史路径和新移民下的传承路径两条。

一、　早期移民与祖语传承

1. 早期移民情况

（1）19 世纪至 20 世纪上半叶。

历史上中国人最早移民巴西的时间为 19 世纪初，从 1808—1909 年这一时期，由于缺乏劳动力①，巴西通过澳门、广州、新加坡等地方招募了近万名"华工"到巴西劳动。1808 年，葡萄牙王室曾从里约热内卢等地招募了一些印第安人到里约热内卢的海军造船厂干活，其中有一名中国人若昂·安东尼奥被当成印

---

① 200 年前的"巴西梦"竟是中国茶［EB/OL］.（2014 - 05 - 20）［2021 - 12 - 03］. http：// www. zgchawang. com/news/show - 51581. html.

第安人抓到海军造船厂当苦工，他被认为是中国移民巴西第一人。

中国人正式、有组织、有计划的移民是从 1809 年开始的（陈太荣、刘正勤，2017）。葡萄牙摄政王若昂六世（João Ⅵ）于 1808 年宣布开放巴西，准许外国人移居该国（卢海云、王垠，2005）。当时，巴西受葡萄牙统治。葡萄牙王室每年从英国商人手里购买茶叶需要花费约一百万英镑，这在当时是一笔很大的数额，由于葡萄牙王室经济拮据，被迫用价值连城的珍贵宝石来支付茶款，但是英国商人拼命压低宝石价格，又将茶叶价格提得很高。后来葡萄牙王室得知从英国进口的茶叶原来是经过加工的中国茶叶。1809 年澳门元老院代表团在抵达里约热内卢后建议葡萄牙王室鼓励中国人从澳门移民到巴西，再加上"中国人不仅勤奋，而且积极能干"的性格，很多澳门的"华工"被葡萄牙王室招到巴西去种茶树（卢海云、王垠，2005）。1810 年，巴西从澳门招收了数百名"华工"到圣保罗种茶，本打算招 2 000 名"华工"（一说 200 万人①），但是首批只来了 400 名（徐捷源，1999），后来由于气候、水土等原因种茶失败。这一批茶叶"专家"在 1810 年抵达巴西的里约热内卢港，这就是中国移民巴西的正式开始②。

在 1809—1909 年这一百年的时间里，"契约华工"起初因"茶"以屈辱的姿态登上这块遥远而陌生的土地，后来中国的劳工逐渐遍布巴西的里约热内卢、米纳斯吉拉斯、圣保罗、巴伊亚、马拉尼昂、朗多尼亚等州，累计约有 1 万名"华工"，其中 1809—1815 年约 300 人，1856 年 368 人，1866 年 312 人，1874 年 1 000 人，1893 年 475 人，1900 年 107 人，1909 年 300 人（见图 3 - 1）。值得注意的是，1855 年 2 月 9 日 303 人，1855 年 6 月 11 日 6 000 人，其中，6 000 名中国劳工参与修建"唐佩德罗二世"铁路一期工程，300 人参与修建"马德拉 - 马莫雷铁路"工程。此外，中国劳工还参与修建了巴西内地第一条公路费城（今托菲罗·奥托尼市）- 圣克拉拉（今纳努基市）公路。

---

① 《巴西财富》一书中曾写道：利尼亚雷斯伯爵主持的外交部曾计划引进 200 万中国人。

② 一说 1809 年，我们根据 2010 年庆祝中国移民巴西 200 周年以及普遍资料的来源认为中国正式移民巴西最早为 1810 年。

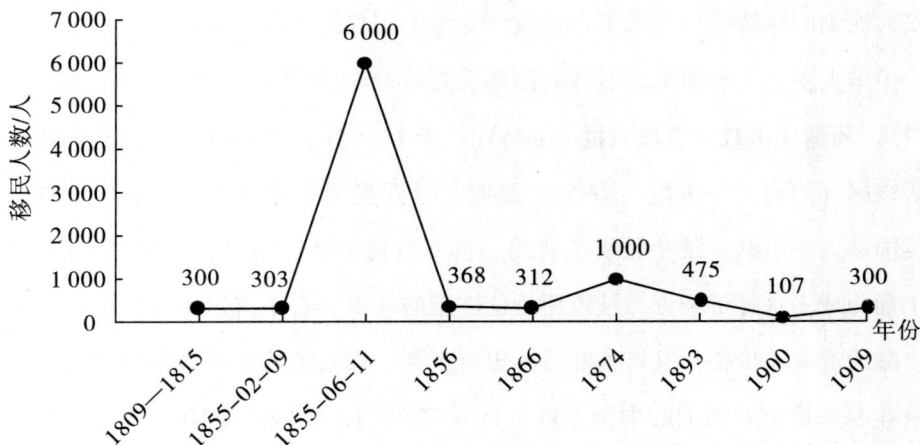

图 3-1   1809—1909 年巴西华侨华人移民人数①

　　早期的"华工"为巴西的种茶业、交通运输业、采矿业、城市建设作出了一定的贡献，但是"华工"在巴西的遭遇非常凄惨，有的甚至献出了宝贵的生命。19 世纪这些被运到巴西的近万名中国劳工很多是被招工头拐骗到巴西的，因不堪忍受沉重的劳动和低劣的生活待遇，在合同期满后大部分人进城做小商贩或开小店，不少人与当地的黑人妇女或印第安人妇女结婚生子，但因"华工"入境的时候多使用葡萄牙人的名字，他们的后代难以查询。

　　20 世纪上半叶，也有华人漂洋过海直接或间接地从各地移民到巴西。据记载，清政府与巴西签订的《通商友好条约》，为巴西招更多的"华工"提供了机会。但是后来因为清政府没有答应巴西的招工要求，从 1884 年至 1933 年的 50 年间，进入巴西的"华工"只有 1 581 人（卢海云、王垠，2005）。其中 1931 年为 820 人，1940 年为 592 人，加上战争以及移民限制等原因，到 1949 年中华人民共和国成立前，巴西华侨华人并不多，据统计不超过 1 000 人（白俊杰，2002）。

　　从 19 世纪到 20 世纪中叶中华人民共和国成立前的 140 多年时间里，早期移

---

①　陈太荣，刘正勤．19 世纪中国人移民巴西史 ［M］．北京：中国华侨出版社，2017：48 - 49.

民巴西的华侨华人，除了极少数资金雄厚以外，绝大部分处于艰难的状态（陈雯雯，2020）。对于祖语传承的路径来说，主要是以"华工"聚集地为主，比如茶园、农庄、铁路和公路建设工地、矿区等，由于这些"华工"主要来自中国澳门、广州以及新加坡等地，因此也以这些地方的方言为主，他们基本不懂当地的葡萄牙语。当时即使在华侨华人聚居的圣保罗市，也没有一所像样的华文学校。祖语传承是自然状态下的聚集地传承，且以方言传承为主。

这些华工基本不懂葡语，1854 年 12 月 19 日《巴西帝国政府关于招聘中国垦农合同条款的指令》中明确指出：要带一名讲葡萄牙语的翻译，这些翻译可以在澳门招聘。

—《19 世纪中国人移民巴西史》第 19 页

（2）20 世纪 50—70 年代。

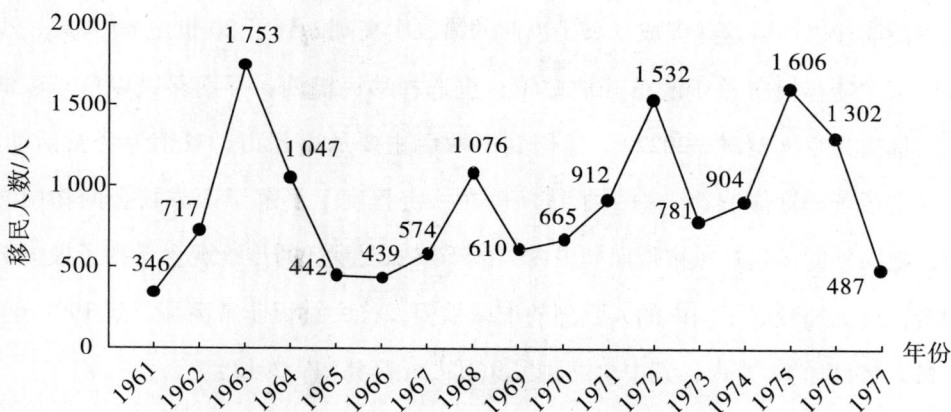

图 3－2　1961—1977 年中国台湾合法移民巴西人数

20 世纪 50—70 年代，很多中国台湾的居民前往海外，巴西接受了许多来自中国香港和中国台湾的企业家、知识分子以及其他各行各业的初次移民（陈雯雯，2020）。同时期，由于东南亚一些国家出现排华运动，非洲或者美洲出现战乱，这些国家和地区的移民形成了第一次巴西华侨华人移民潮。据统计，1959

年巴西华侨华人增加到 6 748 人，1967 年达到 17 490 人，1972 年增至 4 万人（卢海云、王垠，2005）。

中国台湾移民是巴西华侨华人第一次大规模移民的主体，汤熙勇（2013）认为，巴西政府接受中国台湾大规模的移民始于 1960 年。1961—1977 年，移民巴西的有 15 193 人（见图 3 - 2），年均近千人，这是台湾"侨务委员会"核发的具有移民许可证人数，由于有大量非法移民通过巴拉圭边境进入巴西，无法获知具体数字，因此，实际移民巴西的人数超过上述统计人数（束长生，2018）。这些台湾移民与同时期的大陆移民相比，具有较高的知识文化水平，主要居住在圣保罗及其郊区，其他的分散在里约热内卢、南大河州和巴拉纳州。移民巴西后，他们以务农居多，经营农场栽培蘑菇等。

（3）20 世纪 80 年代至 2000 年。

20 世纪 70 年代后，由于 1971 年中华人民共和国恢复了在联合国的合法地位，大批中国台湾居民移往巴西，同一时期，由于排华事件，也有大批印度尼西亚华侨前往巴西，这些促成了移民巴西的第二次高潮。到了 20 世纪 80 年代，少量中国大陆移民得益于改革开放政策，也选择移民巴西，早期移民以广东、浙江、福建为主（贾琳，2022）。他们到巴西后主要从事超市、餐馆等经营活动，在极度艰苦和勤俭节约中挣到了钱，也在一定程度上了解了西方社会的物质文明，把国外的洋建筑风格带回到国内，数千年安土重迁的传统观念受到了极大的冲击，这更加激起了国内的人强烈的出国欲望，移民意识非常高涨。到 1999 年，移民人数已达 13 万人，其中台湾移民 9 万人（高伟浓，2012）。

这一时期先期来巴西的中国台湾移民已站稳脚跟，并逐渐发展起来。大陆与台湾两者相加，使得这个时期的巴西祖语传承呈现两大分支不断发展的趋势（高伟浓，2012）。

2. 办学情况

表 3 - 1　巴西华文学校（2000 年以前）（据陈雯雯，2015）

机构名称	位置	创办时间	性质	管理背景	经营主体	教师人数/人	学生人数/人
★华侨天主堂中文学校	圣保罗	1958 年	私立中文补习学校	大陆	宗教团体	30	140
中华会馆中文补习班	圣保罗	1972 年	私立中文补习班	台湾	侨团	8	60
华侨基督教联合浸信会中文班	圣保罗	1973 年	私立中文补习班	台湾	宗教团体	15	130
华侨基督教会中文班	圣保罗	1975 年	私立中文补习班	台湾	宗教团体	未知	未知
基督长老教会中文学校	圣保罗	1983 年	私立中文补习学校	台湾	宗教团体	11	110
苏珊诺镇中文学校	圣保罗	1987 年	私立中文补习学校	台湾	私人	未知	40
慕义基督教会中文学校	圣保罗	1987 年	私立中文补习学校	台湾	宗教团体	8	150
全真道院中文学校	圣保罗	1990 年	私立中文补习学校	台湾	宗教团体	7	70
圣约瑟中文学校	圣保罗	1992 年	私立中文补习学校	台湾	私人	5	50
幼华学园	圣保罗	1993 年	私立中文补习学校	台湾	私人	40	300
里约佛光中文学校	里约热内卢	1995 年	私立中文补习学校	台湾	宗教团体	6	70
康宾那斯中文学校	圣保罗	1995 年	私立中文补习学校	台湾	私人	3	30
乐儿学园	圣保罗	1997 年	私立中文补习学校	台湾	宗教团体	10	100
乐青中心	圣保罗	1997 年	私立中文补习学校	台湾	宗教团体	15	150
仁德国际学校	圣保罗	1998 年	私立正规中文学校	台湾	私人	25	400
华联中文学校	里约热内卢	1998 年	私立中文补习学校	大陆	侨团	未知	40

注：★表示国侨办第一批（2009 年）海外华文教育示范学校。

从巴西早期华文学校创办情况来看（见表 3 - 1），上述华文学校主要分布在圣保罗（14 所）和里约热内卢（2 所）。这一时期以宗教团体办学（9 所）、侨团办学（2 所）和私人办学（5 所）为主，其中宗教团体办学是这一时期的主要传承路径。台湾移民开办的华文学校占到 87.5%，大陆仅占 12.5%。

（1）宗教团体办学。

根据我们的调查，巴西宗教团体办学占到 36%。巴西是一个多种族、多宗教的国家，以天主教为盛，另外还有基督教、佛教等。许多中文补习学校（班）借助或依附于宗教团体的帮助得以开办和发展。

巴西祖语传承真正开启得益于天主教会的帮助和教友的支持。1955 年，第三十六届天主教国际圣体节在里约热内卢召开之后，中国天主教正定教区陈启明主教和王若石、党世文、柳成粹三位神父被委任在巴西的华侨中传教，从此巴西华侨社会开始推广中华文化。1957 年 10 月，党世文神父开始在圣保罗市松林区创办中文学校。1958 年 1 月 3 日，由党神父发起，孔子润、于树行、刘华甫、曲宏祥等协助，成立了圣保罗第一中文学校（Escola Chinesa São Paulo）和董事会，同时增设幼儿园，为学校筹措资金，并于同年 2 月 17 日向巴西政府申请立案进入巴西基础教育体系。

学校在成立初期比较艰难，向教会借用了几间房子当校舍，在松林区上课，同年 8 月，学校迁至松林路（Ruados Pinheiros，849 号）上课，这一时期上课时间为星期二与星期四晚上 7 点至 8 点半，幼儿园是星期一到星期五，每天下午 2 点到 5 点半。这一时期，有教师 6 名，小学部学生 58 名（辍学 11 名），幼儿园学生 24 名（辍学 10 名）；山东籍学生占 38%，广东籍学生占 23%，江苏籍、浙江籍学生各占 14%，河北籍学生占 7%，湖北籍学生占 4%，未有台湾籍学生（徐捷源，1999）。1960 年，圣保罗第一中文学校学生增至 200 名，在圣保罗市设立三个分校，其中一个在中华会馆。1963 年，学校向天主教会租借新购的地皮，兴建临时教室 6 间及活动场地，即华侨天主堂现址。同年 4 月，向圣保罗教育厅立案，改名为孔圣学校（Instituto Confucio），成为巴西小学，由巴西人任校长及教师。1964 年改为全日制，上午完全是葡文课，下午有两个小时中文课，课程包括中文、历史、地理等，学校逐步扩张到小学一至五年级，初中一、二年级，有学生 700 多人，而中国学生达到近百人。1965 年 4 月，学校由松林区迁至现址（Rua Santa Justina No. 262，Vila Olímpia）。20 世纪 60 年代的孔圣学校如图 3－3 所示。

图 3 - 3　20 世纪 60 年代的孔圣学校①

20 世纪 60 年代末 70 年代初，圣保罗州政府进行了大规模的公立学校扩建，对私立中小学产生了重大冲击，导致学生人数急剧减少。在这一时期，巴西的华侨华人学校也面临了一系列挑战和变革。孔圣学校在这一时期成为一个突出的案例。1969 年，由于经济困难，孔圣学校暂停运营并解散了董事会，学校的管理权被华侨天主堂买下，随后改为中文补习班，由萧金铭神父主持。然而，由于各种原因，从 1973 年开始，这所学校再次停办，而华侨天主堂则将自己拥有的校舍租给巴西人办速成补习学校。尽管如此，华侨天主堂仍然在周六和周日开设中文补习班。然而，由于欠缺专业的师资，这些补习班的教学效果很差。因此，除了一些教友和居住在该地区的华侨子弟外，许多学生选择转去中华会馆中文补习班继续学习。

1975 年，华侨天主堂在王若石神父的领导下，重新成立了华侨天主堂中文学校。这次重建标志着学校的正式复名，校方还聘请了来自中国台湾的唐酆济华担任校长。学校设有幼稚园、小学部、中文部、葡文部和粤语班。为了应对学生众多的情况，许多学生家长积极参与义务服务，每周日上课。起初，学生人数约百人，其中大多数是华侨子女。由于大家的共同努力，学习中文的学生数量一度达到 600 人，其中有 200 人学习粤语。在唐酆济华担任校长期间，每年有 400 多

① 图片来源：肖思佳神父提供，陈雯雯翻拍。

名学生，以及 20 多位毕业于台湾各大专学校师范专业的教师。学校将学生划分为 22 个班级，并提供免费的葡文教学，每周日上课。教材以台湾"侨务委员会"编写的海外华文教材为主。此外，学校也积极传授儒家思想，传授学生孝顺父母、尊师敬老等价值观。为了激发学生的学习兴趣，学校还定期举办作文、朗读、歌唱和绘画等比赛。

值得一提的是，尽管华侨天主堂中文学校的校长是由神父担任的，但实际的教学工作是由来自中国台湾的华语教师和义工来执行的。这些教师和义工的宗教信仰各不相同，有些人不信教，有些人信仰天主教，还有些人信仰佛教。然而，天主教神父在各个方面提供支持，不仅协助刚到巴西的移民解决各种问题，还积极参与巴西华侨华人社区的文化交流活动。华侨天主堂也成为巴西华侨华人进行文化交流的重要场所，中国和巴西的各种节日华侨华人都会在这里举办相关的系列活动，这进一步促进了不同文化之间的交流与理解。

在 20 世纪 60 年代末 70 年代初，巴西的圣保罗地区涌现了各种宗教团体建立的中文学校，这一时期大约有 40 所中文学校。这些学校的兴办反映了华侨社区对华文教育的重视和需求。

1973 年 2 月，华侨基督教联合浸信会开设了一个中文班，学生包括教友的子女以及该地区的华侨子弟，人数超过 40 人。初期，上课时间安排在星期一、星期二和星期五晚上 7 点至 9 点，后来进行了时间调整，改为星期三和星期五晚上，最终调整为星期五晚上，学生人数最多时有 90 多名，直到 1980 年初才停办。

1974 年 3 月，Tucuruvi 地区也开设了中文班。接着，1975 年 3 月，圣保罗华侨基督教会也成立了自己的中文班，该班由徐捷源和林梅兰担任教师，学生人数约为 120 人，分为初、中、高三个级别和四个班级。此外，圣保罗的宗教团体还创办了其他学校，如华侨基督教会中文班以及里约佛光中文学校等。除了圣保罗市，其他地区如里约热内卢、巴西利亚、库里提巴、阿雷格里港等地也纷纷建立了华文学校。然而，许多华文学校存在开开停停的情况，到了 1976 年，圣保罗地区只剩下 3 所华文学校和 7 所华文补习班（卢海云、王垠，2005）。

这一时期华文学校和中文班的兴办反映了当地华侨华人社区对传承母语和文化的关切。尽管在经济和其他方面面临一些挑战，但这些学校为学生提供了学习中文的机会，有助于他们保持与祖先文化的联系。虽然学校的存在与发展经历了波折，但它们仍然在巴西华侨华人社区的教育领域发挥了积极作用。

教会学校的办学理念是为了把中文和传统文化传承下去，招生对象不限宗教和国籍，虽然在正规的宗教学校里有一些宗教课程，但是18岁以前不强制学习，宗教课程开设的意义更多在于教导华二代祖语生如何养成良好的品格。教会学校大都以其各自的宗教教义来对学生进行品格上的教诲，以天侨基督长老教会语言学校（Escola de lingua chinesa IPC）周六上午的课程安排为例，9：00～10：00第一堂课，10：00～10：15下课/点心，10：15～10：50唱《圣经歌》和分享，11：00～12：00第二堂课。

同时，在师资招聘方面，只看教师适不适合教学需要，没有宗教信仰的限制。在走访中，我们得知华文学校的管理者有大陆的，也有台湾的；有基督教徒，也有佛教徒。不同地区、不同宗教信仰的教师和华二代祖语生可以待在一所学校里，只为了共同的目标——传承中文。

在巴西的华文学校中，宗教信仰并不是入学的限制条件，学校更注重提供中文教育，并且尊重学生的宗教信仰自由。这反映了学校的开放性和多元化，学校为不同背景和信仰的学生提供了学习的机会。巴西的学校大部分是天主教学校，但它们并没有严格的宗教仪式。巴西法律规定孩子在18岁之前有宗教信仰自由，学校不能进行强迫性或暗示性的宗教教育。我们在巴西外派期间也曾在周末下课后参加他们中午的弥撒活动，只是用餐不需要严格遵守仪式要求。由此可见，在华文学校的管理和教育方面，宗教并不是一个决定性因素。接受访谈的校长表示，他们不分宗教信仰，愿意为任何想学习中文的学生提供教育机会。他们强调不希望宗教或政治因素影响学校的运作，并且乐于接受来自不同地区和宗教信仰的学生。学校的运作并不受严格的宗教要求的限制。学校并没有严格的仪式，宗教课程是作为一门学科教授的，而非强制性的信仰教育。

我是不分宗教的，我也不分信仰，不分地区，只要是学中文都可以。我不希望有政治的作用，我也不希望分地区，所以我两边都接受。

（M2 号 – TFJH – 校长访谈摘录 – 2014）

也有挺多佛教的，我自己也是佛教徒，但不是那种很重形式的佛教徒。

（M5 号 – LSJ – 校长访谈摘录 – 2019）

很多人都问我是不是天主教徒，我说不是。"那你为什么在天主教里面教书？现在还在说你去做校长？"我说我做义工跟这没有任何关系。现在这个学校里边它没有严格的仪式。肖神父很开明。因为我们圣本笃的学校，它是天主教学校，我们这个分校它也是天主教学校，没有任何的仪式，它只是需要学宗教课，但是宗教课是所有的学校都要学的，学历学校都要学宗教课，它是作为一门学科，高考必须考的，不像有的教会学校，首先进来每天得先祷告。巴西的学校，大部分私立学校都是天主教学校，没有仪式。因为天主教是觉得孩子他有宗教信仰自由，在你 18 岁之前不允许学校有强迫性的（宗教教育），就是暗示性的也是不允许的，不可以的。

（M5 号 – LSJ – 校长访谈摘录 – 2019）

教会学校的经费来源与一般学校不同，教会学校的经费来源相对较为稳定。校长们表示他们和普通的打工者一样，他们并不为经费而担忧。学校的经费主要由教会资助，经费的增减与校长个人无关。校长们强调他们的学校属于宗教团体法人，完全归教会管理。他们的经费管理非常严格，没有多余的经费可供个人支配。这使得他们在开设华文学校时无须过多担忧场地和经费问题。宗教团体通常会为其支持的华文学校提供足够的场地和资金支持，确保学校正常运营。校长们感恩宗教团体在学校创办初期的帮助，包括提供物资和资源。

由于得到宗教团体的支持，这些华文学校的管理者可以专注于教学管理方面，而不必过于关注经费来源。校长们表示他们不会与家长讨价还价，因为他们不是为了个人利益而经营学校。他们强调学校的经费是为了维持学校秩序和教学质量，而不是放在校长个人口袋里。虽然有时家长会讨价还价，但校长们坚持维护学校的规章秩序。他们能够更专注于提供高质量的教育，保证学校的教学质量。与私立学校或其他独立机构相比，宗教团体资助的学校对学生的要求通常更为严格，因为这些学校不需要过于"讨好"学生和家长，而是注重教育的品质和宗教信仰的传承。

在学校的运作过程中，大部分教师都是以义务形式工作，收入较少。学校的经费主要用于支付教师的车马费等必要费用。除此之外，学校会进行义卖活动，部分款项捐给教堂和中国的神父，以支持宗教活动。他们的经营理念强调为学校和学生服务，而不是追求经济利益。

我的经费怎么讲，我们是不太一样的，虽然我是校长，但我也是打工的，我们的经费跟教会完全一样。今天我多收一个学生，少收一个学生跟我的经费没有关系，我们产权归财团法人，统统是教会的牧师这些人，我们这个理念非常严格、非常清楚、有条不紊，所以从各方面来说我也不需要考虑太多钱的事情。他们家长说你这个学校怎么不讲价，有时候家长来跟我说话，问："你怎么都不让我讲价？"我说："我跟你怎么讲价！"我就是这个样子，（学费）也不是放在我口袋里。如果（学费）放在我口袋里我就会讲价，我也很怕学生走，所以像今天有个学生老师想留他，我觉得跟你有什么关系，学生不太适合在我这里他可以走，老师也不必难过。我必须要维持学校里面的一个秩序。我就是弄得很好，我不需要讨好。

（M3 号 – YXZ – 校长访谈摘录 – 2014）

我怎么讲，我一开始开办（学校）的时候，我的佛教师父帮我很多。那时候我很穷，他说："阿娇，这边有很多东西，你要就拿去，有什么木柜子的你拿去。你需要什么都可以拿去。"真的在背后很支持我。当时在巴西，他们（佛光山）也是刚开始，我们也刚开始，他知道我是办教育的，说实在的，有什么好东西他都给我。……

那个时候老师大部分都是义务形式的，义务的就是我们给的车马费也很少，因为我收学费收得很少。因为我们没有办公费，我们没有办法，我们收的钱除了付老师车马费以外，剩的钱全部交给神父，我们不留一分钱。有很多家长是常常指定捐给学校，有的就是以做义卖的形式，费用一般就分两部分，一部分捐给教堂，一部分捐给中国的神父。

（M4 号 – CLJ – 校长访谈摘录 –2019）

（2）侨团办学。

随着第二次移民潮的到来，华侨华人人口再次迅速增加，聚集地方言社群也随之扩大，具有更高组织性的华人社团随之产生。成立最早的华人社团是巴西里约中华会馆，成立于 1919 年。华人社团中影响较大的是巴西圣保罗中华会馆，该会馆每年都会举办各种中华文化活动，比如放映中国影片、组织中医义诊等。为了增强交流和增进文化认同，圣保罗中华会馆从 1969 年开始设立中文识字班。鉴于巴西华侨华人人口不断增长，而中文教育却有"负增长"之势，1972 年圣保罗中华会馆决定开设中文学校，为此，特要求当时的台湾"侨务委员会"派遣中文教师徐捷源前来开展中文教育工作，12 月 17 日，首先在圣保罗中华会馆开设中文补习班，最初学生为 65 名，上课时间为星期一、星期二、星期四、星期五，初级班为上午 9 点到 12 点，高级班为下午 1 点半到 4 点半。同时在 Suzano 成立第二个中文班，该班前后维持了 4 年，因学生多到外地读大学，人数锐减而停办。教材均由台湾"侨务委员会"购买赠送。小学早期采用海外版《华语》，然后改为美洲版《华语》，之后使用修订版《华语》。初中部早期使用《国民中学国文》及《历史》。初级班均采用注音符号教学。到 1998 年有学生 320 名，教师 6 位；除教授中文外，还开展作文、演讲、朗诵、舞蹈比赛等活动。

（3）私人办学。

早期正规开展祖语教育的私立中小学多由中国台湾私人创办，其中规模较大的是位于巴西圣保罗地区哥琪雅市的仁德国际学校，成立于 1998 年，这所学校由台湾商人张胜凯创办（高伟浓，2012）。这所学校校园宽阔、设施齐全，学校实行中、葡、英三语全日制教学，从幼儿园、小学到中学均采用小班制教学。2000 年高峰时有 400 名学生，一直到五年级，中文都是必修课程，采用台湾教材，当时通用的教材是《中华儿童》读本和《华语六百字》，之后才可以选修西班牙文。这是一所在巴西政府登记、设有中文课程的国际学校，也是第一所进入巴西主流教育体系的华文学校，与巴西的美国、德国、英国、西班牙、日本等国际学校同类（陈雯雯，2020）。仁德国际学校是巴西华文学校中的一颗明珠，它的创办和运营经验对于巴西华文教育的发展具有重要意义。这所学校今后的多语言教学和国际化特色使其在巴西的教育领域独树一帜，为学生提供了更广阔的发展机会，也促进了中文在巴西的传承和传播。同时，它也在巴西主流教育体系中树立了中文教育的典范，为不同文化之间的交流和理解搭建了桥梁。随着时间的推移，希望这所学校今后能继续为巴西的中文教育事业作出更大的贡献，为更多学生提供学习中文的机会。

二、 新移民与祖语传承

1. 新移民情况

大陆新移民数量在 2000 年后迅速增长。据统计，巴西目前是拉丁美洲地区华侨华人最多的国家，从 1972 年的 4 万人增长到 2014 年的 25 万人（杨发金，2015），一说到 2012 年有 28 万人（束长生，2018）。数字无法精确的原因在于有些移民尚未在巴西联邦警察署移民局登记入册。巴西华侨华人的地理分布和巴西的经济发展情况密切相关，主要分布在圣保罗、里约热内卢、巴西利亚等大城市。鉴于中国移民作出的贡献，2018 年 6 月 26 日，巴西总统签署法令，将每年的 8 月 15 日定为"中国移民日"，这充分说明巴西华侨华人在当地社会的地位及影响力也在不断提升①。

2. 办学情况

表 3 - 2　巴西华文学校（2000 年以后）②

机构名称	位置	创办时间	性质	管理背景	经营主体	教师人数/人	学生人数/人
青田同乡会中文班	圣保罗	2002 年	私立中文补习班	大陆	侨团	3	30
圣儒华文学校	圣保罗	2003 年	私立中文补习学校	台湾	私人	35	600
启智华文学校	圣保罗	2004 年	私立中文补习学校	大陆	私人	15	260
华光语言文化中心	圣保罗	2004 年	私立中文补习学校	大陆	私人	25	350
★袁爱平中巴文化研究中心	里约热内卢	2004 年	私立中文补习学校	大陆	私人	20	700
亚华中文班	圣保罗	2004 年	私立中文补习班	大陆	侨团	5	60
华人文化交流协会中文学校	圣保罗	2006 年	私立中文补习学校	大陆	侨团	5	70
育才学园	圣保罗	2007 年	私立中文补习学校	大陆	私人	6	70
巴西华文语言文化中心	米纳斯吉拉斯	2007 年	私立中文补习学校	大陆	私人	20	600
圣本笃中文学校	圣保罗	2008 年	私立正规中文学校	大陆	宗教团体	10	70
Colégio Avanço 中文班	圣保罗	2008 年	私立正规巴西学校	巴西	合作办学	1	50
Água Viva 国际学校	圣保罗	2008 年	私立正规巴西学校	巴西	私人	1	20
★德馨双语学校	圣保罗	2009 年	私立中文补习学校	大陆	私人	30	400
天天幼儿园	圣保罗	2010 年	私立中文补习学校	大陆	私人	5	60
陈老师语文中心	圣保罗	2011 年	私立中文补习学校	台湾	私人	3	30

---

① 张冬冬. 巴西设立"中国移民日"的多重意义 ［EB/OL］. （2018 - 07 - 04） ［2021 - 03 - 07］. https：//www. chinanews. com/nr/2018/07 - 04/8555708. shtml.

② 统计时间截至 2014 年 9 月。

（续上表）

机构名称	位置	创办时间	性质	管理背景	经营主体	教师人数/人	学生人数/人
学琳幼儿园	圣保罗	2012 年	私立中文补习学校	大陆	宗教团体	未知	未知
华侨天主堂学校工具街分校	圣保罗	2013 年	私立中文补习学校	大陆	宗教团体	4	30
天津中文学校	圣保罗	2013 年	私立中文补习学校	台湾	私人	10	50
伊瓜苏中文班	巴拉那	2014 年	私立中文补习班	大陆	合作办学	未知	未知
巴中双语学校	里约热内卢	2014 年	公立正规中文学校	巴西	合作办学	未知	未知
天天学园军警分校	圣保罗	2014 年	私立中文补习学校	大陆	合作办学	未知	未知
华侨天主堂学校慈佑分校	圣保罗	2017 年	私立中文补习学校	大陆	宗教团体	未知	未知
天天学园雅典娜分校	圣保罗	2019 年	私立中文补习学校	大陆	合作办学	未知	未知

注：★表示国侨办第一批（2009 年）海外华文教育示范学校。

据笔者不完全统计[①]，2000 年后开办的中文补习学校（班）有 23 所，其中圣保罗州 19 所，里约热内卢州 2 所，米纳斯吉拉斯州 1 所，巴拉那州 1 所（见表 3 - 2）。大陆移民开办的华文学校占 74%，台湾移民开办的华文学校和巴西当地人开办的的华文学校各占 13%。

（1）宗教团体办学的创新与发展。

在巴西祖语教育的萌芽期，成立于 1958 年的华侨天主堂中文学校正是得益于天主教陈启明等神父的帮助才得以成立。华侨天主堂提供上课场地和资金支持。这所见证巴西祖语传承历史的教会中文补习学校历经近 70 年的考验，时至今日依然在为祖语教育的传承做贡献。在肖思佳神父的管理下，目前华侨天主堂中文学校已经有 3 处校区。从某种程度上来说，华侨天主堂中文学校从 1958 年成立到现在的近 70 年兴衰史也是巴西祖语传承教育的发展史（陈雯雯，2020）。

随着大陆新移民的不断增加，宗教团体开办的华文学校，尤其是周末学校渐

---

① 数据部分来自澳门理工大学张翔的调研成果。

渐变成家长聚会的场所，而这些大陆新移民家长并不像台湾移民信教的比较多，他们大多并不信教。

现在信教的中国人很多是去信基督教，我认为他们应该不是真正的信徒，可能是为了一个聚会的环境。大家周末没有什么（地方）去，那是一个聚会的场所。

（M5 号 – LSJ – 校长访谈摘录 – 2019）

从学校整体人员配置来看，华侨天主堂中文学校完成了以台湾师生为主到台湾、大陆师生并存，再到逐渐以大陆师生为主的过渡（陈雯雯，2020）。2004年，在华侨天主堂中文学校辛勤服务了 32 年的台湾人唐酆济华校长光荣退休。同年 8 月初，大陆人肖思佳神父接任华侨天主堂中文学校校长之职。华侨天主堂中文学校也在"中文热"下迎来了又一个发展契机。

学校的教学模式从单一的周末制教学逐渐改为"平日制 + 周末制"教学。华侨天主堂中文学校自 1965 年后一直是周末制教学模式。2009 年初，华侨天主堂中文学校在自有校舍及巴西学校 Colégio Avanço 校内开设"平日制"中文班，打破了曾经的周末制教学模式，实现了"平日制 + 周末制"的教学模式。学校实行"一校两制"，除了仍接受台湾的教材教法外，也采用大陆的教材及简体字、汉语拼音。

从长远发展来看，学校立足于华侨天主堂，利用自身宗教办学优势，实行"上下扩展"。"上"是指积极走出原有的校区和教学模式，融入巴西主流教学。与巴西圣保罗百年名校圣本笃中学（Colégio de São Bento）合作，成立下属单独登记的圣本笃中文学校（PSF Cursos e Treinamentos Ltda-me）。学校于 2008 年 2月初正式招生，由最初的中文班逐渐发展到幼儿园部（小班、中班、学前班）、中文部、对外葡文部、英文部、课外兴趣班、课业提高班、作业辅导班、个别补习班等。学生上午在圣本笃中学接受正规的葡文教育，下午在圣本笃中文学校学习中文并参加其他课程加强班及兴趣班。全校（圣本笃中文学校本部）学生人数 400 人，学习中文的学生有 70 人左右，其中华裔学生约 60 人，非华裔学生约 10 人（陈雯雯，2015）。随着圣保罗市 Mooca 区华人的增多，学校又与巴西正规教育学校克鲁斯·玛塔（Cruz De Malta）合作，面向华二代祖语生进行中葡文教育。"下"是指考虑到巴西的治安因素，以及就近接送的诉求，积极开设分校。目前华侨天主堂中文学校已开设了工具街分校、自由区分校、慈佑分校等（陈雯雯，2020），中文教学对象覆盖幼儿园到小学六年级。

在那个时候，华侨天主堂中文学校成人会话班大部分是以中国人为主，中国的华裔孩子在小学部、幼儿园部，小学部、初中部都是以中国人为主，在会话班巴西人占 80%。中华会馆现在也是学生慢慢在减少。

（M2 号 – TFJH – 校长访谈摘录 – 2014）

（2）台湾移民办学的固守与转型。

台湾人士开办的中文补习学校（班）具有"开办时间早""依附宗教团体""逐渐衰落"的特点。据不完全统计，台湾移民开办的中文补习学校（班）由 2000 年前的 20 多所下降到 2000 年后的不足 5 所，学校数量比例从 87.5% 下降到 13%。主要表现在 2000 年后台湾移民开办的华文学校生源不断下滑，如成立于 1972 年的中华会馆中文补习班已经盛极而衰，现在面临转型，学生数量也从盛时的 500 人左右下降至目前仅有 40 人左右。同样的情况也出现在其他台湾移民开办的学校里。其衰落原因有三点：一是来自台湾的移民大量减少；二是由于很多学校仍坚持教授繁体字，很多学生转学去学简体字；三是现在已经是台湾移民的第三代甚至第四代，已经融入巴西社会，他们的子女学习中文的动机不强（陈雯雯，2015）。

在对台湾管理者的访谈中，我们得知近几年来台湾人士开办的华文学校压力普遍较大，留下来的台湾学生多是台湾移民的第三代、第四代。面对台湾移民华裔减少，大陆新移民华裔人数增多的"反转"，许多管理者担心学校在自己的手中衰落，尽管这是不可逆转的趋势。圣儒华文学校是目前巴西较大的由中国台湾人士创办的学校。该校前身系学儒补习班，由林志孟①创建于 2001 年 2 月。在此基础上于 2003 年创立了圣儒华文学校。目前，学校有幼教部 6 个班级，小学部、中学部及会话班 31 个班级，共有学生 425 名，教师 41 名，其中有 5 名教师获得当地教育系文凭，另聘请了 3 名当地葡语教师②。幼教部部分教材来自台湾，其余阶段教材以台湾提供的康轩版《国语》教材及《生活华语》为主。近些年来，由于受到大陆新移民的影响，学校也开始尝试使用拼音版教材，在实际的走访中我们可以看到台湾人士创办的华文学校仍试图固守繁体字，比如：在一些比赛等活动中仍坚持繁体字教学，如写简体字则算错字。有些固守的华文学校不愿意去迎合大陆新移民家长的需求，转型去做当地巴西人的第二语言教学。

我们不考虑学生，所以我也并不希望你们礼拜六来参观，因为我们的学生实在是太少了，不值得参观。如果是往年，我就很欢迎，现在是真的很不值得参观。所以我们有考虑要转型了，不可能办学校了，做其他的用途了。已经成立三十几年了，不能在我的手上被砍了。目前来讲，一共 40 个学生，70% 都是纯巴西人。

（M1 号 – CXZ – 校长访谈摘录 – 2014）

我心理压力很大，因为现在台湾的移民没有那么多了，我不希望学校在我的手里就没有了，我现在要转型。现在大陆来的人非常多。

（M2 号 – TFJH – 校长访谈摘录 – 2014）

一些由台湾人士开办的华文学校或是主动或是被动去迎合大陆新移民家长的需求，采用"大陆 + 台湾"双重模式，教材上也采用大陆教材，甚至有的学校

---

① 我们在圣儒华文学校调研的时候，林校长曾组织该校的教师与我们座谈，据了解，该校积极进入巴西主流学校，已成为登记在册的巴西正规学校，学校积极开展多种活动，与大陆移民开办的学校互相交流、研讨。

② 数据来源于圣儒华文学校 2023 年招生宣传页。

转变成"以大陆为主"的模式，采用人教版小学教材，招聘大陆来的教师，因为"台湾老师不受欢迎""喜欢北京来的老师"，台湾教繁体字的教师因为学生数量少工作会相对轻松。这些转型为大陆新移民服务的台湾人士开办的华文学校目前得以生存下来并不断发展壮大。这些变化表明学校致力于适应不同学生群体的需求，并且愿意为了提供更好的教育而进行教学内容和师资的调整。学校的灵活性和努力确保学生获得最佳的中文教育体验。

刚开始五六年前的时候，我都是教台湾的，仅仅是繁体字的，因为简体字我也不会，而那个时候中国大陆的孩子慢慢都进来了。那就开始教大陆的，我就不教台湾的了，只要进到我幼华来就只学汉语拼音，这是学大陆的，你要学台湾的，你到圣儒学校去。我就是这样子，所以后来我的学校是完全去教大陆这边的了，我就不教台湾那边的了。

（M4 号 – CLJ – 校长访谈摘录 – 2019）

之前几乎没有简体（字）这个需求，我认为我们学校几乎没有会简体字的老师。但是 5 年以后，近 5 年来整个学校反转的观点是，我们台湾学注音的学生几乎已经没有了。我们现在所谓学注音符号的学生，都是以前在我们这里幼稚班上来的，他们是因为台湾背景，还有一点，要么不念了，要么就转为念拼音了，因为对他们来说是容易的。

我们现在都是面对国内的家长，不喜欢听我们这种国语，喜欢听你们北京的，所以我们就要请北京老师。我们这里有一个很特别的是我们比较注重老师的品质，我们这种教繁体字的老师不去碰简体字的，我们一定去请教简体字的老师进来教，虽然很可能简体字老师的背景不是国内你们这些名校出来的，但是至少他是国内背景，我们把他训练出来让他来教。我们有几位繁体字老师，他们也会简体字，但是我们不放过去，所以我们繁体字老师好像比较轻松，因为他们学生少。但是没有办法，我必须得让他们有（老师）。

（M3 号 – YXZ – 校长访谈摘录 – 2014）

（3）大陆新移民办学的蓬勃发展。

大陆新移民开办的中文补习学校（班）呈现"后来者居上""遍地开花"的特点。这些学校的创办者多是这一二十年来大陆的新移民，与台湾华文学校不同的是，祖语教育在这些人的手里正在不断发扬光大。

大陆新移民开办的华文学校遍布巴西各大主要城市。除了圣保罗州以外，巴拉那州、戈亚斯州等纷纷成立华文学校。袁爱平中巴文化研究中心于2004年5月成立于巴西第二大城市里约热内卢，是另外一所首批海外华文教育示范学校，也是巴西最大的华文学校之一，该校2005年曾被国务院评为南美洲唯一的"全球最佳华语学校"。2005年又开办了两个分校，分别位于里约热内卢市的Copacabana区和Barra区。到2009年，已有2 500名以上的巴西人到该中心学习汉语。值得一提的是，袁爱平中巴文化研究中心目前在国内也设立了北京分部和上海分部，提供葡语学习、培训、商务咨询等中巴交流业务（陈雯雯，2020）。位于巴西米纳斯吉拉斯州贝洛奥里藏特市Savassi区的巴西华文语言文化中心成立于2007年，是巴西贝洛市规模最大、声誉最好的专业汉语教育和中国文化中心（陈雯雯，2020）。

据调查，新成立的华文学校尽管多以租借的场地为主，但是规模较大，教室、操场、餐厅等硬件设施一应俱全。在圣保罗，以发展较快的德馨双语学校为例，经过十多年的发展，该校由2009年时的一间15平方米的教室扩大到现在拥有独立幼儿园、小学综合教学楼的面积近1 500平方米的学校。在校学生由2009年的10人发展到现在的全日制在校生280人，加上周末班学生共有学生320人，教学规模不断扩大，教学对象已覆盖从幼儿园到小学六年级的学生。[①]

巴西祖语教育的主要办学形式是私立中文补习学校（班）。根据我们的调查，这些学校在校外进行中文教育，绝大多数不属于巴西政府严格意义上正规的私立学校，应该归为中文补习学校（班），这主要是由于这些学校离巴西政府对

_____

① 根据德馨双语学校魏万古校长提供的资料（2021年9月30日）。

私立学校的要求，如学生规模、师资力量、硬件设施、教学评估、午餐供应等还有很大的差距，因此这些学校并未被纳入所在地区的正规幼儿教育或是基础教育的体系中。这类学校的办学优势在于人事管理独立，教学要求严格，灵活掌握中文教学市场的变化。其缺点在于大部分学校缺乏资金，限于场地不能更好地开展和扩大教学，缺乏专业师资（陈雯雯，2015）。

合作办学是中文补习学校（班）在巴西被纳入正规教育体系的"生存之道"，这些华文学校"嫁接"于巴西正规的学校或者教会，前者提供学生和师资，后者提供场地与设施。目前有三种合作形式：一是华人教会学校与巴西教会学校合作。如华侨天主堂中文学校与圣本笃修道院下的圣本笃中学合作。二是中文补习学校与巴西正规的私立学校合作。巴西正规私立中文学校（班）主要兴起于2008年北京奥运会后，主要有两种学习形式，一种是在巴西学校内部开设中文选修课，如 Colégio Avanço 学校。据走访发现，此类学校学生主要以巴西人为主，有少数华裔学生。另一种是在语言国际学校里，如在笔者走访的 Água Viva 国际幼儿学校（葡、中、韩、英四语）里，中文作为一门外语来学习，有少数华裔学生。但是一共有多少所以中文为选修课和外语的国际学校，目前没有统计。大陆新移民开办的德馨双语学校由于发展的要求，与巴西正规的警察学校INSA 合作开展中文教学。三是中文补习学校与国内的中小学合作，如育才学园与国内浙江省莲都小学进行各方面的合作。总之，以上三种合作双赢的模式值得借鉴。作为过渡发展阶段的合作办学形式，将成为未来巴西祖语教育中文学校正规化过程中的一个重要手段和阶段。

（4）公立办学的推进。

目前开展祖语传承教育的公立学校，据笔者了解有1所，是由巴西里约热内卢州政府教育厅与中国河北师范大学共同创办的巴中双语学校。作为第一所建立在巴西教育体制内的学校，也是巴西境内第一所以中英双语教学及理工科为特色的普通高中，该校于2014年9月23日在里约热内卢州尼泰罗伊市正式举行揭牌仪式，这将使我国的文化进入到巴西的主体教学当中，这对中巴的对外交流意义非凡。

在高等教育阶段进行中文专业学习和研究的高校是成立于 1967 年的圣保罗州立大学，该校设立了东方文学系中文组（也称中文系），该系成立时由来自中国台湾的孙家勤教授主持工作。中文系所定的教学方针是把祖语教学作为重中之重，涉及文化和历史，目的在于使巴西能有一所可以认识和深入了解中国历史文化的殿堂。中文系由来自中国大陆、中国台湾以及巴西当地的教师执教，主要以研究中国思想文化为主，兼顾中文教学，教学使用的仍是以台湾为主的教材和繁体字。从 1967 年到现在，中文系教师较少（4～5 位），本科学生也不多（同时在校的数量不到 10 人），中文系毕业生学习四年后有的中文水平还不能达到口语和书面交流表达水平。研究生阶段在与现代语言学系联合招生的外语与翻译专业下有中文研究方向。①

3. 华人社团

华人社团与华侨报刊、华文学校号称"侨社三宝"，这也是祖语传承的重要途径。侨团办学目前占到 15%。侨团办学有利于发挥其组织活动的优势，在人力、财力上给予一定的支持并经常举行华侨华人中文演讲比赛、才艺比赛等，推动了祖语传承的发展（陈雯雯，2015）。

（1）中国台湾社团。

目前巴西较大的中国台湾社团有巴西客属崇正总会和巴西客家活动中心。巴西客属崇正总会成立于 1971 年，社团人数超过 1 500 人。该中心主要负责客家文化活动的规划与管理，以凝聚客家乡亲情感及客家认同为主。每年都会举办会员大会暨春节联欢活动。2010 年后还配有客家文物介绍、美食品尝及奖品抽奖等活动。

巴西客家活动中心成立于 1999 年，当时社团人数 200 人左右。目前是巴西最大的华侨社团，也是巴西侨界客属第一大组织。该中心采用股东制来运营，为客家社群聚集提供空间，也为客家文化活动展示提供场所，同时为客家移民提供

---

① 根据澳门理工大学张翔老师 2022 年的调研资料。

工作机会。从 2010 年开始，每年 2 月的第 3 个星期天为巴西客家日，目的是凝聚客家力量，团结客家族群，彰显客家文化特色及其对多元文化的贡献。自 2011 年起在每月最后一个星期一举行会员爱心日聚会活动，对象是 70 岁以上老人，有客家歌谣演唱会、高尔夫球赛、客家美食研习分享等活动形式，并在晚会各种活动当中穿插客家语、葡语及华语的主持。这些活动的举办不仅凝聚了巴西客家移民的向心力，更宣传了客家的精神，如敬老尊贤、奖励后进，展现了客家传承的风格。

就是因为大家有一种心，认同自己是客家人，所以到今天所有的事情都一直做得很好。当一个海外的移民到一个国家的时候，不管你是什么时候来的，你的语言是中文或者是客家话，你在海外的时候会有团聚，会有群聚的效应。在海外，社团（成员）因为习惯、习俗、语言，甚至吃的习惯都一样，这样就更加容易团结在一起。

——巴西客属崇正总会理事长钟先生，2016 年 2 月 17 日采访

巴西客属崇正总会和巴西客家活动中心两个社团相辅相成，让客家的下一代认识自己的文化，从不排斥愿意接触，到愿意参与，再到愿意投入。近 10 年来，台湾的客家移民越来越少，以原乡情感作为连接，吸纳新移民成员的客属社团或者同乡会，也面临转型与维系的问题。台湾第一代移民有强烈的客家人认同感，但第二代、第三代移民群体对巴西更为熟悉，在巴西待的时间更长，对于客家身份的认同与第一代不同。对于华二代，客家身份不仅有着某种共同生活经验与语言的互动，还可以打破语言的隔阂。通过组织的各种联谊活动、节日庆祝活动，并加入浓厚的情感来感动新生代，将客家文化与精神转化而延续下去。

（2）中国大陆社团。

目前巴西大陆新移民成立的华人社团种类繁多，可分为地缘性、政治性、经济性、教育性、慈善性、武术性、体育性、业源性、学术性、艺术性、联谊性、

福利性等多种类型（《浙江省华侨志》编纂委员会，2010）。大多出现在 20 世纪 90 年代中后期，与大陆新移民增加的趋势基本一致，许多社团开始多为地缘性社团，后不断向综合性和业源性方向发展（吴潮，2003）。

海外的华侨华人为了联络感情、团结互助、维护自身的合法权益，组成了各种社会团体：①地缘性社团，如同乡会。同乡会以乡情为纽带，如于 1997 年 7 月成立的巴西青田同乡会。②综合性社团，如巴西里约华人联谊会。这些综合性社团兼具联络乡亲、同行同业、校友，参与经济活动、公益福利事业，争取华人在当地的权利、参政助选，促进中巴交流等功能。例如圣保罗亚洲文化中心（以下简称"亚文中心"）下设教育组、安全组、法律组、商务组，大多数华文学校是教育组的成员，会组织座谈、教师培训、教师节活动等，总领馆也非常重视。亚文中心在华文教学活动方面，大多承办中国组织的海外华裔青少年知识竞赛、唱歌比赛、来巴华文教师师资培训、文化夏令营等，同时亚文中心也下设孔子课堂，与当地的巴西学校进行合作办学，如在伊瓜苏有名的私立学校 Dinamica 开设中文班。③业源性、慈善性社团。业源性社团又叫同业组织，是各专业同人之间为建立联系，维护和争取本行业的权益，共同发展而成立的。④政治性或临时性社团。该类社团或是具有明显的政治目的，或是为了应付某些临时性和特殊需要而成立的社团（周望森、陈孟林，2005）。

近年来，大陆华人社团为了鼓励华侨华人融入巴西当地社会，积极成立参选团体。作为凝聚侨心、维护合法权益的纽带，这些社团发扬中华传统文化，促进家乡事业的发展，促进巴西与中国人民的友谊与贸易往来，发扬互助互爱精神，遵守侨居法律，积极融入当地社会，为祖国的改革开放现代化建设，促进祖国的统一大业作出了很多的贡献（《浙江省华侨志》编纂委员会，2010）。

联谊活动是大多数社团的基本活动，每逢节日或重大喜庆的日子都会开展一些联谊活动，如新春团拜会、春节宴会、中秋节活动等，有的还组织观光或举行其他的活动，以加强成员间的感情。巴西里约热内卢华人联谊会成立了棋牌室、图书馆、老人活动中心等，后来还拥有了自己的会馆（《浙江省华侨志》编纂委员会，2010），并增设了艺术团、足球队陈列室，葡语班每月都举行月会。联谊活动对加强同胞之间的沟通，交换信息，增进感情，促进经济文化社会的发展起到了积极的作用。

积极开展福利工作，团结互助，扶贫救济是华侨华人社团的传统功能，为解决侨胞的实际困难，许多社团都设立了基金会。这类活动和工作发挥了积极作用，填补了华侨华人在当地福利待遇低于当地人的不足，有利于华侨华人的生存发展。

许多社团都设立华文学校，组织学生回国参加夏令营活动，设立奖学金，开展丰富多彩的文艺活动，传播中华文明和继承中华优秀传统文化。1987 年里约热内卢华人联谊会成立了中文班和普文班，这些华校基本上都是华裔儿童学习汉语和中华文化的场所。在传播中华文化、增进巴西与中国联谊方面，社团是重要的桥梁，投入了大量的人力、物力、财力，为推动中巴两国文化交流做了大量的工作，发挥了重要的作用。

社团为巴西华人融入当地主流社会、争取合法权益、宣扬中华文化、增进巴西与中国的友谊作出了积极的贡献。巴西一些华侨华人常受到不同程度的歧视，得不到应有的尊重和保护的现象普遍存在，这时华侨华人社团起到了保护巴西华侨华人正当权益的作用。

社团还积极为国内的公益事业投资、捐资。祖国有难，巴西的许多华侨华人慷慨相助，社团是组织的核心。

社团还关注祖国统一大业，维护祖国领土和民族尊严。祖国统一是中华儿女的共同心愿。海外华侨华人社团作为华侨华人代表更是关心祖国统一大业，为维护祖国领土完整和民族尊严而不懈努力（《浙江省华侨志》编纂委员会，2010）。巴西客家活动中心和亚文中心各自举办活动，有力地推动了当地的华文教学，二者相距很近，经常各自组织教学、比赛、文艺等活动，在巴西的祖语教育问题上，大陆与台湾的携手发展还需时日，希望尽早实现"破冰"。

社团方面，前两年成立一个华助中心。在巴西华助中心就分得比较细，其中有一个算是教育组，但是它不是领导型的，它是比较松散的，因为它对这个学校没有任何的约束力。有很多人对教育还是挺支持的。形式上实际上不多，精神上支持很大的。因为有我们这种人在推动，我也是社团负责人，对，我做教育也不是为了这份工资，我没有工资的，还有一个我又不是靠这份工资生活的，很多人他们是靠这个吃饭的，我不是，真的纯粹是我喜欢去做。

（M5 号 – LSJ – 校长访谈摘录 – 2019）

4．华文媒体

华文媒体在巴西的华侨华人社区中扮演着重要的角色，发挥着多重作用，不仅促进了文化传承和华人认同，还在社区内外传播信息，支持华侨华人融入当地社会和全球化进程。

华文媒体是华侨华人文化认同和文化传承的重要工具。这些媒体使用汉字本身就是对中华文化的传承和弘扬。它们刊发的内容涵盖了中国的文化、地理、风土人情，以及中国的历史和现状。通过这些媒体，华侨华人可以了解自己的文化根源，保持对祖国文化的联系，以及传承给下一代。这在异国他乡特别重要，因为它有助于维系文化认同，防止文化流失。作为信息传播的工具，华文媒体将国内外的重要事件报道给华侨华人。这包括当代社会的大事和全球各地的新闻。通过这些媒体，华侨华人可以获得及时的信息，了解世界发展动态，增进对全球化进程的理解；也有助于与当地社会进行更好的沟通，融入主流社会。

华文媒体为华侨华人提供了了解家乡和祖国最新动态的途径。这对于那些长时间居住在海外的华侨华人来说尤其重要。他们可以通过这些媒体了解家乡的发展，以及祖国的变化。这种信息流通有助于维系华侨与家乡的联系，促进华侨华人对家乡的支持和投资。

巴西圣保罗有两家纸版发行的侨报，一份是《美洲侨报》，是台湾移民创办的，巴西乃至整个南美洲的老华侨大部分看《美洲侨报》，但是该报近年来阅读量越来越少，就改成周报了。另一份是《南美侨报》，是大陆移民创办的，该报的前身是《巴西侨报》，曾一度停刊，随着大陆人的不断涌入，《巴西侨报》重整旗鼓并改名为《南美侨报》。

另外，台湾移民创办的《客家规》自 1996 年起，每年 3 期，详细记录了巴西客家人生活的各个方面，包括移民心情的点滴，其年会与活动也成为客家乡亲信息流通的渠道。巴西里约热内卢华人联谊会创办的《华联月刊》，巴西华侨文化交流协会创办的《华人报》等报纸，是华侨华人区别于其他民族侨民的一个重要标志，对于发扬民族文化、交流民族感情和发展民族事业都具有十分重要的作用和意义（《浙江省华侨志》编纂委员会，2010）。

5. 推动力量

（1）驻巴使领馆。

中国驻巴西大使馆、中国驻圣保罗总领馆和中国驻里约热内卢总领馆在巴西的华文教育发展中发挥了重要的支持和协调作用。他们积极参与中巴文化交流，与华文学校保持密切联系，为学校面临的困难提供帮助。这些使领馆不仅是外交机构，还是文化交流的重要平台，在中巴文化交流方面发挥了重要作用，促进了两国之间的理解和友谊。通过与巴西的华文学校建立联系，使领馆加强了文化交流，推动了中巴之间的教育合作。使领馆通过座谈会等方式，与华文学校校长和教学骨干进行了深入的沟通和磋商。这有助于找到解决问题的办法，提供必要的支持和建议。座谈会是一个重要的平台，给驻巴使领馆与近 30 所华文学校的校长和教学骨干提供了面对面交流的机会。会上，与会者讨论当前华文教育的形势、存在的主要问题和困难等。这种交流有助于使领馆更好地了解学校的需求，并提供有针对性的支持。例如，2009 年 2 月 25 日下午，巴西"全侨华文学校校长座谈会"在中国驻圣保罗总领馆召开。时任总领事孙荣茂、时任中国驻巴西大使馆文化参赞舒建平以及总领馆部分官员出席了座谈会，与来自圣保罗州立大学孔子学院、圣保罗亚洲文化中心、圣保罗大学东方语文学系、华侨天主堂中文学校、幼华学园、圣儒华文学校、华光语言文化中心、仁德国际学校等近 30 所华文学校的校长、教学骨干就当前华文教育的形势、存在的主要问题和困难等进行了座谈。

（2）中国政府机构。

中国海外交流协会、中国国际交流协会等都十分关心巴西的华文教育。在2009年颁发的首批海外华文教育示范学校中就有两所是巴西华文学校，一所是位于圣保罗市的华侨天主堂中文学校，一所是位于里约热内卢市的袁爱平中巴文化研究中心。2012年8月7日，时任全国政协副主席万钢一行13人到巴西圣保罗访问，了解华文教育在巴西的发展情况。2012年10月11日，时任全国人大华侨委员会副主任杨德清率团访问圣本笃中文学校。2014年1月10日，由中国教育部、财政部、外交部组成的海外华文教育调研小组参观访问了圣本笃中文学校，并表示中国政府非常重视海外华文教育，正考虑在海外开办国际学校。2013年国侨办和广东省侨办共同主办的中华文化大乐园夏令营首次在巴西举办。此次活动由8位才艺教师对学生进行为期10天的中华才艺和文化培训，教授中国历史、地理常识，中华武术，民族音乐，民族舞蹈，书法，绘画和手工艺等课程。国侨办曾派遣国内师资多次对巴西华文教师进行师资培训。2007年，由中国海外交流协会组派的"中文教师培训团"的汉语专家就曾为圣保罗从事中文教育的教师进行了两天的培训活动，受到当地华文教育工作者的热烈欢迎；2010年，由圣保罗亚洲文化中心主办的海外华文教师培训吸引了来自圣保罗及圣保罗周边城市的70多位华文教师参加，培训后教师获得培训证书。

（3）宗教教会。

在宗教团体办学中，天主教神父的作用不可忽视，他们具有远见和愿景，致力于扩大学校的规模和服务范围。他们的领导和影响力对学校和社区的发展都具有积极的作用。尽管开办华文学校、传承中华传统文化只是神父日常烦琐工作的一小部分，但是对巴西当地的祖语传承工作具有巨大的推动作用。一代又一代的神父视传承祖语和传统文化为己任，从最早的党世文神父、何彦昭神父到现在的肖思佳神父，他们考虑的是巴西华侨华人的"一老一小"问题，关注老移民养老问题的同时更关注华裔的语言传承问题。

神父不仅是学校的领导者，还是积极的中文学习推动者，他们不断扩张华文学校分校，与巴西教会学校合作办学，即使在自己的周末华文学校，也要求工作日时间借用华文学校场地的巴西学校开设中文课堂等。他们的工作不是为了私利，而是为了华人社区的利益和学校的传承。由于默默无闻地为华人社区作出了许多贡献，神父的影响力在学校和社区中都非常大。校长们普遍认为神父的工作不容易，神父坚持不懈地为学校和社区的发展而努力，因此备受尊重和信任。天主堂等宗教组织也具有慈善性质，因此，许多有经济实力的华侨华人会主动向神父、慈善基金会等提出捐赠要求，以不同形式帮助华裔进行祖语传承。

我们神父很有远见，他就是希望扩充学校，像我就是很保守。

（M2 号 – TFJH – 校长访谈摘录 – 2014）

我也听神父讲，他到处想找一个地方办老人院，我说神父，你每天想的都是大事情，他说要办一个老人院，有很多的华侨华人没有孩子在身边照顾他们，他们需要有一个地方待着，互相聊聊天、打打麻将。

（M2 号 – TFJH – 校长访谈摘录 – 2014）

平时星期一到星期五，他（神父）也会把学校给巴西学校，但是他要求它必须开设中文课。

（M2 号 – TFJH – 校长访谈摘录 – 2014）

我觉得肖神父他还是可以的，因为首先说他没有私利。他做这个也不是为了他自己，你说他为钱可他们有的是钱，所以我觉得他算是一个代表。说到肖神父大家都很敬重他，不但是学校，他为华人这一块默默无闻地做了很多的事情。我可能受肖神父的影响比较大，我从认识他就觉得他挺不容易的。他可能是因为确实喜欢做这个，还有他的学校要有传承，本身学校是他们天主堂创办的。

（M5 号 – LSJ – 校长访谈摘录 – 2019）

（4）当地华侨华人。

巴西祖语传承得益于中国政府、教会的支持，另外还有当地华侨华人的捐赠。由于巴西华侨华人的贫富差距明显，针对巴西的弱势群体，许多华侨华人慷慨解囊，以不同的形式帮助巴西华裔学习中文。特别是一些热心的台湾老华侨，如刘学琳先生，为学校的发展提供了重要的财务支持。这些捐款和支持有助于学校提供更好的教育和服务。由于大陆新移民大多处于事业的打拼阶段，捐赠主要以老移民为主，捐赠的形式有捐款和捐赠学校硬件设施等。

我们自己也有一个慈善基金会，接受捐款来做，还有教会也补贴一部分，天主堂那边也会补助一部分，还有一些善心人士也会去捐。现在捐款的人捐的主要是硬件上面的，比如在圣本笃中文学校里边有一个刘学琳幼稚园（即"幼儿园"，见图 3-4），这幼稚园就是一个叫刘学琳的老先生（捐的），他是台湾老侨，他对华文教育这一块真的非常热心，他捐了大部分的钱，然后又有一些其他的台湾老侨一起建了幼稚园。

（M5 号-LSJ-校长访谈摘录-2019）

图 3-4　刘学琳捐赠的幼儿园①

---

① 图片来源：陈雯雯于 2014 年 4 月 8 日拍摄。

三、 小结

表 3-3　中国整体移民潮和巴西华侨华人移民潮背景下的巴西祖语传承路径

中国整体移民潮	巴西华侨华人移民潮	巴西祖语传承路径
第一次: 16 世纪末—19 世纪中叶	无	无
第二次: 19 世纪中叶—20 世纪上半叶	始于 19 世纪初—20 世纪上半叶	聚集地方言传承
中断: 20 世纪中期—20 世纪 70 年代末	第一次: 20 世纪中期—20 世纪 70 年代初	华文学校（宗教、台湾）、天主教神父、台湾华人社团、台湾华文媒体
第三次: 20 世纪 70 年代至今	第二次: 20 世纪 70—90 年代	
	第三次: 2000 年至今	华文学校（宗教、台湾、大陆）、华人社团（台湾、大陆）、华文媒体（台湾、大陆）、中国驻巴西使领馆、中国政府机构、天主教神父、当地华侨华人

　　巴西祖语传承与巴西华侨华人移民的历史息息相关，祖语传承反映出来的问题要从移民的历史和原因上去找寻。理论上只要有华侨华人移民就有祖语的传承。具体表现在：第一，巴西华侨华人移民潮三次时间都错后于中国整体移民潮，时间上晚近300年；第二，中国整体移民潮中断时，恰是巴西移民潮之始。

　　1810 年从澳门招收数百名"华工"到圣保罗种茶是巴西华侨华人移民的正式开始，从被动的"茶农""契约华工"到主动移民，此后200多年的时间里不断有移民来到巴西。第一次移民潮出现在20世纪中期至70年代初，而这时恰是中国整体移民潮"中断"之时，究其原因在于中华人民共和国成立，大批中国台湾移民前往巴西；第二次巴西华侨华人移民潮出现在20世纪70年代至90年代，这一时期由于中国加入联合国以及印度尼西亚等国家出现排华现象，台湾移民大量增加，同时又有东南亚的再次移民前来；第三次移民潮出现于 2000 年后，怀揣"出国赚钱"梦想的大陆新移民迅速增加。（见表 3 - 3）

在中国整体移民潮和巴西华侨华人移民潮的背景下，我们可以看到巴西祖语传承在 70 年左右的时间里迅速发展，尽管与东南亚国家的祖语教育相比起步较晚，但发展速度快且有追赶之势。在第一次巴西华侨华人移民潮时，巴西祖语传承的主要路径是农场或茶园的聚集地方言传承；以 2000 年为界限，2000 年以前巴西移民潮有两次，巴西祖语传承的路径主要是宗教团体、台湾华人社团和台湾私人开设的华文学校，尤其是天主教神父对巴西祖语传承的开启起到了重要的作用。进入 2000 年后，随着大陆新移民的不断增加，台湾移民日益减少，巴西祖语传承路径相应地发生了变化，除了宗教团体、天主教神父以外，主要以大陆新移民开办的学校、大陆华人社团和大陆华文媒体为主。大陆新移民对巴西祖语教育的影响日益凸显。

第四章　巴西华二代祖语传承教育

一、　巴西的社会环境

1．巴西的教育体制

巴西的教育制度以立法的形式有详细的规定。巴西政府在 1996 年颁布的《全国教育方针与基础法》中将巴西的教育层次总体上分为：基础教育和高等教育，其中基础教育包括：幼儿教育（0～5 岁）、初等教育（9 年，6[①]～14 岁，其中 6～10 岁是 1～5 年级，11～14 岁是 6～9 年级）和中等教育（3 年，15～17 岁）（陈雯雯，2015）。

巴西是一个典型的教育分权的国家，形成了联邦、州、市三级管理模式。巴西的学校分为公立学校和私立学校两类。1988 年起将义务教育阶段（9 年[②]，6～14 岁）优先权首先赋予市级教育体系。中小学课程的设置由全国各个州和地区的教育部门来决定，联邦政府起着统筹规划、引导和支持作用，即使在同一个州和地区每个学校的课程安排也会有所不同，学校的校长有很大的自主权（陈雯雯，2015）。

巴西是一个贫富差距和阶层差距较大的国家，由于经济条件不同，富人的子女和穷人的子女教育的差别主要体现在中小学阶段是接受公立学校的教育还是私立学校的教育，高质量、高成本的私立教育是通往高质量的公立高等教育的通

---

① 从 2010 年开始，6 岁儿童一律上小学。
② 从 2001 年开始，义务教育年限延长至 9 年，此前为 8 年（7～14 岁）。

道，穷人的子女在接受低质量的公立中小学教育后，若高考落败则只能选择就业或者进入收费高的私立高等学校（万秀兰，2014）。巴西的教育通道可概括为两条路径：①高质量高成本的教育通道：私立中小学→公立大学；②低质量低成本的教育通道：公立中小学→私立大学。

巴西学校的最大特色在于中小学无论是公立学校还是私立学校都是半日制教学，学生根据自己的情况选择学校、上课时间，周一至周五上午上课或者下午上课。可以说，巴西的教学体制比其他国家更为灵活，学生也较为轻松，这也为巴西祖语传承教育的开展提供了更多的时间和可能性。

2. 巴西的外语政策

巴西是官方语言为葡萄牙语的单语制国家，在全球化的进程中，在对外语言政策上，巴西也会受到经济、文化、政治、语言流入形式等多重复杂因素的影响，为顺应世界对于保障少数民族语言权利的潮流及对语言生态维衡、多样性的需求，巴西在外语政策上采取半保留的态度，依据不同的需求或支持推广或抵触排斥。对于国际上多种语言在巴西的教学持中立的态度（古雯鋆，2014）。

巴西的外语教学包括基础教育阶段和高等教育阶段两个部分，基础教育阶段的外语教学包括课程体系内教学和课程体系外教学两个部分，高等教育阶段的外语教学包括外语专业教学和非外语专业教学（叶志良，2014）。

在巴西，法律也对国内的外语教学进行了相应的规划。《国民教育指导方针及基础法》第二十四条第四款规定，在基础教育阶段可以根据实际情况，进行外语教学。第二十六条规定，在基础教育阶段，各级各类教育系统和机构可以在实行全国通用课程设置的基础上，根据区域特色增添一部分其他类别的课程。这部分增补的课程中，从五年级（10 岁）开始应当至少包括一门现代外语的学习，但是学校教授哪门课由各学校自己来决定。第三十六条规定，中等教育阶段应当适度安排两门现代外语，分别作为必修课和选修课编入课程体系，教授的课程可以自主选择（古雯鋆，2015）。从开设的实际情况来看，首选的第一外语是英语，其次是西班牙语。第二外语主要是德语、意大利语、法语和日语等。近些年来，巴西部分学校开始把中文纳入进来。在课时的安排上，外语每周 1～2 课时，总计约 100 分钟，不到学生每周 30 个总学时的 10%①。外语考试比重不高，在中等教育完成后的全国统考中，外语（英语或者西班牙语）考试试题只有 5 道，占试题总量的 3%（叶志良，2014）。

基础教育阶段课程体系外的外语教学主要依靠"语言学习中心"来完成。"语言学习中心"由地方政府设立在部分条件较好的公立学校，对七年级以上的校内外学生免费开放，提供多个语种、多种层次、多个时段的"菜单式"课程，是学习第二外语的重要途径。巴西目前有 224 个"语言学习中心"，教授的语种有 7 个，分别是：西班牙语、英语、法语、德语、意大利语、日语和汉语②，比较受欢迎的语种是西班牙语和英语（见表 4－1③）（叶志良，2014）：

表 4－1　圣保罗"语言学习中心"提供的教学语言及学生选择情况　　单位：人

语言	西班牙语	英语	法语	德语	意大利语	日语	汉语	总计
人数	47 677	9 451	3 561	1 491	1 338	1 292	251	65 061

高等教育阶段的外语教学分为外语专业教学和非外语专业教学。在本科阶段，外语教学分为两种形式，一种是以学习一门外语为主的单语课程，另一种是"葡萄牙语＋一门外语"的双语课程。高等教育阶段非外语专业教学指的是巴西各大院校也会成立一些"语言学习中心"，与基础教育阶段的"语言学习中心"不同的是要收取一定的费用。

巴西学校外语教学的特点是强制性外语教学要求不高、建立了各阶段的课外

① 参见巴西圣保罗州教育厅 2011 年 12 月 16 日颁布的第 81 号决议（Resolução SE No. 81/2011），该文件为本州初级教育 6～9 年级和中等教育 1～3 年级制订了所有科目的课时指导方案。http：//www. profdomingos. com. br/estadual_resolucao_se_81_2011. html.

② 巴西圣保罗州教育厅. 语言学习中心开始报名（Inscrições abertas no Centro de Estudos de Línguas）[EB/OL].（2013－12－02）[2021－11－13]. http：//www. educacao. sp. gov. br/noticias/centro-de-estudos-de-linguas-oferece-cursos-em-sete-idiomas-inscricoes-abertas.

③ English in Brazil：an examination of policy, perceptions and influencing factors［R］. British Council Education Intelligence，2015：13.

学习机制、学生有较大的自主选择权利（叶志良，2014）。

从上述巴西的外语政策我们可以看到，在巴西占据主流的外语是西班牙语和英语，中文的地位在巴西并不是很靠前，属于少数族裔的语言，但是我们可以看到随着中巴关系的深入、经贸方面的不断合作，中文的地位有望进一步得到提高。同时，巴西政府对外语教学采取的态度是较为适合中文作为祖语传承的。综合前面谈到的巴西教育体制的灵活性，这些条件为巴西中文作为祖语教学的开展提供了更多的时间。巴西祖语传承主要存在于巴西基础教育阶段和高等教育阶段，其中主要集中在五年级（10 岁）基础教育阶段和中等教育阶段的第二外语选修课、高等教育阶段的非外语专业学习三个阶段。

二、 华文教师

教师、教材、教法是祖语传承教育最为重要的三个方面。在最为核心的"教师"方面，从教师构成来看，有从中国大陆来的本科生、研究生，也有从中国台湾来的教师，近几年还有国侨办外派教师充实到教师队伍中来。教师队伍进一步专业化，有的校长本身就是中国国内师范大学毕业生，且在中国国内有从教的经历。根据 2009 年的资料，袁爱平中巴文化研究中心共有教职员工 20 人，其中正式教师 3 人，均毕业于师范大学，兼职的教师 8 人。鉴于学校的发展和家长的要求，有的学校还采用中葡双语教学，聘用葡语教师。

1. 问卷设计

本调查时间为 2014 年 5—9 月，调查范围包括里约热内卢、圣保罗、贝洛奥里藏特等巴西主要城市及地区，涵盖 17 所华文学校近 120 位一线华文教师，得到了很多当地华文学校负责人和华文教师的支持。为了更好地反映巴西当地华文教师的情况，调查对象不包括国内外派到巴西孔子学院的中文教师。

调查问卷在设计上主要分为华文教师现状、师资培训情况两大部分。由于所调查的华文教师分布较广，笔者采用了线上和线下相结合的方式进行问卷调查。

线上利用"问卷星"专业调查软件，调查对象可通过扫描二维码进行答题。

本调查发放调查问卷共计 113 份，实际有效回收 77 份；获得巴西华文教师的访谈录音 12 份。此外，笔者于 2014 年外派圣保罗期间，从事了一年的华文教学以及为期一个月的师资培训，这些都为本书的写作提供了很大的帮助。

2. 结果与分析

（1）基本信息。

表 4－2　巴西华文教师年龄和出生地情况

年龄	中国大陆	中国台湾	出生在中国的巴西籍华人	出生在巴西的巴西籍华人	巴西本土人	其他	小计
21～25 岁	0(0.00%)	0(0.00%)	14(100.00%)	0(0.00%)	0(0.00%)	0(0.00%)	14
26～30 岁	5(50.00%)	3(30.00%)	0(0.00%)	2(20.00%)	0(0.00%)	0(0.00%)	10
31～35 岁	2(66.67%)	0(0.00%)	0(0.00%)	0(0.00%)	1(33.33%)	0(0.00%)	3
36～40 岁	8(80.00%)	1(10.00%)	0(0.00%)	0(0.00%)	0(0.00%)	1(10.00%)	10
41～45 岁	6(85.71%)	0(0.00%)	1(14.29%)	0(0.00%)	0(0.00%)	0(0.00%)	7
46～50 岁	1(33.33%)	2(66.67%)	0(0.00%)	0(0.00%)	0(0.00%)	0(0.00%)	3
51～55 岁	3(33.33%)	5(55.56%)	1(11.11%)	0(0.00%)	0(0.00%)	0(0.00%)	9
56～60 岁	5(55.56%)	2(22.22%)	1(11.11%)	0(0.00%)	0(0.00%)	1(11.11%)	9
61～65 岁	1(10.00%)	8(80.00%)	1(10.00%)	0(0.00%)	0(0.00%)	0(0.00%)	10
66～70 岁	0(0.00%)	2(100.00%)	0(0.00%)	0(0.00%)	0(0.00%)	0(0.00%)	2

从问卷调查的情况来看，受调查的 77 名教师中，35 岁及以下的教师有 27 人，36～50 岁的有 20 人，51～70 岁的有 30 人。可以看出，巴西的华文教师年龄相差较大，正处在年轻教师与年老教师并存且逐渐更新换代的过程（陈雯雯，2015）。

结合年龄我们再进一步看教师的来源，表 4－2 显示，巴西的华文教师主要来自中国大陆和中国台湾，来自中国大陆的华文教师呈现年轻化趋势，而来自中国台湾的华文教师则呈现老龄化趋势。造成上述现象的主要原因在于，同为第一代移民，台湾移民较大陆移民早 20 年左右。大陆移民到巴西是最近二三十年的事情且移民势头迅猛，而台湾移民较为集中在 20 世纪五六十年代（高伟浓，2012）。另据走访得知，巴西现在台湾移民数量较少，而且台湾的第二代子女极少有人愿意从事华文教育行业。

与欧美等国家不同的是，无论是大陆新移民还是台湾老移民，这些华文教师大多保留中国国籍。据了解，他们或是为了往返中巴两国方便，或是为了从事其他工作，他们普遍认为中国国籍比巴西国籍更为方便有利。另外，根据巴西移民局的规定，持有工作签证满 4 年可以申请永居，超过 40 年自动归化为巴西国籍。在我们的调查中，仅有 6 名教师加入巴西国籍，占被调查人数的 7.79%。

值得注意的是，出生在巴西的华人以及本土巴西人也开始加入当地华文教师的队伍中来。

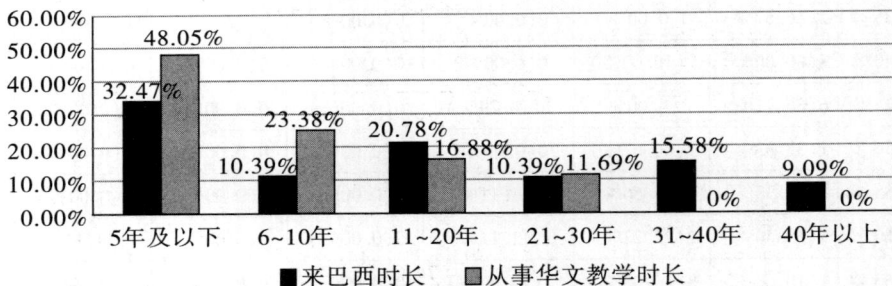

图 4 - 1　来巴西时长、从事华文教学时长对比图

尽管台湾移民来巴西较早，大陆移民来巴西较晚，但是他们存在一个共同的现象，那就是来巴西的时长与从事华文教学的时长并不成正比。从图 4 - 1 中可以看出，来巴西时间在 5 年及以下的华文教师占 32.47%，6 ~ 10 年的占 10.39%，11 ~ 20 年的占 20.78%，21 ~ 30 年的占 10.39%，31 ~ 40 年的占 15.58%，40 年以上的占 9.09%；从事华文教学 5 年及以下的华文教师占 48.05%，6 ~ 10 年的占 23.38%，11 ~ 20 年的占 16.88%，21 ~ 30 年的占 11.69%，31 年及以上的则没有。

教中文并非这些华文教师来巴西后的第一职业，许多来巴西时间较长的华文教师也是新手教师。在进一步的访谈中我们得知，他们初来巴西时多数抱有赚钱的想法。作为"金砖五国"（BRICS）之一的巴西，近些年来由于经济持续快速发展，与中国之间的贸易往来日趋频繁，吸引很多人加入贸易行业。他们或是自己开店，或是在中巴贸易公司工作等，但由于门店不正规、盈利减少，或是为了照顾家庭等他们转行做教师。原来因为没有正规的公司给他们开具"蓝色工作证"，他们不能享受巴西的公共福利，如公费医疗、养老保险等，做华文教师，尤其是正规私立学校的华文教师，虽然赚钱不多，但是解决了"工作证"问题，也就没有了后顾之忧。

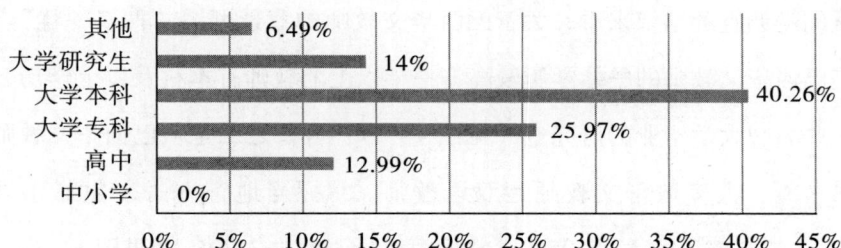

图4-2 巴西华文教师学历

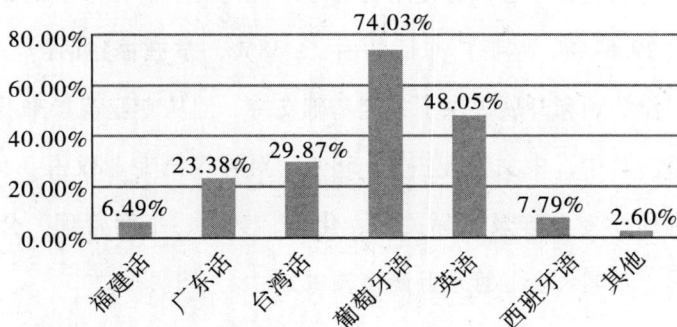

图4-3 巴西华文教师掌握的语言（含方言）

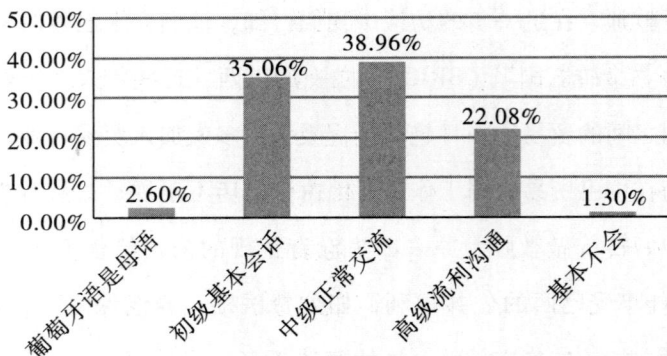

图 4 - 4   巴西华文教师葡语水平

从问卷调查的结果来看，关于巴西华文教师的背景可谓"两喜一忧"。可喜之一是巴西华文教师的整体学历较高，一半以上的教师有本科及以上学历，其中不乏一些名牌大学毕业的研究生（见图 4 - 2）；可喜之二是从巴西华文教师的语言背景来看，大多数华文教师是双语教师，掌握当地官方语言葡萄牙语的占 74.03%，掌握英语的占 48.05%，掌握西班牙语的占 7.79%（见图 4 - 3），其中葡萄牙语水平达到正常交流以上的占 61.04%，初级的占 35.06%（见图 4 - 4），42% 的教师在讲课过程中会部分使用葡萄牙语进行讲解。在掌握的方言方面，掌握台湾话的占 29.87%，掌握广东话的占 23.38%，掌握福建话的占 6.49%。这些都为教学工作的顺利开展提供了一定基础支持。但从专业背景来看，对口专业所占比例较小。其中，中文专业占 15.58%，对外汉语专业仅占 3.9%，其他大部分华文教师所学专业涉及国际关系、化学、美术、工商管理、会计、室内设计、生物医学、新闻及企业管理等诸多领域。

另外，同其他国家一样，缺少华文男教师是普遍存在的问题。在受调查的 77 名华文教师中，女教师比例高达 87.01%。由于宗教信仰问题，有的学校只要女教师。

（2）教师情况。

据估测，巴西华文教师人数在 500 名左右。学校允许华文教师在多所学校兼职，即使是正式聘任的教师也可以在其他学校兼职。根据调查，79.22%的华文教师在私立学校教授中文，27.27%的教师在教会学校，在公立学校的仅占6.49%。这样的分布主要与如下两种情况有关：一是开展华文教学的华文学校多为私立中文补习学校（班）；二是巴西基础教育阶段私立学校认可度远高于公立学校。根据访谈我们了解到，稍有些钱的家庭都会把孩子送到私立学校进行基础教育，但是在高等教育阶段，公立大学认可度高于私立大学，如久负盛名的圣保罗大学，为此很多学生在基础教育阶段就读于私立学校，这是为了最终能考入公立大学。

根据我们的调查，周一至周五上午上课的华文教师占50.65%，周一至周五下午上课的华文教师占44.16%，周一至周五晚上上课的华文教师占19.48%，周六、周日也分别占到45.45%、23.38%。以上数据显示，周一到周五华文教师上午和下午上课所占比重几乎相当，这是由于巴西的教育体制是半日制教育，这也是许多华文教师兼职多所华文学校的原因之一。晚上上课较少的原因在于巴西治安较差，考虑到学生和教师的安全等因素，晚上较少安排课程，除非在相对安全的高档社区。周六、周日上课教师相差较大的主要原因在于巴西人比较注重休假，周日是休息日，商场和学校常常关闭。从课时量来看，周课时量10节及以下的占46.75%，11~20节的占29.87%，21节以上的占23.38%。

大部分学校在面试华文教师时没有严格的准入机制，录用时主要看教学经历、学历、葡萄牙语水平和对学生的耐心等，并不像其他国家那样需要考取当地的教师资格证，这种情况也与用人学校基本上都是非正规的私立学校和宗教学校有关。

据走访和笔者的亲身教学经历，学校对华文教师也缺乏教学质量评估，教师教得好坏在于"家长的口碑"、学生结业汇报演出的"节目"、展览板作业展出等，而非具体的教学质量评估。教师上课内容、教学方式方法、期中和期末考试等也因人而异，质量难以保证。很多教师在教小学《语文》时使用的是跟国内基本一致的教学方法，甚至连参考书也是一样的。同时，这些教师在教巴西学生时大量使用葡萄牙语进行教学，效果不是很理想，很多学生一个学期下来只会几首简单的童谣，使得许多学生的华文水平长久停滞在初级阶段。

从教师的福利待遇来看，由每课时工资 30～50 巴币不等，可推算出这些华文教师的月薪平均水平为 1 000 巴币，也就是说，80% 左右的华文教师工资低于全巴西教师的基本工资，据了解，全巴西教师的基本工资为每月 1 697 巴币（当地麦当劳汉堡包 1 个 12 巴币）。除此以外，有近 15% 的华文教师是义工（陈雯雯，2015）。

（3）师资培训情况。

据调查，以往师资培训，参加由国务院侨务办公室主办的培训的教师占 25.9%，参加由中国国家汉语国际推广领导小组办公室（以下简称"国家汉办"）举办的培训的教师占 37.66%（主要针对孔子学院教师），没参加过师资培训的占 20.78%，参加过其他培训的占 15.66%。据了解，在巴西很少有教师能厘清国侨办和国家汉办的关系，只要有师资培训的机会，大部分学校都会组织教师去参加。

国侨办在巴西华文教师师资培训上起到了很大的作用，既有短期集中培训，又有长期驻扎。据了解，国侨办曾多次派遣国内师资对巴西华文教师进行短期师资培训，提高了华文教师的执教水平，鼓舞了华人子女学习中文的热情和积极性，受到各华文学校及家长和孩子们的欢迎。从 2011 年起，国侨办不断挑选外派教师到巴西海外华文教育示范学校任教，除了承担教学任务外，还协助当地的教学管理并展开有针对性的师资培训，效果良好。另外，国侨办还邀请巴西华文教师来中国进行师资培训。

在师资培训及科研方面，台湾移民开办的华文学校由于移民较早，自成系统，其与台湾"侨务委员会"关系密切。巴西中文教学协会从 1991 年成立至今已经举办过多次师资培训并定期召开教学研讨会。台湾"侨务委员会"从 1972 年起不断派遣教师到巴西任教或开展师资培训，并免费赠送教材、举办巴西中文教学研讨会、选拔优秀教师回台湾进修等，对于教学突出及教学时长较长的华文教师，会予以一定的奖励并颁发证书等。

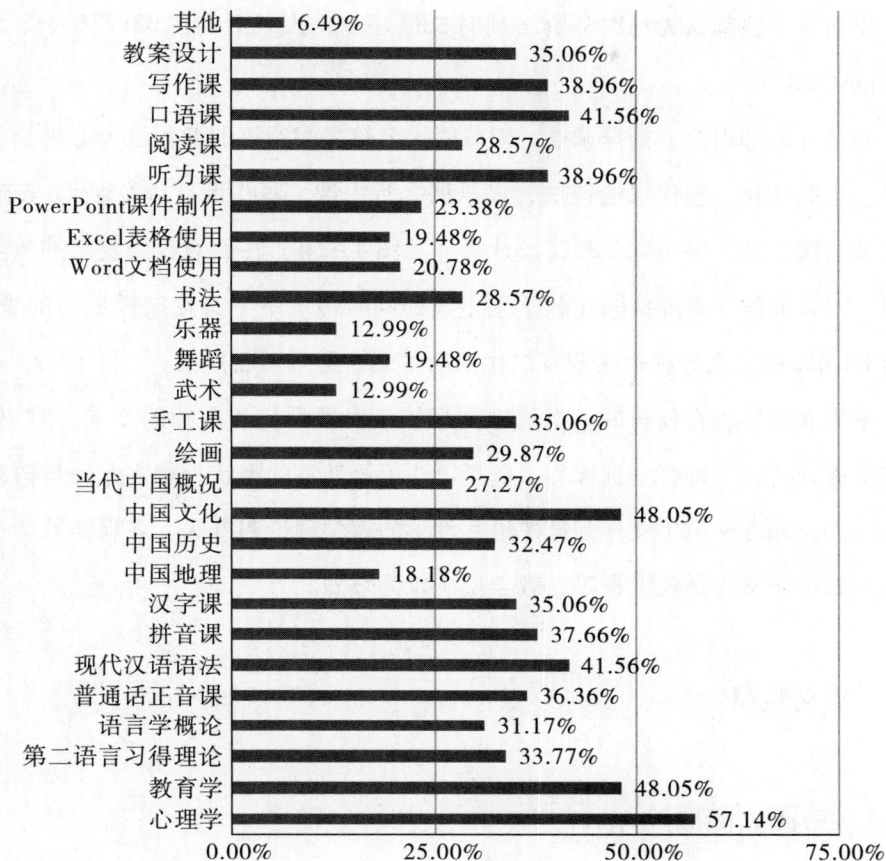

图 4-5　巴西华文教师希望开设的师资培训课程

　　据统计，94.81%的华文教师希望在巴西参加由中国国内教师讲授的师资培训课程，89.6%的华文教师希望有机会来中国参加师资培训，值得注意的是，近10%的华文教师从未来过中国。巴西是世界上距离中国第二远的国家，地理上的距离使得很多华文教师不了解当代中国是什么样子，我们在走访和实际教学中发现，很多教师对中国的印象还停留在改革开放初期的时候。

　　在对巴西华文教师希望每年参加师资培训次数的调查中，46.75%的教师希望每年至少1次，35.06%的教师希望至少2次，10.39%的教师希望每年至少3次，可以看出华文教师参加培训的愿望比较强烈。

巴西华文教师认为每次师资培训时长最好在 2 天以上的占 33.77%，3 天及以上的占 28.57%。

对华文教师而言，根据调查，期待值排名较靠前的培训课程有：心理学、教育学、中国文化、现代汉语语法、口语课、听力课、写作课、拼音课①、普通话正音课、汉字课、手工课、教案设计等（见图 4-5）。在面对较为复杂的教学对象时，94% 的华文教师认同在教学生中文的同时传承中华文化同样重要的观点，同时 80.6% 的华文教师也希望华二代祖语生能够融入巴西社会。

笔者和同事也在任教的圣本笃中文学校，根据学校和教师的要求，对 10 多名华文教师开设了师资培训课程，包括巴西祖语教育的现状、华文作为母语教学的教学理论和方法、华文作为第二语言教学的教学理论和方法、多媒体教学手段的运用及中华文化系列课程等，教学反响较为热烈。

三、 华文教材

1．中国大陆版

据不完全统计，中国大陆出版的华文教材有 10 种（见表 4-3）。巴西华二代祖语生使用的教材主要有：《幼儿园教育活动幼儿用书·语言》（人民教育出版社出版）、《幼儿园教育活动幼儿用书·语文》（人民教育出版社出版）、小学《语文》（1~6 年级，人民教育出版社出版）等；华二代第二语言学习者使用的教材主要有：《汉语拼音》（暨南大学出版社出版）、《汉语乐园》（北京语言大学出版社出版）、《中文》（暨南大学出版社出版）等。

---

① 71.4% 的教师认为拼音教学比笔画笔顺教学重要。

表 4 - 3　中国大陆出版的华文教材

教材名称	出版社	册数	语言对照	字体	编者	使用对象
《幼儿园教育活动幼儿用书·语言》	人民教育出版社	2	中文	简体	人民教育出版社幼儿教育室	大陆华二代祖语幼儿学习者
《幼儿园教育活动幼儿用书·语文》	人民教育出版社	6	中文	简体	人民教育出版社幼儿教育室	大陆华二代祖语幼儿学习者
《阅读识字》	新蕾出版社	8	中文	简体	新蕾编写组	大陆华二代祖语幼儿学习者
小学《语文》	人民教育出版社	12	中文	简体	课程教材研究所	大陆华二代祖语小学学习者
《汉语拼音》	暨南大学出版社	1	中文	简体	北京华文学院	第二语言幼儿学习者
《幼儿汉语》	暨南大学出版社	4	中文	简体	北京华文学院	大陆华二代母语幼儿学习者
《汉语乐园》	北京语言大学出版社	6	中葡	简体	刘富华、王巍等	第二语言小学学习者
《中文》	暨南大学出版社	12	中文	简体	暨南大学华文学院	第二语言小学学习者
《当代中文》	华语教学出版社	4	中葡	简体	吴中伟	第二语言成人学习者
《新实用汉语课本》	北京语言大学出版社	6	中英	简体	刘珣	第二语言成人学习者

2.　中国台湾版

据不完全统计，中国台湾出版的教材有 5 种（见表 4 - 4）。其中面向台湾第一语言祖语生使用较多的是《华语》；面向台湾第二语言学习者使用较多的是《生活华语》，上述两种教材大多是台湾"侨务委员会"免费赠送给巴西华文学校的。值得关注的是台湾教材，如《生活华语》已经实行"注音和拼音""繁体

和简体"并行排版印刷的方式，这也说明使用拼音、简体字是目前教学的趋势
（陈雯雯，2015）。

表4-4　中国台湾出版的华文教材

教材名称	出版社	册数	语言对照	字体	编者	使用对象
《华语》	流传文化事业股份有限公司	12	中英	繁体	金荣华等	台湾华裔祖语小学学习者
《初中华文》	汉大印刷股份有限公司	6	中英	繁体	金荣华等	台湾华裔祖语初中学习者
《生活华语音标首册及K1-K3》	台湾语言文化社	4	中英	繁体	CHUANG S. W. 等	台湾第二语言幼儿学习者
《生活华语》	台湾语言文化社	12	中英	繁体	CHUANG S. W. 等	台湾第二语言小学学习者
Go! Chinese	Cengage Learning Asia Pte Ltd.	8	中英	繁体	罗秋昭、薛意梅	台湾第二语言成人学习者

3.　自编或改编

巴西华文语言文化中心根据北京语言大学出版社出版的《汉语教程》自编过中葡双语教材，目前巴西华文语言文化中心正在组织教师编写中葡双语本土化教材。

4.　存在的问题

在对教材使用情况的调查中，教师普遍认为教材存在"一多三少"：基础教育阶段教材的需求量多，中葡对应的教材少、适合学生的配套读物和适合幼儿阶段的教材少。在上述15种使用的教材中，我们可以发现大多数教材是以中文或者中英双语编写的，中葡双语的只有2套，即《汉语乐园》和《当代中文》。笔者查阅了中山大学国际汉语教材研发与培训基地研发的"全球汉语教材库"，发现用葡萄牙语编写的教材只有6种；学生葡语读物1本，《一位葡萄牙汉学家眼

中的中国 》（ *China Vista por um Sinologo Portugues* ）；工具书 1 本，《汉语图解小词典（葡萄牙语版）》。

除教材、配套读物及工具书匮乏以外，31.17% 的教师认为教材不符合巴西当地的风俗习惯，23.38% 的教师认为教材缺乏趣味性，18.18% 的教师认为当前使用的教材不符合华裔学生听说较好、读写较差的情况，14.06% 的教师认为教材不适合学生的实际认知水平。

在教材研发上，由于巴西是南美地区唯一说葡萄牙语的国家，教材要做到本土化较难，圣保罗华光学校经过不断打磨，使用的教材是自编的《汉语教程》（初级、中级、高级）。袁爱平中巴文化研究中心的负责人袁爱平本人也编著和出版了一系列汉语教材，如《汉语课本》（共 3 册）、《跟袁老师学汉语》（共 3 册）、《我去中国》、《中国人学葡语》、《用汉语怎么说一切》、《用汉语怎么说生意上的一切》、《用汉语怎么说旅游上的一切》、《玩着和袁老师学汉语》等。这些教材在巴西发行，受到广泛好评。

四、　课堂教学

1.　教学类型

关于海外华文教学类型，不同的学者有不同的分类。李宇明（2009）把汉语教学分为五类：①作为第一语言的母语教学；②作为第二语言的母语教学；③少数民族的国家通用语言教学；④东亚型的第二语言教学；⑤纯粹的第二语言教学。其中与海外华语相关的是作为第一语言的母语教学和作为第二语言的母语教学两类；郭熙（2015）把汉语教学分为国家通用语教学、华文教学和中文教学，其中国家通用语教学是基于是否加入所在国国籍的分类。

总体而言，巴西祖语教育分为第二语言教学和第一语言教学，在这两种教学类型中，"前一条腿"——作为第二语言的中文教学已经跟得上世界学习中文的潮流，而"后一条腿"——非母语环境下第一语言的中文教学则和 20 世纪 80 年代东南亚国家的情况类似，是中国国民学校语文教学在海外的延伸。"两条腿"步子不一样，使得巴西祖语教育显得比较复杂，尤其表现在"后一条腿"上。可以预见的是，伴随着大陆移民的持续增加，在最近二三十年的时间里，这仍将是巴西祖语教育的一个重要组成部分（这部分内容将在第五章中着重论述）。

2. 教学对象

教学对象较为复杂。一是学生人数不一，有的学校一个班里只有两三个学生，有的则有三四十个学生；二是年龄跨度大，经过走访，笔者发现一个班里有四五岁的孩子，也有十几岁的孩子，学生年龄跨度非常大；三是复式教学较为普遍，据调查 63.64% 的学校采用复式教学。

对于中文作为第一语言的华二代祖语生，以笔者所教的学生（私立学校）为例，他们上午为葡语课程，下午为两个时段四小节的华文课程，在 15：30 ~ 17：00 这个时段里有 8 个学生，使用的是人教版小学《语文》，但是其中有 2 个学习二年级（上）、1 个学习三年级（上）、5 个学习三年级（下）。由于来上课的学生并不固定，课堂往往是同班级不同级别、同级别不同进度、同进度不同年龄的复式教学，情况极其复杂。每个教师上课前包里会放不同年级的教材和参考资料，大大增加了教师的备课量。在中文作为第二语言的教学课堂上，也不同程度存在上述问题。

3. 教学环境

巴西的华文学校学生人数多样化，从不同年龄段的学生到来自不同背景的学生，学校必须应对多样性的教学需求。这种多样性可能导致教师需要采用不同的教学方法和策略，以满足学生的不同学习需求。年龄跨度的增加也增加了教学的复杂性，因为教师需要根据不同年龄段学生的认知和学习能力来调整教学内容与方法。许多华文学校缺乏现代化的教学设备，大约 74.03% 的华文学校依然使用传统的黑板和粉笔进行教学。这意味着教师在传授知识时受到了技术设备的限制，无法充分利用多媒体和现代化工具来提升教学效果。大约 76.62% 的华文学校的中文教学未分技能，这意味着中文教学可能缺乏系统性和结构性。分技能的教学可以帮助学生更好地掌握听、说、读、写等不同的语言技能，并有助于他们全面发展中文能力。未分技能的教学可能会影响学生的语言学习效果。现代化教学设备的缺乏可能会影响学生的学习体验和教学质量。这些无疑对华文教师的教学能力提出了更高的要求。

五、　教学质量管理

1.　教学大纲与教学进度

巴西的中文教学没有统一的教学大纲。在第一语言的祖语教学方面，教授人教版小学《语文》的学校大多是为了衔接国内的小学教育，遵从中华人民共和国教育部制定的《义务教育语文课程标准（2011 年版）》。由于课时不足、学制轻松，许多学校完不成教学目标。圣本笃中文学校的要求是 2 年完成 3 本书（课标教学要求 2 年 4 本书）。在第二语言教学方面，也是进程较慢，有的教师半年才完成零起点的拼音教学。

在巴西，大部分的中文学习课程要让位于葡文等课程。巴西中小学每年有统一的校历，在巴西学校进行期中或者期末考试时段内，中文教师不能布置中文家庭作业，如果学生要求课上复习其他课程，也要准许。由于巴西考试周期较长，大多持续一个星期，常常打乱中文教学的进度。

2.　学生考试

巴西目前对国内的中文教学没有统一的考试。巴西大学入学考试承认的外语语种是英语和西班牙语。对于中文考试，每个学校都是自测。以圣本笃中文学校为例，每学期进行两次考试，每次考试都是教师根据教学进度出题并自己阅卷。鉴于华二代祖语生听说能力较强，读写较差，为此学校经常组织写字和作文比赛，学生在两节课 50 分钟内完成作文（一年级 150 字、二年级 250 字……六年级 650 字，以此类推）。

考试有是有，除了 6 岁以上的考核，他的成绩是他葡文学校的成绩，所以我们老师每一个人都有学生的葡文成绩，现在都是上电脑看的。我们中文本身没有考试，只有老师会自己出题。我这里对中文没有办法要求，他们程度不一样，没有办法要求，有要求就不念了，我们主要是帮他巴西的学校那边弄好。最终我们没有任何要求。

（M3 号 – YXZ – 校长访谈摘录 – 2014）

我们教完一课就要考试，考七八十分，我们才教第二课，我们不囫囵吞枣的。

（M4 号 – CLJ – 校长访谈摘录 – 2019）

由于巴西政府没有统一组织的中文考试，华裔学生多是参加国家汉办举办的中文水平考试（HSK）、中文水平考试口语（HSK 口语）、中小学生中文考试（YCT）和台湾华语测验推动工作委员会举办的华语文能力测验（TOCFL）（Test of Chinese as a Foreign Language）。

关于国家汉办组织的考试，由于考生中有华二代祖语生，也有巴西第二语言学习者，笔者没有掌握考生信息，很难厘清，只能从总量上加以介绍。据笔者不完全统计，从 2010 年圣保罗州立大学孔子学院第一次举办 HSK 考试到 2014 年，考生（包括 HSK、HSK 口语、YCT）累计有 1 141 人，其中 HSK 考生 1 034 人、HSK 口语考生 71 人、YCT 考生 36 人。考试级别从考生只参加 HSK 1 ~ 3 级的考试到现在参加全部 6 个级别的考试；考试类型也增加了 HSK 口语、YCT；考点也从圣保罗州立大学孔子学院拓展到圣保罗亚洲文化中心孔子课堂和其他州、地区，如 2013 年 10 月巴西南大河州联邦大学孔子学院首次作为考点。

对于台湾华语测验推动工作委员会组织的考试，笔者无法获得资料，仅获得笔者外派期间 2014 年 5 月 31 日举办的考试的数据，当日参考人数共 46 人，其中 Band A（入门基础级）16 人，繁体字考生 9 人、简体字考生 7 人；Band B（进阶高阶级）19 人，繁体字考生 15 人、简体字考生 4 人；Band C（流利普通级）11 人，繁体字考生 11 人、简体字考生 0 人。

六、小结

巴西的教育差别主要体现在中小学阶段是接受公立学校的教育还是私立学校的教育，巴西私立的华文学校作为私立学校，以收费较低且教学质量高成为较好选择之一。巴西教学体制灵活，学生也较为轻松。巴西学校的最大特色在于中小学阶段无论是公立学校还是私立学校都是半日制教学，学生根据自己的情况选择学校、上课时间，周一至周五上午上课或者下午上课，这也为巴西祖语教育的开展提供了更多的时间和可能性。巴西政府对外语教学采取的态度是较为适合巴西祖语传承的。巴西祖语传承主要存在于巴西基础教育阶段。

巴西华文教师主要由大陆移民和台湾移民构成，前者趋于年轻化，后者趋于老龄化，在新、老华文教师交替的过程中，大陆新移民华文教师数量不断增长。尽管巴西华文教师整体学历水平、葡萄牙语水平较高，但是从教前学科背景较为复杂，在华文教育专业知识方面有所欠缺，这使得巴西华文教师在师资培训知识理论方面，要熟悉母语教学法和第二语言教学法、教育心理学，了解学前和中小学儿童心理学。在教学技能方面，面对的教学对象复杂，但是采取的教学方法单一且不系统，需要相关政府部门和合作院校派遣学前教育教师、中小学语文教师来巴西讲学。由于巴西英语普及率低，长期外派的教师最好掌握葡萄牙语，至少要做到能简单交流。巴西华文教师整体待遇不高，这需要中国政府相关部门和当地华人组织、学校一起努力提高，尤其是要重点扶植海外华文教育示范学校，使其真正成为当地学校的标杆。由于无标准化教学质量评估，再加上巴西国民基础教育较差，导致华文教师队伍质量参差不齐，学期结束后对教师教学质量也缺乏评估。引进教师标准化评估测试，教师队伍制度化、规范化势在必行。可采取"走出去""请进来"和"远程教学"三者相结合的师资培训模式。

由于面向的教学对象不同，巴西祖语教育使用的华文教材有中国大陆版、中国台湾版，以及自编和改编的教材。在教学质量管理上，希望研发出适合巴西祖语传承的教学大纲，同时在巴西推广华文水平测试。

第五章　巴西华二代祖语生多语水平和语言使用

本章根据调查问卷和访谈主要考察巴西华二代祖语生作为多种语言使用者，在家庭、学校和社会语域的多语水平和使用情况。

一、样本的人口学特征

1. 巴西圣保罗及主要华人聚集地

由于巴西的华侨华人 90% 以上生活在圣保罗州的首府圣保罗，尤其是集中在圣保罗 25 街（Rua 25 de março，Centro，Sao Paulo，SP），其也被称为东方街（Liberdade），因此我们选择巴西圣保罗 25 街作为调查的范围。

圣保罗（葡萄牙语：São Paulo），巴西最大的经济城市，也是南美洲最大、最繁华的国际大都市。根据 2012 年美国 SinkTank 公开发表的世界都市排名，圣保罗超过里约热内卢，位居全世界第 33 位。同时，圣保罗是仅次于纽约及东京的直升机运输量排名第三位的大城市。据巴西国际地理统计局 2010 年的人口普查统计，圣保罗约有人口 1 088 万，其中华侨华人估计有 30 多万，约占圣保罗人口的 3%。在这些华侨华人中，既有早期移民巴西的"老侨"，也有 2000 年以后移民巴西的"新侨"。

圣保罗 25 街全称是"3 月 25 街"，是为了纪念巴西第一个皇帝佩德罗颁布巴西第一部宪法的日期——1824 年 3 月 25 日而命名的街道。作为圣保罗主要的商业街之一，圣保罗 25 街是历史上传统的批发商圈，曾经是阿拉伯人、犹太人的聚集地，后来由于日本移民早于中国移民，也曾是日本人的聚集地，现在由于中国新移民的大量涌入，也被称为圣保罗的"唐人街"。中国制造的商品物美价廉，大到电视，小到手机壳，都深受巴西消费者的喜爱。在淘到金的新移民的带动下，大批青田人、温州人、北京人、东北人携家带口通过各种渠道从中国聚集到巴西圣保罗，再加上1998年巴西大赦的传言，仅1996年、1997年两年间就有几万人涌入巴西。圣保罗25街一度成为赚钱的天堂，目前已发展成整个圣保罗，乃至南美洲最大的一个小商品批发市场及百货集散地，现有店铺4 000余家，其中华人店铺已超过3 000家①，而这个过程用了不到30年的时间（杨宏云，2017）。圣保罗25街因大部分的商品来自中国，也被称为中国义乌的翻版。圣保罗25街被认为是世界上融入当地最好的中国城②。众多的华人在圣保罗25街聚居、经商、生活，逐步形成一个集餐饮、中文学习、理发、小商品售卖等各类行业应有尽有的华人圈。

　　本书的调查范围以巴西圣保罗25街为主，正是源于这里华侨华人较为聚集，有利于我们找到大陆新移民子女学习中文的华文学校及学校的管理者、华二代祖语生和家长。这部分华二代祖语生的祖语传承情况具有极大的代表性，可以反映出目前巴西华二代祖语生的祖语传承情况。

2. 群体特征

　　在笔者2014年巴西实际教学经验和华文教师调查问卷的基础上，我们面向圣保罗地区的六所主要华文学校——华侨天主堂中文学校、圣本笃中文学校、慈佑学校、幼华学园、德馨双语学校、启智华文学校发放网络问卷，其中前三所为宗教团体开办的华文学校，幼华学园为中国台湾人士开办的华文学校，德馨双语学校和启智华文学校为中国大陆新移民开办的华文学校，这六所学校基本涵盖了巴西华文学校的办学类型，也是巴西华文学校的典范。在回收的90份有效网络问卷中，华裔73人，非华裔17人。由于我们考察的是华二代祖语生的祖语传承

---

① 森森. 圣保罗25街，最融入当地社会的唐人街［J］. 出版参考：新阅读，2011（2）：49.
② 巴西的"义乌"——圣保罗25街，世界上融入当地最好的中国城［EB/OL］.（2019－11－19）［2020－03－18］. https：//baijiahao. baidu. com/s？id=1650644333464076295 & wfr = spider & for = pc.

情况，我们把 73 名华裔学生的问卷作为样本问卷。

　　性别上，男生 31 人，女生 42 人。女生比例略高于男生，比例为 57.53%，男生的比例为 42.47%。

　　年龄上，学龄前（0～5 岁）1 人，占 1.37%；小学阶段（6～10 岁）15 人，占 20.55%；初中阶段（11～14 岁）47 人，占 64.38%；高中阶段（15～17 岁）9 人，占 12.33%；18 岁及以上 1 人，占 1.37%。可以看出参与此次调查的华二代祖语生以基础教育阶段（小学阶段和初中阶段）学生为主，共 62 人，占 84.93%，学龄前和高等教育阶段的学生比例较小。这也符合我们在一线教学和对学校管理者、教师和家长访谈中所了解的情况——"许多孩子学到初中就不再学习了"。这 73 人当中，现在仍在学习华语的有 66 人，占 90.41%，以前学现在不学了的有 7 人，占 9.59%。

　　根据统计（见表 5-1），参与问卷调查的华二代祖语生来自德馨双语学校的有 31 人，占 42.47%；来自华侨天主堂中文学校的有 13 人，占 17.81%；来自圣本笃中文学校的有 10 人，占 13.70%；来自幼华学园的有 9 人，占 12.33%；来自慈佑学校的有 7 人，占 9.59%；来自启智华文学校的有 3 人，占 4.11%。以上六所学校基本涵盖了巴西华文学校的办学类型，既有台湾移民开办的华文学校，又有大陆移民开办的华文学校；既有历史悠久的教会学校，又有新成立的教会学校，抽样的样本具有一定的代表性。

表 5-1　巴西华二代祖语生调查样本的群体特征

基本信息		频数（N = 73）	占比/%
性别	男	31	42.47
	女	42	57.53
年龄段	0～5 岁	1	1.37
	6～10 岁	15	20.55
	11～14 岁	47	64.38
	15～17 岁	9	12.33

（续上表）

基本信息		频数（$N=73$）	占比/%
年龄段	≥18 岁	1	1.37
你现在在学中文吗	在学	66	90.41
	不学了	7	9.59
所属学校	德馨双语学校	31	42.47
	华侨天主堂中文学校	13	17.81
	圣本笃中文学校	10	13.70
	幼华学园	9	12.33
	慈佑学校	7	9.59
	启智华文学校	3	4.11

3. 国籍选择

根据《巴西移民法》《巴西投资移民法》《巴西宪法》规定，华侨华人子女获得巴西永久居留和巴西国籍的途径主要有以下几种（见表 5-2）：

表 5-2　获得巴西永久居留和国籍的途径

类别	法律	规定
巴西永久居留	《巴西移民法》	（1）只要夫妻双方其中一方在巴西取得永久居留，即可为夫妻另一方，及其父母、子女和未成年子女（18 岁以下）申办永久居留，实现家庭团聚； （2）没有合法身份的夫妻只要在巴西生育子女，可申请永久居留； （3）没有合法身份的外国公民只要与巴西公民结婚，即可获得合法身份
	《巴西投资移民法》	（1）凡在巴投资 5 万美元（原为 25 万美元）的外国公民，其本人及其配偶和未成年子女，均可申办永久居留； （2）凡注册 20 万美元以上的外国公司，其董事长和高级管理人员可申请永久居留

（续上表）

类别	法律	规定
巴西国籍	《巴西移民法》	凡在巴出生的孩子，均属巴西公民
	《巴西宪法》	（1）父母为外国人且父母不是为其国籍国执行公务的，本人出生在巴西即拥有巴西国籍； （2）父母一方为巴西人且父母任何一方在为巴西国家执行公务，本人出生在国外的，拥有巴西国籍；联邦司法部门负责受理和审批； （3）出生在国外者，只要父母一方为巴西人，任何时候赴巴西定居即可获得巴西国籍

　　从上述法律规定中，我们可以看到获得巴西永久居留的途径主要有家庭团聚、与巴西人结婚、在巴生育子女和投资等，由此可见，若华二代祖语生的父母有永久居留身份，其（18 岁以下）也随之可以拥有永久居留身份；在获得巴西国籍问题上，只要华二代出生在巴西即可获得巴西国籍，同时，出生在巴西的华二代是其父母由非法身份变为合法身份的途径之一。

　　根据巴西新移民法（第 13445 号法律，2017 年 5 月 24 日生效），外国人入巴西国籍又分为普通、临时、特别和特殊四种（见表 5 - 3）。

表 5 - 3　外国人申请巴西国籍的分类

巴西国籍类型	申请条件
普通	在符合下列所有条件时，可授予普通入籍： （一）根据巴西法律，具有民事行为能力； （二）在本国领土居住至少四年以上； （三）视入籍申请者的条件，能用葡萄牙语进行交流； （四）未获刑事处罚或依法释放恢复权利的。 在入籍申请人满足以下任一条件时，本法第六十五条第（二）项所规定的居住时间可减至不少于一年： （一）（被否决）；

（续上表）

巴西国籍类型	申请条件
普通	（二）有巴西子女的； （三）有巴西籍配偶或伴侣，且在批准入籍时没有依法或事实分居的； （四）（被否决）； （五）向巴西提供过或能够提供具有重要意义服务的； （六）具有值得推荐的专业、科学或艺术能力的。
临时	临时入籍可授予在年满十周岁以前即在本国居住的儿童或青少年，且须由其法定代表人提出申请。 在本人成年后两年内明确提出申请时，可将临时入籍转换为永久入籍。
特别	符合以下任一条件的外国人可被授予特别入籍： （一）是巴西在任外交人员或在海外为巴西政府服务人员的配偶或伴侣，且关系持续五年以上的； （二）在巴西驻外使领馆连续工作或曾经连续工作十年以上的。 授予特别入籍时应同时满足以下要求： （一）根据巴西法律，具有民事行为能力； （二）视入籍申请者的条件，能用葡萄牙语进行交流； （三）未获刑事处罚或依法释放恢复权利的。
特殊	任何国籍的人士凡在巴西连续居住十五年以上且未受刑事处罚的，在提出申请的情况下，均可被授予特殊入籍。

通过上面关于加入巴西国籍的分类，我们可以看到 10 岁前到巴西定居临时入籍的儿童可以在成年后选择正式加入巴西国籍。

表 5-4　巴西华二代祖语生的出生地和国籍选择

问题	选项	频数	占比/%	累计占比/%
你出生在哪里	巴西	63	86.30	86.30
	中国	7	9.59	95.89
	其他	3	4.11	100.00
你的国籍	巴西	57	78.08	78.08
	中国	15	20.55	98.63
	其他	1	1.37	100.00

按照《巴西移民法》规定的入籍政策，在巴西出生的子女即可获得巴西国籍。通过 2021 年的调查（见表 5-4），出生在巴西的有 63 人，占 86.30%；出生在中国的有 7 人，占 9.59%；出生在其他国家的有 3 人，占 4.11%。对比 2014 年我们在巴西调查的 67 名巴西籍华二代祖语生的数据，出生在巴西的占 77%，出生在中国的占 22%，出生在其他国家的占 1%，可见最近几年来，出生在巴西的华二代祖语生比例略有增加。

国籍方面，2021 年的调查显示巴西籍的有 57 人，中国籍的有 15 人，其他国籍的有 1 人。我们发现出生在巴西的这些学生，有 6 人并没有选择巴西国籍而是选择了中国国籍。由于华二代祖语生大部分未成年，我们认为作出这样的选择大多是源于父母的选择。

4. 就读年级

在我们调查的巴西华二代祖语生中，按照实际年龄计算的应读年级和实际就读的葡文年级范围一致，都是幼儿园大班到大学一年级，涵盖 14 个年级①，而实际就读的中文年级范围为幼儿园大班到初中三年级，参与调查的 73 人中，没有人在高中和大学继续学习中文，也就是说学习中文的华二代祖语生一般学到初中就不再学习了。

从参与调查的 73 名华二代祖语生应读年级、实际就读的葡文年级和中文年级统计人数中我们可以看到，华二代祖语生按照年龄应读年级高于实际就读的葡文年级，实际就读的葡文年级又高于实际就读的中文年级，即应读年级 > 实际就读的葡文年级 > 实际就读的中文年级。也就是说，实际就读的葡文年级和实际就读的中文年级之间有年级差，我们把葡文年级高于中文年级称为年级顺差，记为正数（＋）；葡文年级低于中文年级称为年级逆差，记为负数（－）。在调查问卷中我们看到没有年级差的华二代祖语生有 16 人，占 21.92%，大部分华二代祖语生是年级顺差，其中 1 个年级顺差的有 22 人，占 30.14%；2 个和 3 个年级顺

---

① 为了更好地与国内教育相比，这里的年级按照国内的教育体制，小学 6 年，初中 3 年。

差的各有 8 人，各占 10.96%；4 个年级顺差的有 7 人，占 9.59%；5 个和 7 个年级顺差的各有 1 人，各占 1.37%；6 个年级顺差的有 2 人，占 2.74%，最大年级顺差达到 8，也就是相差 8 个年级，这两个华二代祖语生都是 15 岁，应读高中一年级，实际就读的中文年级为小学三年级，实际就读的葡文年级为高中一年级，这些年级顺差大小不一致的华二代祖语生给实际的中文教学造成不小的困扰。在前文中我们也说到很多华二代祖语生使用的是人教版教材，但是这些教材并不适合年级顺差的学生，比如，高中一年级学生和小学三年级学生发育和认知水平不同。另外，还有 5 个年级逆差的华二代祖语生，这五个学生的中文年级高于葡文年级。由此可见，巴西华二代祖语生在葡文和中文的年级问题上较为复杂。在巴西现行的教学体制下，"葡文先行，中文跟上"，以及半天正式教学、半天华语补习的双语课程安排较为紧密，对华二代祖语生来说压力较大。

5．祖籍地

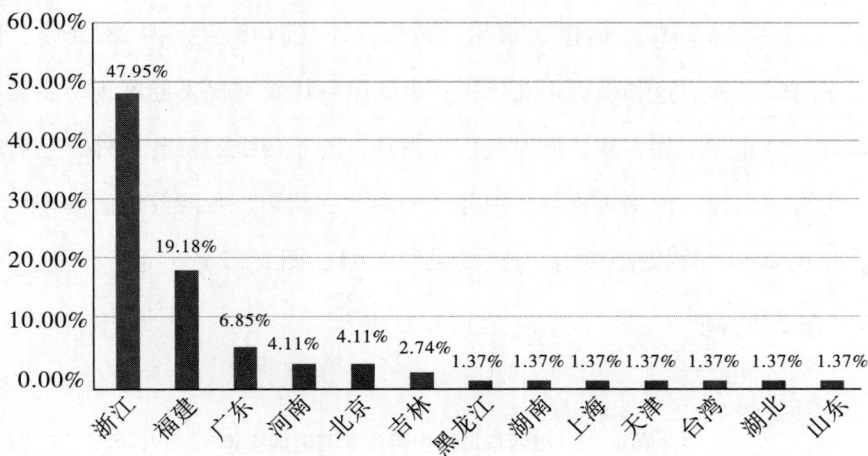

图 5 - 1　巴西华二代祖语生祖籍地（2021）

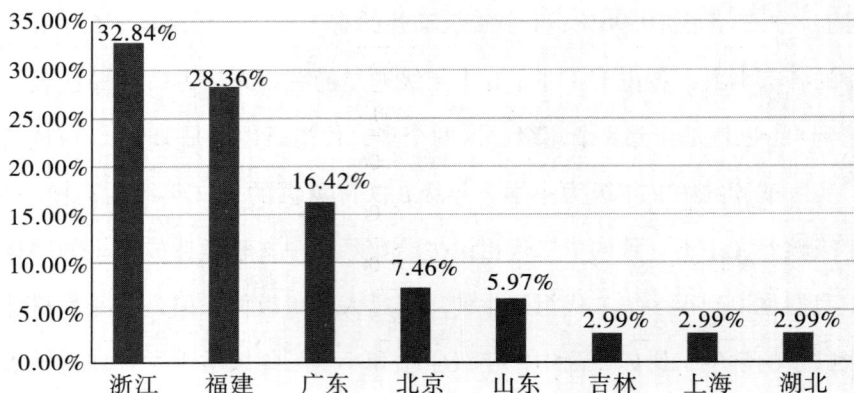

图 5-2　巴西华二代祖语生祖籍地（2014）

　　关于祖籍地，在参与 2021 年调查的巴西华二代祖语生中，按集中度排序依次是：浙江（丽水、温州）35 人，占 47.95%；福建（福州、莆田）14 人，占 19.18%；广东（佛山、江门、广州）5 人，占 6.85%。2014 年我们调查的 67 名巴西华二代祖语生中，前三名也是浙江、福建、广东，分别为浙江（青田、温州）22 人，占 32.84%；福建（福州、莆田、连江）19 人，占 28.36%；广东 11 人，占 16.42%。这和最近十几年来，大陆第一代新移民不断涌现，主要以浙江、福建、广东为主相一致，同时我们也发现，除了传统的侨省以外，还有来自北京、上海、天津、河南、吉林、黑龙江、湖北、湖南、台湾等地区的华二代祖语生，相比 2014 年祖籍地更为广泛。（见图 5-1、图 5-2）

6.学习时间

表 5-5　巴西华二代祖语生学习时间安排

学习时间安排	响应		普及率（$n=73$）
	n	响应率	
上午中文，下午葡文	18	22.78%	24.66%
上午葡文，下午中文	49	62.03%	67.12%
全天中文	1	1.27%	1.37%

（续上表）

学习时间安排	响应		普及率（$n=73$）
	n	响应率	
全天葡文	4	5.06%	5.48%
周末中文	4	5.06%	5.48%
周末葡文	0	0.00%	0.00%
其他	3	3.80%	4.11%

拟合优度检验：$\chi^2 = 166.177$，$p = 0.000$。

对于学习时间安排，从调查的 73 名华二代祖语生来看（见表 5 - 5），有 62.03% 的学生选择上午葡文，下午中文。在之后的访谈中我们得知，这些学生很多上午在巴西学校上完课后乘坐校车下午去中文学校学习。巴西的半天制教学模式给了华二代祖语生学习中文的时间和机会。也有学生所在的学校在下午开设中文课程，这些学生相对省事一些。也有 5% 左右的学生选择在周末学习中文，根据后续的访谈我们得知是家长希望孩子多补习一些中文，但没有学生选择周末补习葡文。总体而言，华二代祖语生花在中文学习上的时间与葡文差不多，相对来说，中文学习时间更长一些。

二、 语言水平

表 5 - 6　巴西华二代祖语生语言水平问卷信度

项数	样本量	Cronbach's α
16	73	0.814

我们按照 1 至 5 的等级（1 非常不好、2 不好、3 一般、4 好、5 非常好）分别对巴西华二代祖语生四种语言（中文、葡文、英文和方言）听、说、读、写四个方面共 16 项内容进行问卷调查（语言水平由调查对象自我评定）。在内部一致性信度上，Cronbach's α 为 0.814（见表 5 - 6），大于 0.8，说明数据信度质量

高，可用于进一步分析研究。

表 5-7　巴西华二代祖语生语言水平自测

语言	选项	1 非常不好	2 不好	3 一般	4 好	5 非常好	平均分
中文	听	0（0.00%）	0（0.00%）	7（9.59%）	32（43.84%）	34（46.58%）	4.37
	说	0（0.00%）	0（0.00%）	12（16.44%）	24（32.88%）	37（50.68%）	4.34
	读	0（0.00%）	0（0.00%）	21（28.77%）	29（39.73%）	23（31.51%）	4.03
	写	2（2.74%）	3（4.11%）	30（41.10%）	27（36.99%）	11（15.07%）	3.58
	小计	2（0.68%）	3（1.03%）	70（23.97%）	112（38.36%）	105（35.96%）	4.08
葡文	听	1（1.37%）	8（10.96%）	30（41.10%）	26（35.62%）	8（10.96%）	3.44
	说	2（2.74%）	11（15.07%）	39（53.42%）	15（20.55%）	6（8.22%）	3.16
	读	1（1.37%）	6（8.22%）	29（39.73%）	27（36.99%）	10（13.70%）	3.53
	写	2（2.74%）	7（9.59%）	39（53.42%）	18（24.66%）	7（9.59%）	3.29
	小计	6（2.05%）	32（10.96%）	137（46.92%）	86（29.45%）	31（10.62%）	3.36
英文	听	8（10.96%）	27（36.99%）	26（35.62%）	9（12.33%）	3（4.11%）	2.62
	说	9（12.33%）	26（35.62%）	28（38.36%）	8（10.96%）	2（2.74%）	2.56
	读	9（12.33%）	20（27.40%）	28（38.36%）	13（17.81%）	3（4.11%）	2.74
	写	9（12.33%）	24（32.88%）	27（36.99%）	11（15.07%）	2（2.74%）	2.63
	小计	35（11.99%）	97（33.22%）	109（37.33%）	41（14.04%）	10（3.42%）	2.64
方言	听	17（23.29%）	17（23.29%）	17（23.29%）	11（15.07%）	11（15.07%）	2.75
	说	28（38.36%）	16（21.92%）	16（21.92%）	2（2.74%）	11（15.07%）	2.34
	读	29（39.73%）	21（28.77%）	11（15.07%）	3（4.11%）	9（12.33%）	2.21
	写	34（46.58%）	16（21.92%）	13（17.81%）	4（5.48%）	6（8.22%）	2.07
	小计	108（36.99%）	70（23.97%）	57（19.52%）	20（6.85%）	37（12.67%）	2.34

从整体上看，我们发现，巴西华二代祖语生的语言水平按照自测情况从高到低依次为中文、葡文、英文和方言。在表 5-7 的基础上，我们再进一步来看多种语言分技能水平自测排序（见表 5-8）。

表 5 - 8　巴西华二代祖语生语言分技能水平自测排序

语言	分技能水平排序（满分5）
中文	听（4.37）＞说（4.34）＞读（4.03）＞写（3.58）
葡文	读（3.53）＞听（3.44）＞写（3.29）＞说（3.16）
英文	读（2.74）＞写（2.63）＞听（2.62）＞说（2.56）
方言	听（2.75）＞说（2.34）＞读（2.21）＞写（2.07）

根据具体的分析，我们发现以下问题：

问题1：中文分技能水平均值均高于葡文；

问题2：中文水平中最差的"写（3.58）"，也高于葡文的各项分技能水平均值；

问题3：中文水平最高，方言水平最低；

问题4：方言除了"听"以外，都不如英文分技能水平；

问题5：葡文和英文分技能水平最好的都是"读"，最差的都是"说"。

1. 中文

第一语言（first language）是指一个人出生之后最先接触并获得的语言，母语在一般情况下是本民族的标准语或某一方言。李宇明（2003）认为母语是指向民族共同语，方言是母言，第一语言与母语有交叉，决定第一语言与否的是语言顺序，而决定母语的是民族或自己的语言认同。本书所指的外语是针对海外祖语生来说的，指的是在移民所在国学习一种非本族语、非所在国国家官方语言的语言，如中国人在巴西学习的英语属于在本族语中文、官方语言葡文之外学习的语言，称为"外语"。

大部分巴西华二代祖语生在巴西出生之后首先接触并习得了中文，中文就成为他的第一语言，同时也是他的母语，这个母语指的是民族共同语，也就是中文。我们综合上述研究并在此基础上绘制出巴西华二代祖语生的类型和语言性质（见表5-9）。

表 5 - 9　巴西华二代祖语生的类型和语言性质

对象类型		祖语		葡文	英文
		中文	方言		
巴西华二代祖语生	华人	L1、母语	母言	L2	外语
	华侨	L1、国家通用语、母语	母言、非国家通用语	L2	外语
	华人	L2、母语	母言	L1	外语

由于语言性质的分类标准不同且有交叉，较为混乱，为了更好地阐释中文、葡文、英文和方言的语言水平，我们下面将以语言习得的先后顺序，即以第一语言、第二语言为切入点，对中文和葡文的语言水平和语言意识等进行重点分析。

结合表 5 - 7 和表 5 - 8，我们可以看到巴西华二代祖语生的中文水平普遍高于葡文水平，从我们进一步的访谈来看，巴西华二代祖语生也普遍认为自己的中文水平比葡文水平高，另外根据巴西华二代祖语生的自述，从在巴西学校和中文学校的考试成绩来看，巴西华二代祖语生的中文成绩优于葡文成绩，葡文成绩在学校较为一般。葡文对于他们来说是第二语言。关于葡文在巴西华二代祖语生中的习得顺序，我们以"比如说有一个东西或一件事情让你来描述一下，你脑子里首先想到的是中文还是葡文？"为题进行了访谈，在访谈后我们得知几乎所有的巴西华二代祖语生首先想到的是中文，然后在脑子里翻译成葡文表达出来。

对我来说那个（中文）母语一样的。用中文比葡文快。

（S52 号 - CJX - 学生访谈摘录 - 2022）

是想到了要说的那个东西，先是想到了中文，然后再在我记忆中翻到它的葡文，再说出来。

（S55 号 - HXY - 学生访谈摘录 - 2022）

就是用葡文一下子蒙了。好多这些单词还是没有特别了解，因为看的书全都是中文的书，然后葡文的书看得也不多，肯定是中文比较好。葡文到现在都还没有学得可以跟别人顺利交流。

（S33 号 - HYS - 学生访谈摘录 - 2022）

在中文听、说、读、写四种分技能中，"读、写"相对"听、说"来说水平要低些，尽管在访谈中巴西华二代祖语生认为"写"也还可以，但是许多家长希望增加专门的作文课，如散文写作、任务写作、说明文写作等，在华文学校使用人教版《语文》教材练习读和写。

其实大部分都能听懂，大部分都能看，就是有时候自学实在不懂的话，那就用键盘写出来这个字，它就有拼音了，然后标记到书上就好了。

（S28 号－PXX－学生访谈摘录－2022）

中文他就是听、说都没有问题，但就是写的时候会写一点儿，但是那个稍微想再深入可能就差一点儿了。

（P72 号和 P73 号－WYX－家长访谈摘录－2022）

就得学那个小学《语文》，听、说已经没有问题了，练习读和写。这个要写是很难的，但是我们很注重写，就是先教笔顺，先教笔顺以后他们写出来就比较方便，要不然他这样画一笔、那样画一笔就很难写，而且还不好记。

（M2 号－TFJH－校长访谈摘录－2014）

在巴西来讲，我觉得对新侨的孩子不是问题，他说是肯定没问题，有问题的可能是他的写。

（M5 号－LSJ－校长访谈摘录－2019）

表 5－10　巴西华二代祖语生中文传承度

祖语	分技能	平均分	传承度
中文	听	4.37	同步
	说	4.34	同步
	读	4.03	同步
	写	3.58	保持
	整体	4.08	同步

巴西华二代祖语生中文的传承度较高,在中文听、说、读三个方面基本达到了与国内"同步",写的方面处于"保持"状态(见表5-10)。

2. 葡文

葡文就是正常交流的话其实还是可以的,但是你要说稍微有点儿难度的话,我就有点儿听不懂。我的葡文成绩在巴西学校很差,不行的。基本语法没有什么问题,就是句子啊,葡文学历史、地理特别难。

(S28号-PXX-学生访谈摘录-2022)

我说国内来的这一批孩子,他们是因为完全以葡文为主,11岁以上统统都在上面(的教室),(葡文)对他们是另外一种性质,像补习班一样在大教室里学习。

(M3号-YXZ-校长访谈摘录-2014)

我们为了孩子,不能一味地赚钱,要把孩子这个葡语弄得跟上去。

(M5号-LSJ-校长访谈摘录-2019)

我们学校里不能有太多中国人的孩子,他们是来学习葡文的,一看都是中国人,巴西孩子就跑掉了,中国家长一看巴西孩子跑了,中国孩子也不来了,这个学校就倒闭了。

(M6号-WWG-校长访谈摘录-2021)

根据表5-8,我们可以看到巴西华二代祖语生的葡文水平整体低于中文水平,在具体分技能水平上,葡文与外语(英文)相似,"读"的水平最高,"说"的水平最低,这显然与出生或生活在巴西就可以说葡文、习得葡文的说法不相符。巴西华二代祖语生的葡文成绩在巴西学校比较一般,有的要去上补习班"补习"葡文。这些华二代祖语生有了在所在国巴西天然的语言环境,反而与在国内学"外语"类似,这一点与我们所认为的"出了国语言自然而然就学会了"有所不同。在我们的访谈中,有华文学校校长已经意识到了这个问题的严重性,认为"不能一味地赚钱,要把孩子这个葡语弄得跟上去",否则就是"毁了一代人"，并要求英语、西班牙语为必修课，中文为选修课。而有的校长则认为要去迎合家长的需求，家长要求孩子学中文，就好好教中文，至于葡文怎么样，那是巴西学校的事情。许多华二代祖语生在上小学前学中文，到了6岁才开始学葡文。

孩子从小在这长大的，上到6岁，要上一年级了，出去用葡文问他叫什么名字都不会听的，那对学校来讲是一个很悲哀的事情，等于说是毁了一代人。

（M5号 - LSJ - 校长访谈摘录 - 2019）

葡文的话是一些比较简单的日用词，就是我能接触到的一些词还是能听懂的，然后发音的话也都是可以的，因为毕竟也是出生在这（巴西）。

（S55号 - HXY - 学生访谈摘录 - 2022）

我觉得中文比葡文容易学习，成绩也比葡文好。

（S31号 - CWL - 学生访谈摘录 - 2022）

中国过去的孩子是英语和数学都没问题，中国的教育水平高，数学、英语都还可以，就是葡文费劲。

（P72号和P73号 - WYX - 家长访谈摘录 - 2022）

我们学校是葡萄牙语第一，英语是必修课，西班牙语是必修课，中文是选修课。在我们那是有4种语言的，但是纯粹拿大部分时间、业余时间来学中文的只有华裔，其他的巴西的孩子还是相对少一些，你其实免费给他去学，只是作为选修课他也不要去学。你看你自己的发展，如果你打算去美国发展，你可能会选择美国学校，因为他把葡萄牙语当成第二语言来学的，当外语学的，他学的地理、历史全是美国的，不是巴西的，他在巴西读大学就没办法，因为他根本没法考。

（M5号 - LSJ - 校长访谈摘录 - 2019）

3. 英文

根据表5-8，我们可以看到巴西华二代祖语生的英文水平尽管没有中文、葡文高，但是依然有不少学生学习英文，这跟家长的重视程度有关。在访谈中我们得知，华二代祖语生学习英文的时间相对较少，每周学习的时间有两节课左右，有的学生会自学英文，有些巴西学校或者华文学校会开设外语选修课，与巴西学生普遍选择西班牙文所不同的是，大多数的华二代祖语生选择英文。因此，巴西华二代祖语生的英文水平相对来说普遍比巴西学生要好一些，但是还达不到交流的水平。

英文个人不一样了，他重点就是葡文，英文的话，看他个人，有的私下还补习，也是爸爸妈妈重视，家长有的慢慢重视（英文），还有另外的到英文学校补习班去补习。

（M4 号 – CLJ – 校长访谈摘录 – 2019）

因为在这边德馨的话是有教英文的，然后在巴西学校也是有的，所以就是两边都有学。像这样子（中文交流）的话英文还是不太行的。词汇量没有那么多，所以很多词的话英文还是讲不来。

（S48 号 – LN – 学生访谈摘录 – 2022）

讲英语我的语法方面确实不太行，这个我还是有点自知之明的，也是考砸过很多次的，然后妈妈也是有帮我报一些补习班什么的，因为我知道成绩虽然不是给其他人看的，但是难免自己看那个成绩的时候心里都不太舒服。

（S55 号 – HXY – 学生访谈摘录 – 2022）

孩子英语不怎么样，英语原来在学校里上课的时候，他一个礼拜只有一节课、一个小时，感觉学不着什么。

（P72 号和 P73 号 – WYX – 家长访谈摘录 – 2022）

英语在学校是必修课，跟咱们学外语是一样的，课程比较少，对孩子比较重视的可能会选择半天英语、半天葡语的，像我孩子从小他就在这个学校里边，我给他选的学校就是半天英语、半天葡语的。

（M5 号 – LSJ – 校长访谈摘录 – 2019）①

---

① 该校长具有双重身份，既是华文学校校长，也是华二代祖语生家长。

4. 方言

方言，是中国多元文化的载体之一，尽管方言不是母语，是母言（李宇明，2003），却是祖语的一种，祖语传承中也包括方言传承。方言有浓烈的"故土根"味道，从小就深刻感受"本乡本土"的语言，对家乡会有一种自然而然的情怀（颜怡，2017）。很多华侨华人远走他国，开口讲方言就拉近了彼此的距离，"不忘本""不忘根"，巴西华二代祖语生祖籍地以浙江、福建和广东三省为主，这几个地区以青田话、闽南话和粤语为主要方言，但是在访谈中，我们得知许多巴西家长都希望将来孩子能学好中文，讲一口流利的中文，在家里即使自己的普通话不标准也讲普通话，这导致巴西华二代祖语生几乎不会说方言，只能听懂一部分父母聊天交流时的方言。方言在代际传承中被父母有意无意的语言媒介转换行为转换成普通话（汪卫红、张晓兰，2019），这种媒介转换行为在巴西华二代祖语生从方言转向普通话的过程中起到了推动作用，语言的代际转换也在日常生活的交流中完成。与普通话相比，方言传承已处于勉强"维持"状态。与20世纪六七十年代的早期移民急需粤语学习班相比，华二代祖语生的中文越来越标准，我们不得不面对"故土"味道的方言已经在新移民第一代子女中几近消失的现状，海外祖语传承中方言的作用值得我们之后进一步思考和研究。

　　方言的话我自己不太能说，但是像我爸我妈如果用方言说的话，有一些还是能听得懂。（父母）他们用方言的。

（S31 号 – CWL – 学生访谈摘录 – 2022）

　　最多就是他们说我听得懂，但是不会说。爸爸妈妈他们说方言，他们和我说话用普通话。

（S52 号 – CJX – 学生访谈摘录 – 2022）

　　方言啊我不太会说，但是我基本上可以听懂。

（S28 号 – PXX – 学生访谈摘录 – 2022）

　　粤语部的是在礼拜六，因为教室不够。早期的广东人来了，根本不会讲，孩子不会讲广东话，因为他们都是卖炸饺子的，他小孩根本不能说粤语，跟爷爷奶奶不能沟通，所以他们就是说希望我们成立一个粤语部来教小孩子粤语，但是当时粤语部的师资很麻烦，很难。到后来粤语部成立两年多，师资就没有办法上去了，学生成绩好了，老师就没有了，那么我们就说因为我们也早就准备了教他点儿中文，所以你中文可以跟着来上，就合并到我们国语部里。

（M2 号 – TFJH – 校长访谈摘录 – 2014）

孩子会听，河南话没问题，说就不行了。有时候跟老人家说得多的话，他就时不时地冒几句河南话出来。

（M5 号 – LSJ – 校长访谈摘录 – 2019）

表 5 – 11　巴西华二代祖语生方言传承度

祖语	分技能	平均分	传承度
方言	听	2.75	保持
	说	2.34	维持
	读	2.21	维持
	写	2.07	维持
	小计	2.34	维持

方言作为祖语传承的一部分，相较于中文传承，除了在听的方面处于"保持"状态以外，其他的说、读、写都处于勉强"维持"状态。（见表 5 – 11）

三、　语言使用

表 5 – 12　巴西华二代祖语生语言使用频率

语言	从来不用	不经常	有时候	常常	每天
中文	2（2.74%）	0（0.00%）	0（0.00%）	4（5.48%）	67（91.78%）
方言	23（31.51%）	22（30.14%）	13（17.81%）	7（9.59%）	8（10.96%）
葡文	4（5.48%）	16（21.92%）	21（28.77%）	13（17.81%）	19（26.03%）
英文	15（20.55%）	29（39.73%）	18（24.66%）	7（9.59%）	4（5.48%）

根据表5-12，按照使用频率我们看到从高到低依次是中文、葡文、方言、英文，其中"每天"（91.78%）和"常常"（5.48%）的频次加起来中文占97.26%，葡文占43.84%，方言占20.55%，英文占15.07%。由此可见，巴西华二代祖语生在日常生活中经常使用中文。下面我们按照家庭、学校、社会生活、社交媒介四大语域分别加以分析。

1. 家庭语域

表5-13　巴西华二代祖语生在家庭语域的语言使用情况

交谈对象	中文	方言	葡文	英文
爷爷	57（78.08%）	27（36.99%）	1（1.37%）	0（0.00%）
奶奶	54（73.97%）	29（39.73%）	1（1.37%）	0（0.00%）
外公/姥爷	54（73.97%）	29（39.73%）	1（1.37%）	0（0.00%）
外婆/姥姥	52（71.23%）	31（42.47%）	1（1.37%）	0（0.00%）
祖父母	74.31%	39.73%	1.37%	0.00%
爸爸	69（94.52%）	17（23.29%）	9（12.33%）	2（2.74%）
妈妈	69（94.52%）	17（23.29%）	10（13.70%）	1（1.37%）
父母	94.52%	23.29%	13.02%	2.06%
兄弟姐妹	66（90.41%）	9（12.33%）	15（20.55%）	6（8.22%）
平均	86.41%	25.12%	11.65%	3.43%

表5-13的数据显示，巴西华二代祖语生在家里主要使用的语言依次为中文>方言>葡文>英文。其中，常用的是中文，在与祖父母、父母和兄弟姐妹等的交流中中文的平均使用比例达到86.41%，远远超过方言（25.12%）、葡文（11.65%）和英文（3.43%）的使用情况。

在中文的使用上，与祖父母（爷爷、奶奶、外公/姥爷、外婆/姥姥）交流使用中文的比例为74.31%（71.23%~78.08%），与父母交流使用中文的比例为94.52%，与兄弟姐妹交流使用中文的比例为90.41%，在家庭中中文作为交流语言使用倾向依次为父母>兄弟姐妹>祖父母。

在方言的使用上，与祖父母（爷爷、奶奶、外公/姥爷、外婆/姥姥）交流使用方言的比例为 39.73%（36.99% ~ 42.47%），与父母交流使用葡文的比例为 23.29%，与兄弟姐妹交流使用葡文的比例为 12.33%，在家庭中方言作为交流语言使用倾向依次为祖父母 > 父母 > 兄弟姐妹。

在葡文的使用上，与祖父母（爷爷、奶奶、外公/姥爷、外婆/姥姥）交流使用葡文的比例为 1.37%，与父母交流使用葡文的比例为 13.02%，与兄弟姐妹交流使用葡文的比例为 20.55%，在家庭中葡文作为交流语言使用倾向依次为兄弟姐妹 > 父母 > 祖父母。

在英文的使用上，与祖父母（爷爷、奶奶、外公/姥爷、外婆/姥姥）交流使用英文的比例为 0.00%，与父母交流使用英文的比例为 2.06%，与兄弟姐妹交流使用英文的比例为 8.22%，在家庭中英文作为交流语言使用倾向依次为兄弟姐妹 > 父母 > 祖父母。

2. 学校语域

表 5 – 14　巴西华二代祖语生在学校语域的语言使用情况

交流场景	中文	方言	葡文	英文
在中文学校下课后	71（97.26%）	2（2.74%）	8（10.96%）	1（1.37%）
在葡文学校下课后	36（49.32%）	0（0.00%）	55（75.34%）	1（1.37%）

表 5 – 14 的数据显示，巴西华二代祖语生在中文学校下课后主要使用的语言是中文，依次为中文（97.26%）> 葡文（10.96%）> 方言（2.74%）> 英文（1.37%）。我们在访谈中也得知，许多学生会在下课后用中文进行交流。

在葡文学校，巴西华二代祖语生下课后使用的语言主要是葡文，依次为葡文（75.34%）> 中文（49.32%）> 英文（1.37%）> 方言（0.00%）。值得关注的是，在葡文学校使用的语言尽管以葡文为主，我们依然看到有接近一半（49.32%）的华二代祖语生在葡文学校下课后说中文。

在中文学校跟同学交流还有下课以后都是说中文，在葡文学校下课以后也是基本都说中文，就是偶尔说一下葡文。

（S28 号 - PXX - 学生访谈摘录 - 2022）

3. 社会生活语域

表 5 - 15　巴西华二代祖语生在社会生活语域的语言使用情况

交流场景	中文	方言	葡文	英文
在超市	34（46.58%）	1（1.37%）	57（78.08%）	1（1.37%）
在医院	30（41.10%）	1（1.37%）	55（75.34%）	1（1.37%）

在社会生活语域，我们选择了两个主要的场景——在超市和在医院，我们从表 5 - 15 中可以看到，葡文的使用比例比中文高，方言和英文比例更低，可忽略不计。尽管在巴西圣保罗有中医诊所和中国超市，但是巴西华侨华人以及华二代祖语生在购物和看病时仍会选择大型的超市和医院，在社会生活中使用葡文的比例高于中文。

我平时巴西超市去得比较多，因为是超市嘛，就是简单跟服务员结账的时候说几句话，这些都是没有问题的，看病的话也不一定去中医诊所，去巴西医院交流也没有问题。

（S28 号 - PXX - 学生访谈摘录 - 2022）

4. 社交媒介语域

表 5 - 16　巴西华二代祖语生在社交媒介语域的语言使用情况

交流媒介	中文	方言	葡文	英文
上网聊天	68（93.15%）	1（1.37%）	24（32.88%）	3（4.11%）
看电视节目	70（95.89%）	2（2.74%）	17（23.29%）	7（9.59%）

在社交媒介语域，我们选择了两个主要的场景——上网聊天和看电视节目，我们从表5-16中可以看到，中文的使用比例高达90%以上，其中使用中文看电视节目的比例最高，达95.89%。在上网聊天时语言使用比例依次为中文（93.15%）>葡文（32.88%）>英文（4.11%）>方言（1.37%），在看电视节目时语言使用比例依次为中文（95.89%）>葡文（23.29%）>英文（9.59%）>方言（2.74%）。在社交媒介的选择上，排在前五位的是微信、抖音、淘宝、QQ、微博（见图5-3）。

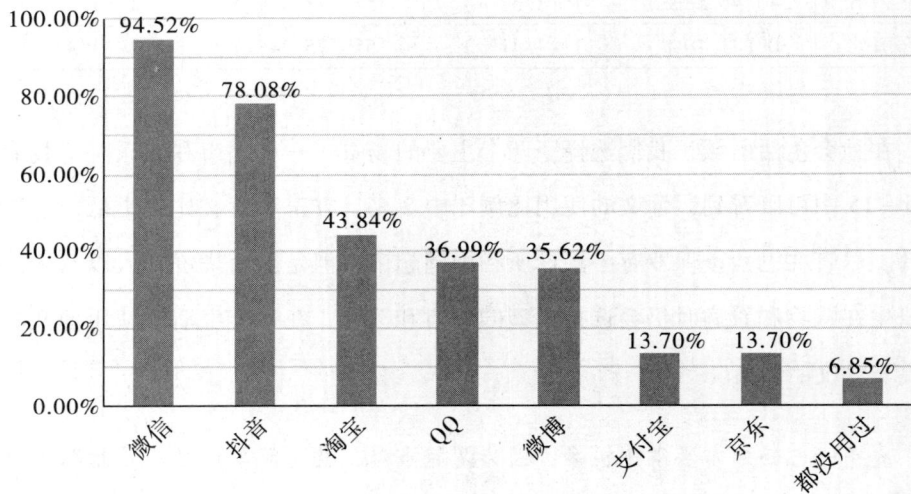

图5-3 巴西华二代祖语生社交媒介使用情况

看电视节目的话用很多（App），有爱奇艺、哔哩哔哩，然后还有芒果TV、腾讯视频。比较喜欢的明星有易××、王××，还有一堆。

（S28号-PXX-学生访谈摘录-2022）

看那些电影的时候，不管是葡文电影还是英文电影，底下都会放一行中文的字幕。

（S33号-HYS-学生访谈摘录-2022）

听歌就不一定是中文的了，但更多的是中文歌和英文歌，这里的葡文歌不怎么听，也没有很好听的歌。我喜欢中国的明星王××。

（S48 号 – LN – 学生访谈摘录 – 2022）

抖音现在玩得比之前少一些了，因为早上读完葡文下午读中文，然后读完了差不多就 4 点多了，做一下作业，6 点多洗一下澡，吃下饭，然后晚上有一点儿时间就打游戏、刷抖音……电视节目就比如说《娱乐最前线》……明星我喜欢喜剧方面的贾×，去年看《你好，李焕英》的时候我都哭了，很感动。

（S52 号 – CJX – 学生访谈摘录 – 2022）

手机上显示我平均每天要刷抖音三个小时，最少一个多小时。中文的话我追（国内的）剧，我是都可以看得懂的，甚至有的时候看得太投入的话，还买个 VIP 啥的。真的我疯了，我看他们都是在讨论《开端》那凶手是那个大妈，她为什么要弄炸弹，她的杀人动机是什么？我也是实在耐不住了，我也不看剧透，就直接偷偷地开个 VIP。真的，我看悬疑剧就是不能靠剧透，就看着剧情自己演的才好玩。因为我的小姐妹也是在那讨论《开端》第九集。然后我瞬间插不上话题了，所以我耐不住了，我自己也去看了一眼，反正就是太上头。

然后像那个微信的话我也是有个巴西朋友，我向他推荐说你为什么不用那种 WeChat，然后就是微信表情包那个熊猫看起来会特别奇怪，他就给我发这个表情，我也是震惊到了，问他"你一个巴西人是怎么知道这个表情的？"他说："其实我下载这个的时候玩游戏也遇到两个中国人，然后他们加我微信了，他们给我发了这两个表情包。"我那个巴西朋友说他自己其实也被震惊到了，跟他想象的熊猫怎么好像不太一样的。对的，我也不知道他怎么搞的。我也是跟风，所以我也就拿了一个同样的表情。

（S55 号 – HXY – 学生访谈摘录 – 2022）

在进一步的访谈中，我们得知很多巴西华二代祖语生非常喜欢看中国的电视节目，甚至知道国内哪个娱乐节目停办的原因；去电影院看中国电影，会感动到哭；电视剧方面，"跟风""上头"，与朋友们用中文聊剧情，同伴之间互相影响，甚至会为了实时追国内的电视剧而开通国内应用的 VIP 服务；听中文歌，追中国时下流行的明星；在互联网时代，也和国内的青少年一样喜欢刷抖音视频，一刷刷几个小时停不下来，"上瘾"；还会使用微信表情包与巴西人交流，影响身边的巴西人。在社交媒介语言的使用上，尽管这些巴西华二代祖语生身在巴西，远离中国，但是中国的电视节目和社交媒介与巴西同步传输，可以说"有时差，无国界"，深受国内电视、电影、互联网和手机 App 的影响，这些都在无形中极大地提高了巴西华二代祖语生使用中文的频率。

四、 小结

近年来，巴西华二代祖语生除了来自传统的中国侨省浙江、广东和福建外，祖籍地来源日益广泛。巴西华二代祖语生由于出生地不同、国籍选择不一、回国接受过基础教育与否，语言呈现出不同的水平和使用选择。从学习的时长来看，巴西华二代祖语生的学习阶段集中在基础教育阶段。

巴西华二代祖语生按照年龄估算的应读年级高于实际就读的葡文年级；实际就读的葡文年级又高于实际就读的中文年级，即应读年级 > 实际就读的葡文年级 > 实际就读的中文年级。大部分华二代祖语生存在实际就读的葡文年级 > 实际就读的中文年级的年级顺差，年级顺差在 1 ~ 8 个年级之间，还有部分华二代祖语生存在实际就读的中文年级 > 实际就读的葡文年级的年级逆差，这使得巴西华二代祖语生的课堂教学变得十分复杂。巴西华二代祖语生在学习时间的安排上，得益于巴西半天制教学，大多选择"上午葡文 + 下午中文"的安排，在巴西有充分学习中文的时间。

巴西华二代祖语生在多语语域使用上主要表现在：①中文使用的语域相对来说较多，在人际交往、家庭、中文学校、日常生活中使用比例较高；②方言在与长辈交流时使用比例较高；③葡文在葡文学校、超市和医院等场所使用比例较高；④英文一般在上网聊天、看电视节目等环境下使用。

巴西华二代祖语生的中文水平高于葡文水平。巴西华二代祖语生在多语水平上按照自测水平，从高到低依次为中文、葡文、英文、方言。在听、说、读、写各项语言技能中，中文分技能水平从高到低依次为听、说、读、写；葡文分技能水平从高到低依次为读、听、写、说；英文分技能水平从高到低依次为读、写、听、说；方言分技能水平从高到低依次为：听、说、读、写。对于很多华二代祖语生来说中文是第一语言，葡文是第二语言。这些华二代祖语生尽管身在巴西，反而与在国内学"外语"类似，这一点与我们所认为的"出了国语言自然而然就学会了"有所不同。巴西华二代祖语生的英文水平还达不到交流的水平。

从祖语传承方面来讲，尽管从地理距离上来看，巴西是离中国第二遥远的国家，但是中文作为巴西华二代的祖语，传承度较高，在听、说、读三个方面基本达到了与国内"同步"，写的方面处于"保持"状态。与中文相比，方言传承已处于"濒危"状态。

第六章　巴西华二代祖语传承动机和语言规划

本章主要从巴西华二代祖语生的学习动机和语言态度，以及家庭和学校的语言规划方面考察影响巴西华二代祖语生语言水平和使用的因素。

一、　巴西华二代祖语生学习动机和语言态度

1．学习动机

学习动机是促使学生完成学习任务、达到学习目的的内在动力，是推动学生进行学习活动的内在原因。学习者的学习动机可分为两大类，一类是工具型动机，把语言作为达到某个目的的工具，如学习中文是为了找到相关工作；一类是融合型动机，学习语言是为了了解和融入目的语文化（Lambert，1972）。学习动机又可分为内在动机和外在动机（McClelland et al.，1953），这两种动机分别对应融合型动机和工具型动机。

杨小彬（2017a）在调查了巴西孔子学院的 74 位以中文作为第二语言的学习者后认为，巴西人学习中文以融合型动机为主，首先学习中文要充满趣味性，其次学习中文是由于中文以及中华文化本身的魅力，考试和外在目的的工具型动机是影响他们学习中文的消极因素，这些二语学习者普遍不关心自己的成绩。据表 6 – 1，我们可以看到巴西华二代祖语生学习中文的动机排在前八位的有 5 个是外在工具型动机，主要是父母要求学习中文（25.93%）、回国上学（11.11%）、觉得中文有用（14.81%）、身边的朋友也在学习（5.93%）和回中国参加港澳台侨联考（1.48%）；内在融合型动机有 3 个：华侨华人的孩子要学中文

（14.81%）、自己喜欢学中文（14.81%）和对中华文化感兴趣（9.63%）。与将中文作为第二语言的巴西本地学习者相比，巴西华二代祖语生学习中文的动机更加多元，既有工具型动机，也有融合型动机。

表6-1　巴西华二代祖语生学习中文的动机

学习中文的动机	响应		普及率（$n=52$）
	n	响应率	
父母要求学习中文	35	25.93%	67.31%
回国上学	15	11.11%	28.85%
自己喜欢学中文	20	14.81%	38.46%
华侨华人的孩子要学中文	20	14.81%	38.46%
觉得中文有用	20	14.81%	38.46%
对中华文化感兴趣	13	9.63%	25.00%
身边的朋友也在学习	8	5.93%	15.38%
回中国参加港澳台侨联考	2	1.48%	3.85%
其他	2	1.48%	3.85%

拟合优度检验：$\chi^2=57.733$，$p=0.000$。

对，一直坚持，我妈妈、其他家长他们都对那个中文要求比较高。另外，我想回中国读大学。

（S1号-YQQ-学生访谈摘录-2022）

我的爸妈他们都对那个中文要求比较高。还有，因为之后我不知道要在哪里（大学）考试什么的，所以先把两个（中文和葡文）都学好，之后再决定是否回中国，也有可能会留在巴西考。

（S2号-XKL-学生访谈摘录-2022）

我爸妈叫我（学的），还有这是我爸妈本来的店铺，下午5点多的时候会打烊。我如果中午12点多就来到店铺的话，我没什么事干，5小时待在店里，所以就找个中文学校补习一下。

（S31号-CWL-学生访谈摘录-2022）

因为我的中文还差很多，现在中国因为这两年发展得非常快，巴西这里很多都是中国的东西，比如说有一些牌子它上面写的是"Made in China"什么的，所以说那个学中文也很有必要的，然后就想多学一点儿。

　　　　　　　　　　　　　　　　（S52 号 – CJX – 学生访谈摘录 – 2022）

我觉得（学习）中文是因为（中文）陪伴着我成长。

　　　　　　　　　　　　　　　　（S15 号 – YD – 学生访谈摘录 – 2022）

即使在巴西也要学好中文，因为我们本身是中国人，我们不可以忘记自己本身的语言。

　　　　　　　　　　　　　　　　（S31 号 – CWL – 学生访谈摘录 – 2022）

其实人不能不学无术，就像爱因斯坦，他虽然很有名，但是他也是没有破解一些比较高难度的数学（难题），这也是很常见的事，人也不是万能的，也不是说啥都能解决得了。我感觉我现在学的知识，我还有好多不会，如果说我不学中文的话，我感觉我不能这样子，所以就继续学。

　　　　　　　　　　　　　　　　（S55 号 – HXY – 学生访谈摘录 – 2022）

通过进一步的访谈，我们可以看到巴西华二代祖语生学习中文的动机的确较为多元，在外在动机方面，我们看到这些华二代祖语生的父母普遍对孩子的中文学习要求比较高，再加上不确定未来孩子是否回中国读大学——如果回中国读大学，就需要学好中文；中国的迅速发展使得华二代祖语生意识到多学一些中文对将来有好处；另外，巴西的教育体制是半天制，巴西学校每天只上半天课，在学习安排上，剩下的半天学中文可以有效利用时间。

在内在动机方面，部分华二代祖语生认为中文作为一种语言一直陪伴自己长大，自己想学习下去；部分华二代祖语生对利用中文学习各种知识充满了渴望；还有一些华二代祖语生认为作为一名"中国人"，应该学好中文这门语言。

2.　语言态度

社会语言学和社会心理学认为，语言态度是影响人们在交际中选择不同语言形式达到交际目的的直接因素，是语言现象产生、存在和变化的主要原因。人们的语言态度制约着语言的学习和使用，制约着人们在不同语言环境中对语言变项的选择（刘虹，1993）。在中文、葡文、英文和方言四种语言中，巴西华二代祖语生的语言态度我们具体分析如下：

通过对 73 名巴西华二代祖语生的调查（见表 6–2），我们可以看出巴西华二代祖语生的语言态度，巴西华二代祖语生认为的语言重要性和其语言水平相一致，其中，中文水平最高也最重要（4.68），其次是葡文（3.47）、英文（3.33）、方言（1.82）和西班牙文（1.34）。

表 6–2 巴西华二代祖语生语言态度——语言重要性和语言水平对比

语言重要性		语言水平	
语言	平均分	语言	平均分
中文	4.68	中文	4.82
葡文	3.47	葡文	3.71
英文	3.33	英文	2.48
方言	1.82	方言	2.42
西班牙文	1.34	西班牙文	1.25

在第五章我们已经知道很多巴西华二代祖语生把中文作为第一语言进行学习，除了在某些特定的生活语域中，中文在家庭、学校、社交媒介中是被大比例使用的，巴西华二代祖语生也认为"中文比葡文重要"。可以说，从华语作为祖语传承的角度来看，无论是巴西华二代祖语生的语言态度，还是具体到语言使用及语言使用的效果，都可以说明华语作为祖语传承在巴西是顺利的，几乎没有中断，保持着与中国的"同步"。在语言态度、语言使用和语言水平三者的关系上，语言态度起着至关重要的作用，决定了语言使用的情况（即选择使用何种语言），语言使用决定了语言水平。

二、 语言规划

1. 家庭

家庭层面的语言政策最初由希夫曼（Schiffman）提出，用来指导规划家庭内部以及家庭成员之间语言使用的语言管理行为和意识（Shohamy，2006）。家庭层面的语言政策虽然低于国家层面的语言政策，但是决定着语言的保持和消亡（许静荣，2017）。博纳德·斯波斯基认为，社会语言是一个生态系统，每个领域都有语言意识形态、语言实践和语言管理，各领域之间还会产生复杂的交互作用。华人家庭的家庭语言规划是语言传承的关键，进而影响其语言选择，尤其是家长的语言意识、教育方法等对巴西华二代祖语生的语言传承起到关键作用（白娟，2019）。由于家庭的语言政策是隐蔽和无意识的，家庭语言政策的研究具有特殊性，因此只能通过父母在习得语言过程中的选择、策略以及自身的习得效果进行分类分析，选择、策略和效果是作用和反映的关系（许静荣，2017）。我们在第五章已经对巴西华二代祖语生的语言水平也就是习得效果进行了分析，本节从家庭语言规划的角度重点分析家长的语言意识、语言管理和语言使用。为此我们也对巴西华二代祖语生的家长进行了问卷调查和访谈。

对于家长的问卷调查，我们以巴西华二代祖语传承问卷学生卷为前提，在学生完成前面的部分后，由该学生的家长继续回答，目的是使巴西华二代祖语生对应所在的家庭背景，便于更好地进行分析。由于受家长工作忙、家长有多个子女等客观条件限制，去掉无效问卷，在73份学生卷的基础上回收回来相对应的有效问卷只有12份。为了使问卷具有更好的信度和效度，我们在分析的时候将加入对巴西华二代祖语生、学校负责人和家长三方的半结构访谈资料加以佐证。参与问卷调查和访谈的家长正是前面参与我们问卷调查的学生的家长，我们按照编号进行对应，以便更好地分析情况。

（1）基本情况。

表6-3　巴西华二代祖语生家长基本信息

问题	选项	频数	占比/%	累计占比/%
您的学历	初中	2	16.67	16.67
	高中	3	25.00	41.67
	本科	6	50.00	91.67
	研究生	1	8.33	100.00
您是第几代移民	第一代	8	66.67	66.67
	第二代	3	25.00	91.67
	其他	1	8.33	100.00
您移民巴西多久了	6~10年	3	25.00	25.00
	11~15年	4	33.33	58.33
	16~20年	2	16.67	75.00
	21~25年	2	16.67	91.67
	36~40年	1	8.33	100.00
您有几个孩子	1个	2	16.67	16.67
	2个	10	83.33	100.00
您家有保姆或者工人吗	有	3	25.00	25.00
	没有	9	75.00	100.00

表6-4　巴西华二代祖语生家长祖籍地

籍贯	人数
浙江（温州、丽水）	3
北京（朝阳区）	2
福建（厦门、福州）	2
广东（江门）	2
湖北（武汉）	1
河南（南阳）	1
陕西（咸阳）	1

在受教育程度方面，问卷调查结果显示（见表6-3），仅完成中学教育的有

5 人，本科及以上的有 7 人。但是从我们的访谈来看，大部分家长的学历水平堪忧，很多没有接受过高等教育。来巴西的时间 10 年以下的占 25.00%，11～15 年的占 33.33%，16～20 年的占 16.67%，21～25 年的占 16.67%，36～40 年的仅占 8.33%，26～30 年、31～35 年的没有，因此表中没有显示。大部分家长是 2000 年以后的新移民且是第一代移民。家长主要来自中国浙江（温州、丽水）、北京（朝阳区）、福建（厦门、福州）、广东（江门）、湖北（武汉）、河南（南阳）、陕西（咸阳）（见表 6-4）。通过与巴西华二代祖语生的祖籍地相对照，我们发现家长的祖籍地涵盖了巴西华二代祖语生来源较多的省市地区，具有一定的抽样代表性。这些巴西华裔家庭大多数有 2 个孩子（83.33%），有的家庭有保姆或工人帮忙（25.00%），雇用的保姆或工人都是巴西人。

巴西华二代祖语生家长刚到巴西时大多选择经商，有的自己开店（41.67%），有的从事中巴生意往来（33.33%），有的打零工（16.67%），有的做教师（16.67%）。由于语言不通、学历较低，大部分家长属于低层次的劳动力移民，即使目前也还是以做生意为主，所不同的是经过多年奋斗，有的可以雇用他人，有的成为公司管理者，有的全职在家，极少有家长进入巴西高收入职业体系，如公务员、医生、律师等，而这些职业在巴西不仅收入高，地位也比较高。从图 6-1 中我们可以看到这些巴西华二代祖语生家长的收入水平处于中等（66.67%）及中等以下（25%）。

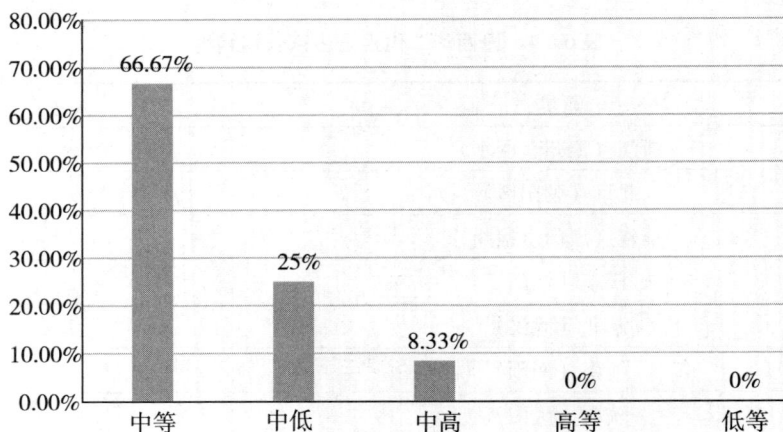

图 6-1　巴西华二代祖语生家长收入水平

我们学校现在很多中国大陆来的都是从沿海福建、浙江一带来的。青田还有温州比较多，都是从生活比较苦的地方跑到巴西来，来了以后，他们就先开饺子店，然后开衣服店，后来我们慢慢教会他们的孩子，就是这样。

（M1 号 – CXZ – 校长访谈摘录 – 2014）

家长的背景不一样，早期我们幼华的家长都是素质很高的。二十几年前，上海来的、北京来的，有的家长受教育程度很高。现在我的学生全世界都有，他们都很棒，有的在外国成绩都非常好。最近的家长大部分都是青田、福建的，受教育程度大概在中等，也就是中下，甚至还有家长不认识字，也有这样子的家长。

（M4 号 – CLJ – 校长访谈摘录 – 2019）

因为这个确实跟在美国还有欧洲国家比，我是觉得文化程度差太多，而且也造成了很多的问题，还有一个，去美国的很多是这个国内比较优秀的人才，过去然后留在那边的，但是巴西不是，这里的通常我们说很多有钱的，我们说是暴发户。

（M5 号 – LSJ – 校长访谈摘录 – 2019）

很多没有受过什么教育，这个是很致命的一点，所以他们就没有这个高度去为孩子的职业做规划。

（M6 – WWG – 校长访谈摘录 – 2021）

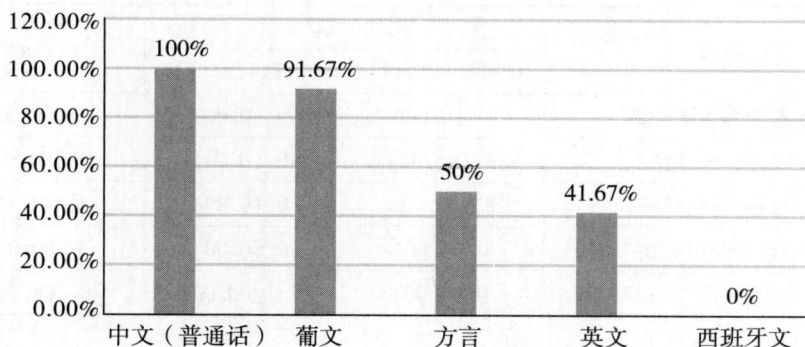

图 6 – 2　巴西华二代祖语生家长会说的语言

这些巴西华二代祖语生的家长都会说中文，会说葡文的占 91.67%，会说英文的占 41.67%（见图 6 – 2）。由此可见，这些家长在巴西正常交流是没有太大问题的，在访谈中，我们也得知很多家长能用葡文跟巴西人完成基本交流。

在方言方面，家长基本都会说方言，主要包括青田话、温州话、粤语、连江话、河南话、闽南话和陕西话。

（2）国籍选择。

表6-5　巴西华二代祖语生家长的出生地及国籍统计

问题	选项	频数	占比/%	累计占比/%
您的出生地	中国	11	91.67	91.67
	巴西	1	8.33	100.00
您的国籍	中国	11	91.67	91.67
	巴西	1	8.33	100.00

通过表6-5可以看出巴西华二代祖语生的家长出生在中国的比例达91.67%，这些家长没有加入巴西国籍。根据巴西的入籍政策：如果申请人有巴西籍子女或配偶，那么在巴西连续居住1年即可向联邦警察局递交入籍申请。

表6-6　巴西华二代祖语生家长国籍选择的原因

原因	您的国籍/%		汇总（$n=12$）
	中国（$n=11$）	巴西（$n=1$）	
还不符合入籍政策	0（0.00）	0（0.00）	0（0.00）
来往中国方便	5（45.45）	0（0.00）	5（41.67）
中国国籍比较好	8（72.73）	0（0.00）	8（66.67）
还有生意、公司等在中国	0（0.00）	0（0.00）	0（0.00）
其他	0（0.00）	1（100.00）	1（8.33）

拟合优度检验：$\chi^2=14.000$，$p=0.001$。

从表6-6可以看出，巴西华二代祖语生的家长选择巴西国籍的仅有1人，其余11人均选择中国国籍。选择中国国籍的原因是"来往中国方便""中国国籍比较好"，根据访谈我们得知还有"加入巴西国籍需要考试"的原因，由于这些新移民在中国的受教育程度较低，去到巴西后葡文水平也较差，入籍笔试和面试对他们来说有一定的难度。

　　新侨过来的都是选择不入籍的。之前老侨像广东人入籍的比较多。那些老华侨大概在那边有30多年、20多年的。现在不入籍具体的比例不知道，但是据我了解，周围的人都是选择不入籍的。我也不准备入。我先生是拿香港护照的。我们家目前就我一本中国护照，所以我不打算入籍。我要保留我们的中国国籍。我本来去的第二年就可以去入籍，但是我没有去做，一直选择我们中国的国籍会比较好一点儿。我想过这个问题，因为要是不入籍的话，等于还是中国人。

（M5号－LSJ－校长访谈摘录－2019）

　　孩子出生在巴西，家长会有长期的身份证，但是不是巴西国籍，所以很多人有巴西长期身份证，但是没有入籍，如果要入巴西国籍的话，他要去考试，用葡语，去了之后跟你谈谈话什么的，完了让你写一段话什么的，对于葡文较差的或者没有上过什么学的家长来说可真是难了。

（M8号－XSJ－校长访谈摘录－2021）

（3）移民原因。

表6-7　巴西华二代祖语生家长移民巴西的原因

原因	响应		普及率（n=12）
	n	响应率	
父母在巴西	5	31.25%	41.67%
丈夫/妻子在巴西	2	12.50%	16.67%
亲戚在巴西	3	18.75%	25.00%
巴西赚钱更容易一些	2	12.50%	16.67%
巴西的自然环境比较好	1	6.25%	8.33%
周围很多人去巴西	1	6.25%	8.33%
巴西工作机会更多	1	6.25%	8.33%
家里有生意在巴西（其他）	1	6.25%	8.33%

拟合优度检验：$\chi^2 = 24.250$，$p = 0.029$。

巴西华二代祖语生家长当初选择移民巴西的原因主要是家人（父母、配偶或亲戚）在巴西，他们普遍觉得在巴西赚钱容易一些，巴西的自然环境比较好，工作机会多一些，而且周围很多人去了巴西。根据表 6-7 我们看到家长之所以选择移民巴西多是为了家庭团聚（父母、配偶），另外亲戚和周围人去巴西也起到了一定的影响作用。"巴西赚钱更容易一些"也是移民巴西的原因之一。在访谈中，我们得知这些家长在中国普遍属于低收入人群，在中国竞争压力较大，而巴西没有中国竞争那么激烈，相对来说赚钱容易一些。圣保罗 25 街的新移民有两类人，一类是"一无所有"去拼命的人，一类是有一定经济基础去创业的人，但无论哪类都需要吃苦。新移民在圣保罗 25 街开店，虽然是小本生意，却蕴含着巨大的商机，"只要肯吃苦是可以赚到不少钱的"，很多新移民在巴西赚到钱后还会寄回中国，供中国的孩子、父母等使用，有的还在中国的老家买房买车，成为富人。另外巴西自然环境优越，四季如春。

新侨陆续来到了 25 街，这些来自中国各地的华人到达巴西的第二天就投入到早市中，不懂葡文，但有来自中国的秘密武器——计算器。无论老少，一周内葡文数字一定是背得滚瓜烂熟，为了还清债务不得不整天勤劳地工作，不分黑夜白昼，早上做早市，白天要么打工，要么批货，虽然这种生活过得不富裕，但是他们并不埋怨，以苦为乐。

（互联网资料①）

有的人特别勤奋，我就见到过一个用了两年时间就发家致富的新侨。华人创业是艰难的，守业也同样艰难。刚到圣保罗，很多华人资金不足，只能靠摆地摊先积攒实力。等到手头的钱可以购买 25 街店面时，他们就可以松一口气，但他们的时间更加难以支配。很多在 25 街的新侨都是开夫妻店，他们并不放心让巴

---

① Find 巴西：圣保罗 25 街传奇（1）［EB/OL］.（2014 - 06 - 20）［2019 - 03 - 15］. https：//www. 163. com/sports/article/9V64V8K3000505HF. html.

西人管钱。于是，除了法定休息日，很多新侨都要耗在店里。

（互联网资料①）

基本上我们中国人80%~90%往国外跑的人，都是在中国不好混了，没办法没有路子的。在中国就是那种饿不死吃不饱的感觉。因为我们是没办法，被逼出来的，在我们青田那边的话都是穷山沟，如果我们小时候受好的教育或者是有一定的基础，我们也不会跑得那么远。我们是半道出来的，都几十岁的人出来的。然后我们跑到这边来的基本上都是没文化，山沟里的或者是在中国过不下去的，都基本上是这种人。因为我们在中国，我们小时候就是生活水平很低，家里很穷，十几岁就出去打工的那种，然后在家里生活的，我们比不了其他同龄人，只能是靠自己的能力去拼出一条血路，真是没有办法的。我们赚了钱以后，也是往中国打呀，给在中国的孩子、父母，还有中国的房贷都要交了，然后就是说我们赚的钱能省出来一部分就是带回中国去。在这里还可以弄个身份。

（P9 号－LXY－家长访谈摘录－2022）

我当时来是因为我父母在巴西有公司，我想在这边生活，这边自然环境也好。

（P72 号和 P73 号－WYX－家长访谈摘录－2022）

当时的想法就是说，我老公是先出来两年了，我两年以后才出来，我在国内就是饿不死吃不饱的那种感觉。三四十岁还是有瓶颈的，就出来拼搏一把。在这里我们现在是 10 年，我们确实也拼出了一条血路，我也稳定了。

（P9 号－LXY－家长访谈摘录－2022）

（4）语言意识。

家长与孩子进行直接交流的语言特征与孩子作为一个合格的谈话者的文化信仰相关，对双语孩子来说，家长的语言意识也决定了孩子的语言特征（Houwer，1999）。

---

①　石磊磊. 巴西圣保罗 25 街中国商人的天堂和地狱　周旋警察黑帮间［EB/OL］.（2014－06－25）［2019－05－04］. http：//www. mnw. cn/news/tiyu/766779－2. html.

巴西华二代祖语生的家长让孩子学习中文的意愿非常强烈，父母对待语言学习和中葡双语的强烈态度潜移默化地渗透到巴西华二代祖语生的交际策略中。这些家长不仅要求自己的孩子学中文，而且在学段上有一半期望孩子学到大学，有25%希望孩子学到初中。在中文学习到哪个学段这个问题上，基本是"到大学"或者"到初中"两种答案。结合我们前面对巴西华二代祖语生目前学段的研究，我们发现能达到家长期望的学段的学生并不是很多。

我就是希望自己孩子能学到更多的中文知识，因为我们在这里的话没有说打算长期在这里养老，就是目前在这里有生意在做，然后一个家庭在这里就是一下子回不去，然后就让孩子多学点儿中文之类的。

目前先学学，到时候我们如果是两夫妻都回中国定居的话，那么我们就会想着把孩子带回去，就是我们在这里要把它（中文）巩固好，我们再回去，孩子才有路走，是这样子想的，不然的话在中国现在竞争那么激烈的环境下，在这里只是学到一点点皮毛（中文）的话，根本就用不上的。

（P9 号–LXY–家长访谈摘录–2022）

所以我们现在巴西的很多家长都是在巴西过过日子赚钱，将来都是回中国。他们对中华文化的态度是什么样的呢？讲实在的现在中国人都很爱自己的国家，也很重视孩子们学中文。

（M4 号–CLJ–校长访谈摘录–2019）

巴西跟欧美那边不太一样，欧美那边我是觉得很少说孩子整个全天是在中文学校里面的，我觉得不太可能的，因为毕竟那边的家长都是文化程度比较高的，相对来讲。但是巴西的这个侨胞通常都是农村过来的，尤其是山区里边的比较多一点儿，偏乡下的那种比较多。他们认为赚几年钱就回去了。还有一个，中国发展得很好，中文才是第一重要的，以后不行就把孩子送回中国去，所以中文要学好。

（M7 号–2–LSJ–校长访谈摘录–2021）

之所以强烈让孩子学中文，根据我们的访谈和调查，主要是因为很多家长觉得中国现在发展得很好，想让孩子回中国读书。

（5）语言管理。

语言意识影响着语言管理，家长有什么样的语言意识就会采取什么样的语言管理。家庭语域是语言管理的关键点和最终点。语言管理的策略表现在控制好家庭的语言环境，控制好家里的电视等可发声电器播放的语言，对外送孩子到专门的以语言为取向的学校等（博纳德·斯波斯基，2016）。巴西华二代祖语生在家庭语域中使用的语言正是源于家长的语言管理。下面我们具体来看一下家长作为家庭语言管理者有哪些具体的策略。

在学习时间的安排上（见图6-3），为了充分适应巴西教育体制的特点，66.67%的家长选择让孩子在下午学习中文，41.67%的家长选择让孩子在上午学习中文，还有各8.33%的家长选择让孩子在晚上和周末学习中文，没有家长选择让孩子全天学习中文。可见家长们在学习时间的安排上要兼顾巴西学校和华文学校的学习，除了没有选择全天学习中文的，其他各时间段都有，有的家长除了平时让孩子学习半天中文，周末还会安排他们去不同的华文学校学习中文。

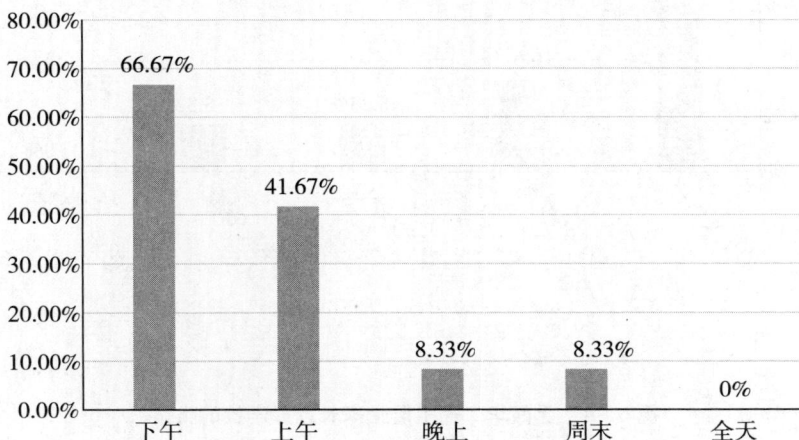

图6-3 巴西华二代祖语生家长对孩子学习时间的安排

在带孩子回中国的间隔时长上，33.33%的家长会3年左右带孩子回中国1次，25%的家长会1年左右带孩子回中国1次，但大部分的家长不确定多久带孩子回中国1次。

在学校的选择上（见图6-4），在我们调查的12位家长中，选择送孩子去大陆人开办的华文学校的有8位，占66.67%，选择巴西学校的中文部的有2位，占16.67%，另外还有家长选择送孩子去教会华文学校或孔子学院/课堂，在调查中没有人选择去台湾人开办的华文学校，但根据我们实际的走访和访谈结果，也有部分家长选择去台湾人开办的华文学校。选择台湾人开办的华文学校的家长一般都已经完成了最初的财富积累，不再在圣保罗25街开店，偏向于让孩子留在巴西生活和学习。

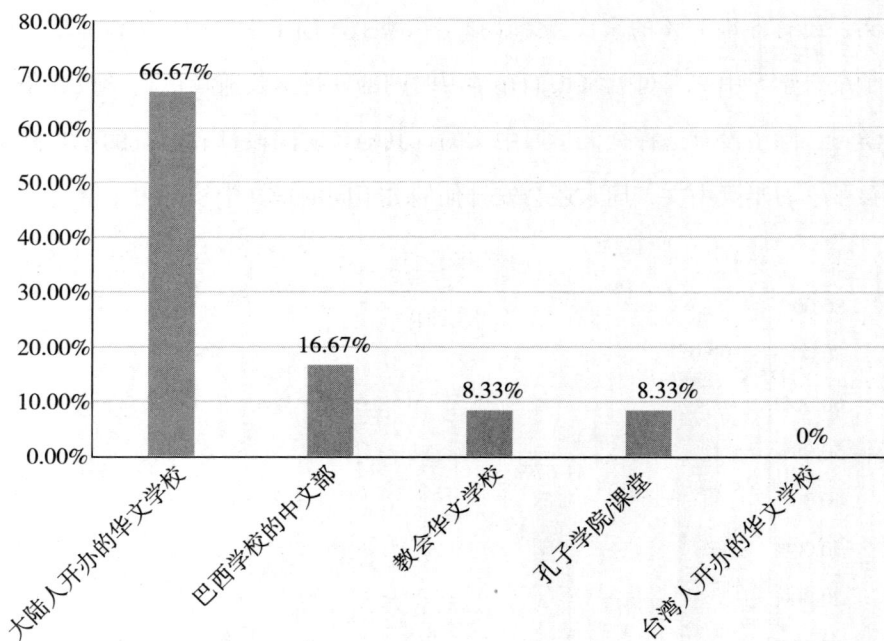

图6-4　巴西华二代祖语生家长选择学校的类型

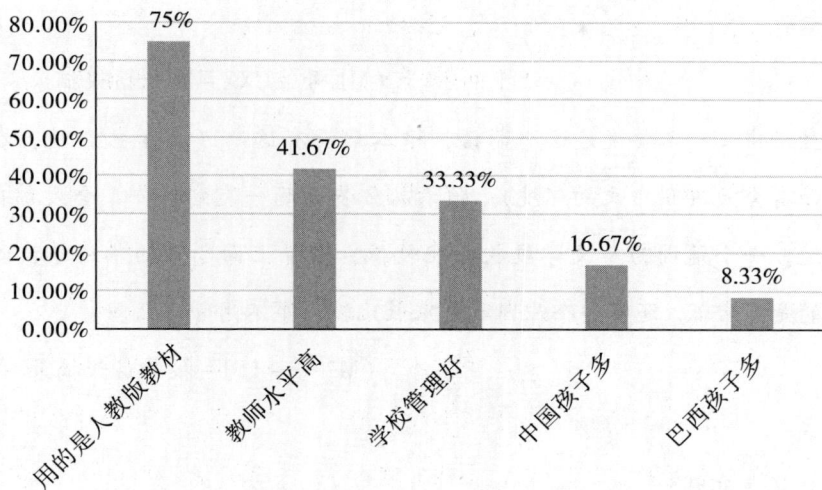

图 6-5　巴西华二代祖语生家长选择华文学校的原因

我们重点关注大陆新移民家长的选择，根据图 6-5，我们看到这些家长选择去华文学校的原因主要是：用的是人教版教材（75%）、教师水平高（41.67%）、学校管理好（33.33%）、中国孩子多（16.67%）和巴西孩子多（8.33%）。另外在访谈中，我们从华文学校校长那里得知，很多家长选择去华文学校还有一个原因是华文学校的学费相较于巴西学校要便宜些，根据上面的统计，我们可以看出家长最关注的是是否使用中国国内的教材。这和家长希望或考虑让孩子回中国读书的愿望相一致。

因为从他 4 岁开始我每年都有带他回来，尤其是这几年每年两趟，两个假期就带回来两次。我家俩孩子，尤其是老大，我不回来他还催着我要回来看看外公外婆，说必须回来的，所以我觉得我的教育还是成功的。

（M5 号 - LSJ - 校长访谈摘录 - 2019）

我天天在看中国中央电视台的节目，中国的新闻我们大部分也都知道，不过我觉得这样是好的，我们现在也是为了下一代。现在都是这样，我觉得我对我孩子还蛮骄傲的，他现在生了个女儿以后，他们现在已经跟她说华语，我觉得他们有这种意识。

（M1 号 – CXZ – 校长访谈摘录 – 2014）

　　家里讲中文，不要说是这个葡语，根本就没有这个（葡语）环境，在华文学校里面有全天（讲中文的环境）。你看从 2 岁开始一直到 6 岁，全天都在华文学校里边，一个是因为华文学校收费比较低，学费上面巴西的华文学校收费很低，真的是非常低。还有一个原因就是家长比较省事不用管那么多。

（M7 号 – LSJ – 校长访谈摘录 – 2021）

　　（6）语言实践。

　　在前面两个小节中，我们看到巴西华二代祖语生的家长让孩子学习中文的语言意识强烈，在语言管理上都送孩子去华文学校学习中文。可以说这些家长对孩子的中文学习非常重视。我们接下来看一下家长的语言实践方面。

　　在中文使用上，家长在家里跟孩子交流时以使用中文（普通话）为主，中文是家庭语域的强势语言。家长在上网聊天（91.67%）和看电视节目（83.33%）时也是主要使用中文（见表 6 – 8）。

表 6 – 8　巴西华二代祖语生家长家庭语域语言使用情况

交际对象/场景	中文	葡文	英文	方言
在家里和孩子	11（91.67%）	0（0.00%）	0（0.00%）	1（8.33%）
跟中国朋友聊天	9（75.00%）	1（8.33%）	0（0.00%）	2（16.67%）
跟中国亲戚聊天	7（58.33%）	0（0.00%）	0（0.00%）	5（41.67%）
上网聊天	11（91.67%）	1（8.33%）	0（0.00%）	0（0.00%）
看电视节目	10（83.33%）	2（16.67%）	0（0.00%）	0（0.00%）

　　在方言使用上，这些家长在家里基本上不跟孩子讲方言。只有在跟中国朋友和亲戚聊天时才使用方言。在访谈中我们得知家长们在家里完成了从方言到中文

（普通话）的语码转换。有的家长自己的方言已经出现了传承磨损。家乡的老乡已经听不出来这些家长的方言的家乡味道。

　　我儿子的话，就是从一开始学讲话，我们一家人基本上都说普通话，我们是浙江青田人，我们在这里基本上不说方言了，因为我们都习惯了，就是说（方言）给孩子听（他）也是听不懂的。从一开始就给他讲普通话，我说到时候上幼儿园让他学普通话好了，现在他说话（中文），表达能力这方面是一点问题都没有。

（P9 号 – LXY – 家长访谈摘录 – 2022）

　　我自己讲的河南话就已经不太是河南话了。我回到漯河，人家都在说你是哪里人，讲河南话讲这么好，我说我土生土长的漯河人，他说不会，你肯定不是河南人。我跟我先生只讲普通话。

（P5 号 – LSJ – 家长访谈摘录 – 2019）

　　通过对巴西华二代祖语生和学校校长的访谈我们发现家长对孩子的要求比较高，看似非常重视孩子的学习，然而实际上无暇顾及，没有太多时间辅导他们的功课。

　　爸爸妈妈没有时间看我们的作业，平时就哥哥姐姐看着。

（S15 号 – YD – 学生访谈摘录 – 2022）

　　我爸妈还可以，应该是没有中国那么严格。

（S2 号 – XKL – 学生访谈摘录 – 2022）

　　他们没有像其他的父母（要求）每天必须干什么事情，但是他们也会希望我可以考一个好一点儿的学校，希望我以后发展会更好一点儿，然后他们有问过我未来想要干什么，他们说很重要的一件事情就是（要有）目标。

（S33 号 – HYS – 学生访谈摘录 – 2022）

我的父母的话，他们不是说只要你学习，拼命地学习，把成绩搞上去就好，他们还是对我比较自由一点儿的。

（S48 号 – LN – 学生访谈摘录 –2022）

考成怎么样好像没关系。我有一次数学考试不及格，我也是挺伤心的，但她也没有说像一般的家长批评我怎么考得这么差，而是说再接再厉，下次再注意一点儿就好了。

（S55 号 – HXY – 学生访谈摘录 –2022）

许多家长认为把孩子送到学校去学习，学校就要负起教育孩子的责任来，不能让家长在课后辅导孩子作业等。家长和学校的配合度较低，中文的学习包括其他科目的学习主要依靠学校来完成，这点和国内的教育有很大的区别。

我们如果没有作业，老师没有布置作业，家长马上就打电话来——为什么我的儿子没有作业？所以讲，我们中国的家长非常重视我们的中国文化，很严格，所以我们的孩子作业没有写，爸爸妈妈孩子都来请假。我们是很重视（作业）质量的，但是也不能布置太多了，有的妈妈说不要（太多）了，有的说我们（布置）两三行就好了。家长各个要求不同。我们也跟老师们讲，根据家长的意愿，他要多我们就给多，最起码礼拜五的作业稍微多一点点。

（M4 号 – CLJ – 校长访谈摘录 –2019）

圣诞节到了，爸爸妈妈做生意的，孩子放假在家里没事，妈妈都把孩子丢到学校里面来，所以巴西节假日我等于接收双倍的学生。

（M4 号 – CLJ – 校长访谈摘录 –2019）

有一点，本身在国外教书是很难的，有的家长不配合。在大陆或者是台湾，你说你需要教什么家长都同意。但是这里家长有很多很多意见。

（M2 号 – TFJH – 校长访谈摘录 –2014）

巴西华二代祖语生的家长大多是开店做生意等，工作时间比巴西当地人长，据调查一半以上的家长工作时间在 8 小时以上，工作时间在 12 小时以上的占 8.33%。我们在实际调研中也发现巴西华侨华人有着和其他国家华侨华人共同的品质，他们为了改善生活，在艰苦的环境下顽强打拼、任劳任怨、吃苦耐劳。周末的时候，巴西临街的店铺除了大型超市、药店正常营业以外，小一些的店铺都闭店停业，店里的人都去海边度假或者家庭聚会去了，只有中国的饭馆、店铺等正常营业，当地人常开玩笑说，周末找不到吃饭的地方就去中国饭馆好了。

每天长时间拼命工作赚钱，有时节假日也不休息，即使已经淘到金也要"耗"在店里，在赚钱的同时，带来的后果是分身乏术、没时间照顾孩子的学习，58.33% 的家长几乎无法陪伴孩子学习（见图 6-6）。在访谈中，多位校长透露，大陆新移民家长看似表面上很重视孩子的学习，但基本上无暇顾及。条件好些的家长甚至觉得将孩子送到私立学校去学习，学习成绩的好坏就全在于学校和教师教学的好坏，孩子回到家后家长没有义务再去指导孩子的学习，或者说家长的水平也指导不了孩子。有的家长则对孩子的学习成绩没有那么重视。

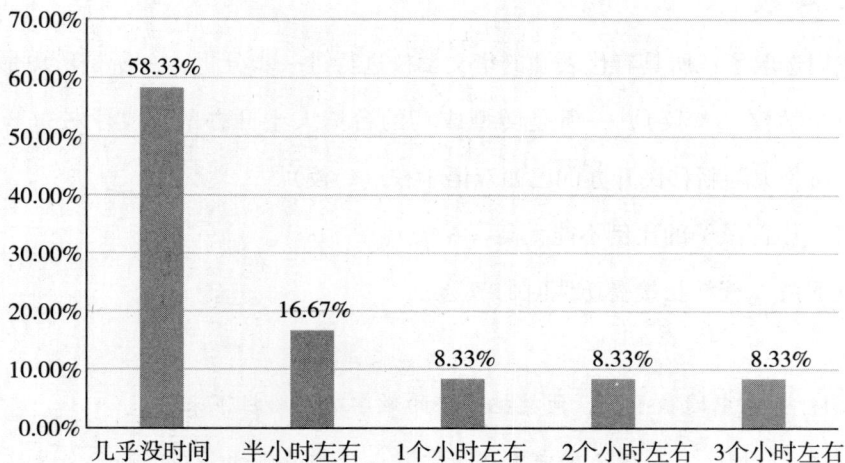

图 6-6　巴西华二代祖语生家长陪伴孩子学习时长

我对孩子就是我给你准备了条件了，每个月供你上的私立小学、初中、高中，都给你花钱，花了那么多钱，你自己再没考好那我没办法了。我葡文也不是那么好，我也没法辅导他们。我跟你说，巴西教育孩子不像中国，（想着）有家长给你批改作业？没那么一回事儿。

还有一种奇怪的现象，因为来巴西的主要是南方人，南方人他们好像对孩子上学也不是很重视。你像你这孩子来了，你不得让他上学？可以先搞搞。但中国人好像就觉得说来了先挣钱，挣钱重要，上学不上学，他们不是太重视。

（P72 号和 P73 号 - WYX - 家长访谈摘录 -2022）

我经常说这些家长很多表面是非常重视教育，可是当他们做的时候是没有注意到这一块的，首先对孩子缺少陪伴，缺少教育的环境，巴西这里中国人做生意的，尤其很多开早市的，是从 2 点就开始工作的，凌晨 2 点，孩子放学的时候他可能只是给他做饭，或者有的时候是工人做饭，他们就睡觉了。孩子有没有做作业他们不知道，学了什么也不知道。早上孩子还在睡觉，他们已经去工作了。

（M5 号 - LSJ - 校长访谈摘录 -2019）

2. 学校

我们选取了三所具有代表性的华文学校进行进一步分析，一所是历史最为悠久的教会学校（A 校），一所是转型成功的台湾人士开办的华文学校（B 校），还有一所是大陆新移民开办的巴西双语学校（C 校）。

（1）中国孩子的比例不能太高（A 校）。

以下是 A 校校长接受访谈时的节选。

LSJ：如果中国孩子多，他就把整个的教学质量给拉下来了。

GXZ：为什么？一般来说中国孩子学习成绩都很好的。在巴西怎么是这样？

LSJ：你一个中国孩子学习看书都不会，怎么会有成绩？所有的教学都是跟葡语有关系的。你物理、化学、地理、历史都是跟葡语有关系的，对吧？你葡语都不会，你谈何其他的？成绩没有的，你在教育局里面是没有成绩的。巴西人一看你的学校，那么多中国人全是讲中文的，他们马上就撤了就不来上了，就换学校了，学校就没有巴西学生了。中国人一看巴西学生没有了，他们也撤了，说我来学葡语的，都没有巴西学生，我在这边全是讲中文的，我来这边上什么？他们也走了，那学校就面临着倒闭关门的（风险）。我觉得是在巴西开葡文学校，针对中国人的普通的学校。巴西学生跟中国学生的比例是10∶1，中国人只有1。

GXZ：你这个学校实际上不是一个华校。

LSJ：我们是华校。

GXZ：那不是10∶1吗？你刚才不是说10∶1吗？

LSJ：10∶1，但是我们是华校，是跟巴西学校合作的。

GXZ：对，但是你实际上是以葡语为主。是葡语为主，对，这就又有一个大话题了。

（M5号－LSJ－校长访谈摘录－2019）

（2）要求用人教版教材（B校）。

以下是B校校长接受访谈时的节选。

我们本来十几年都是用暨南大学（版）的，非常好。我是第一家使用人教版教材的，现在大概七八家了。因为我们要跟国内接轨，所以我们的家长也要那个九年义务的（教材），因为一般人都是不拿巴西国籍的，他们的目的是将来要把孩子送回中国，他们要求念人教版，所以我的学生现在大部分都是念人教版的。念暨南大学（版）的，只有小小的部分，是准备留在巴西的学生。

（M4号－CLJ－校长访谈摘录－2019）

（3）中文课程要有奥数等（C校）。

下面是我们找到的C校开设的课程（见表6－9、表6－10）。

表 6 - 9　C 校开设的课程（2019 年）

课程	班级及招生对象
葡文	零基础班、加强班
中文	幼儿园各年龄、小学各年级、HSK 班、港澳台侨联考高考培训班
英文	加强班
艺术团	少儿艺术团少儿舞蹈培训班、少儿艺术团民族舞培训班
乐器班	少儿艺术团钢琴培训班
合唱团	合唱团
美术班	少儿艺术团儿童画培训班、少儿艺术团国画班、少儿艺术团油画班
篮球班	篮球培训班
武术班	中华武术培训班
魔术班	魔术培训班
拉丁舞班	拉丁舞培训班

表 6 - 10　C 校计划开设的选修课

计划开设的选修课	国学、文言文和古诗词
	奥林匹克数学、奥林匹克物理、奥林匹克化学、珠心算
	机器人设计、高级计算机编程、航海航空模型
	中国古典乐器、棋类、书法、舞蹈、咏春拳、球类运动

看到上述三所学校的访谈和招生课程，我们可能会有疑惑：

第 1 个问题：A 校巴西华二代祖语生的比例不能太高，甚至低到 1∶10。这引发我们的思考，为什么要这样？这样的学校还是华文学校吗？

第 2 个问题：B 校台湾人士开办的华文学校为什么要使用人教版的教材？

第 3 个问题：C 校 2019 年在互联网华人头条——巴西站上发布的招生公告中的班级类型，我们已汇总在表 6 - 9、表 6 - 10 中。其中文课程中，除必修课中文（使用人教版《语文》）外，还包括文言文和古诗词、奥林匹克数学、奥林匹克物理、奥林匹克化学、珠心算等选修课。我们曾在 2014 年前往该校调研，发现班里的孩子都是巴西华二代祖语生，几乎没有巴西学生，生源很稳定，这又是为什么呢？

这三所学校在圣保罗家长、巴西华二代祖语生中具有较高的知名度，也是我们调查中家长主要送孩子去学习的三所华文学校。我们来分别看看这三所学校的语言规划政策如何。

（1）语言意识。

学校是家庭以外巴西华二代祖语生学习中文的场所，学校的语言意识也同样影响着巴西华二代祖语生的语言水平和语言选择。与家庭中家长的语言意识相对应，在学校里，学校管理者的语言意识，既影响着巴西华二代祖语生的语言水平和语言使用，也关乎着学校课程的设置安排和教学质量。本小节我们重点通过访谈来分析学校管理者的语言意识。

A 校实际上不是一所单一的学校，而是一所具有天主教宗教性质的集团学校，除了有一座历史悠久的天主堂中文学校以外，2008 年还成立了一个独立学校，且在巴西有多个分校，在学校性质上是私立、宗教办学。学校由天主教华人神父总管，各分校设立独立中文校长，中文学校或中文部是依附于巴西宗教学校的，是巴西宗教学校的附属中文学校，登记为独立的巴西学校，所修的学分是巴西教育体系承认的，学生在小学毕业后通过考试可以升入该校的中学。学校的神父和其分校的校长都认为华裔学生比例不宜过高。根据访谈来看，一是担心华裔学生比例占到50%以上将会造成巴西当地学生的流失，这主要是由于该校曾经历过"生源危机"，于是"什么学生都接收"，结果造成巴西华二代祖语生比例偏高，巴西学生被"吓得跑掉了"。为了让巴西华二代祖语生的葡文学习跟上巴西学校的进度或者说比中文更好，神父和校长都严格控制巴西华二代祖语生的比例。二是校长们结合自己多年在巴西生活的经历，认为葡文比中文更重要，生活在巴西的孩子要以学习葡文为先，要先解决生存问题，并为目前在巴西的中文比葡文好的巴西华二代祖语生感到可惜和痛心。校长们希望该校的教育能首先让巴西华二代祖语生更好地融入巴西社会，除了满足家长对子女在未来实现就业并致富的短期需求外，更希望能为未来培养出一批又一批精通中葡双语的人才，以扩大巴西华侨华人在社会生活乃至政治舞台上的影响力。

也可能是因为我自己小孩教育的问题，我看了很多的学校。那里的所有中文学校我都非常不满意，所以我下决心用我自己的实际行动去做这件事情。我们学校是葡萄牙语第一，英语是必修课，西班牙语是必修课，中文是选修课，在我们那是有四种语言的，但是纯粹拿大部分的业余时间来学中文的只有华裔学生。其他的巴西学生还是相对少一些，你其实免费给他去学，只是作为选修课他也不会去学。

所以也很可惜，情况很糟糕，对我来讲，我是觉得非常痛心的。中文对我们来说非常重要，可是对他们来讲应该是葡语更重要，中文只能作为他们的第二、第三、第四语言来学习。但是从实践来说，从我自己的自身经验，还有周围朋友的经验来讲，还是要以葡萄牙语为先，然后再来学中文。还有一个，看到这些孩子有点儿本末倒置，倒不是说我对中文不重视，而是我认为孩子生活在那里，一定要以当地的葡语为主，在葡语学好的基础上再来学我们的中文，而不是说在巴西都不会讲葡语，（否则这在）将来对他们的生活是一个很大的阻碍，你要在社会当中生存就要先学好葡语。我可能更多的是看到这一块的问题，才想着说以我自己的理念去影响他们的家长，影响这些孩子。

（M5 号 – LSJ – 校长访谈摘录 – 2019）

既然在这边生活对吧？就应该融入他们这边的主流社会，希望上层到处都是我们中国人对不对？做任何事情也比较方便一点儿，所以还是希望能够培养出来这样的一些双语人才，这是必需的双语，要有长远的眼光。

（M8 号 – XSJ – 校长访谈摘录 – 2021）

B 校成立于 1993 年，校长的理念就是要把中国语言和传统文化传承下去，不要忘记自己是中国人，为培养出优秀的下一代而努力，也许这些孩子回到中国就不回巴西了。很多家长要求学习人教版的教材，因此学校的教学安排、兴趣班等要跟随家长的需求、市场的变化作出适时的系统性调整，中文优先，这样学校才能发展下去。

1993 年的时候，当时我出来办学校，我觉得我们中国的文化不能丢失掉，一定要让中华文化在巴西落地生根。中国人的孩子必须会讲中国话，我的想法是这样子的，所以发扬中华文化，培育优良的下一代是我的教学目标。我的心愿是这样子。钱从哪来？钱我自己拿。刚开始办的时候，人家对你还是称斤称两的，这个礼拜我礼拜五要去哪里，就要扣掉我一天，我礼拜二去哪里也扣掉，家长都称斤称两的。刚开始我也顺着他们，可是后来我们教出成绩，都没有人敢跟你谈折扣了。学生也越来越多。

我就感觉中国人的孩子不会讲中国话不行，不要忘记自己是中国人。有的人说这里好像不太乐观了，可是我还是走下去了。这一代爸爸妈妈还是赶紧让孩子学中文，可是孩子长大之后回不回去，最终你就不知道了。他（孩子）知道要学语文，我要适应他，这就决定了中文优先，他们（家长）觉得中文非常重要。

（M4 号 – CLJ – 校长访谈摘录 – 2019）

C 校是一所家族式管理的华文学校，我们通过学校的招生班级类型就可以很清楚地看出这所 2009 年成立的华文学校已经发展成一所集中文学习、HSK 考级培训、港澳台侨联考培训、中文相关兴趣班培训班为一体的综合性华文学校，该校于 2016 年获评海外华文教育示范学校。随着三个教学点的开设，该校也逐步向教学集团化发展。该校校长认为这些课程是给巴西华二代祖语生回国读书准备的。中国教育注重数理基础培养，巴西教育则更多注重人文科学。学校将博采众长，兼收中巴两国教育体系各自的优势，充分发挥中国基础教育的严谨性和先进性。

很多华人都没有归属感，我们都在努力，也许是因为看到巴西社会政治比较动荡，很多人感觉到时候还会再回到中国去。也正是因为这一点，他们对中文的需求还是很大的，很多人觉得孩子还是要学中文，也许哪一天他们还要回到中国去。所以为什么他们想学人教版呢？就是这个原因。

我数学啊什么的全部用黄冈小状元，整套的。真的我挺欣慰的，就是非常多的还是回到中国去对接，一考试，都说在国外能够学这些很棒。

（M7 号 – WWG – 校长访谈摘录 –2022）

从以上三所学校来看，A 校认为葡文学习更重要，学好葡文是为了更好地留在巴西融入当地，无论将来是否回中国，先在巴西的教育体制内生存下来，把成绩提上去；B 校和 C 校认为符合家长和市场的需求更重要，中文优先。不同的办学理念、不同的语言学习优先意识，各有道理，三所学校的校长都是出于对巴西华二代祖语生学习发展的考虑。

（2）品格教育意识。

在学校管理者的眼里，不仅要培养巴西华二代祖语生的语言能力，还要加强巴西华二代祖语生的品格教育。学校希望通过教育让巴西华二代祖语生的素质更高，传承中华传统美德，如尊老爱幼等。B 校曾沿用中国台湾的童子军形式来培养巴西华二代祖语生独立、善良的品质，以及在发生危险的时候如何自救、求生等，还会带学生去养老院、孤儿院等地方培养爱心、同理心等。有的台湾人士开办的学校还会有专门的品格教育课，每个月有一个主题。

讲实在的，孩子很乖，我们最起码把我们中国传统的生活习惯、我们的文化传播给他们。

（M5 号 – LSJ – 校长访谈摘录 –2019）

那些时候我们都有告诉孩子们的，因为我也是比较喜欢"尊老爱幼"，要懂得感恩这些东西，我们都有教育的。我们在这里也是注重中国的传统文化，还是会给孩子教中国人的生活方式。

（P9 号 – LXY – 家长访谈摘录 –2022）

幼童军，就是要女孩6岁以上，男孩6岁半以上（才能参加）。你看啊，像第一期就有（幼童军），他们真的训练得蛮独立的。当然我们第一个让孩子先认知，对国家的认知，对自己的认知，完了以后就让他练习独立。有一个训练叫寻宝，我们把这些"宝"放到树林里，叫他们去找，他们真的有兴趣，还有人来告诉他们怎么自救。现在旅游业这么发达，你难免会遇到乘坐的飞机掉下来落在树林里边，假如你有这个知识，你可以（在树林里边）求生，你怎么样求生，你怎么样做记号，你到了那里怎么做，这个很重要。童子军回来以后，自己可以在家做馒头，培养他的一个生存能力，还可以培养他们的爱心。所以孤儿院我们去得最多，老人院我们都去。家长都蛮配合的，家长也很喜欢。不过我退休就没搞了。

（M2 号 – TFJH – 校长访谈摘录 – 2014）

基础教育这一块还真的是一个很重要的任务，不仅仅要教他学语言，还有做人做事先做人这些道理，这些都要再学一学。所以一方面要做一些语言传播，一方面还要做一些品德方面的培养。我们的品格教育是自己做的教材，我们有7个原则教育，上一个月是"整齐整洁"，我们上课的时候是全校连老师都一起来加入品格教育课，幼稚班不太行，因为他们不懂。我们会当场教6岁以上的孩子，他们会在开学的时候拿到一张表，你（学生）两次在学校里面说粗话被我抓到，跟两次不写功课，就给一次警告，这个会严格执行，这样的话第二天说不准进来就不准进来，一天都不准进来。他叫爸爸一起，但不准进来就是不准进来。今天就是不准进来，在家反省。这一批国内来的孩子有些之前没有去过学校，我会告诉他们这里不能穿拖鞋，校内不准抽香烟，进来不可以出去，然后校内不可以穿下摆高于膝盖的裙子，现在看到那个男孩子穿衣服相当嚣张啊，穿着小裤衩就来学校了。

（M1 号 – CXZ – 校长访谈摘录 – 2014）

（3）语言管理与实践。

A 校是有意去除中国化环境，而 B 校和 C 校都营造了完全沉浸式的中文学习环境，但不管三所学校持哪种理念，实际上巴西华二代祖语生的中文学习环境都非常充分。我们来看看三所学校具体有哪些语言管理方面的策略，主要从招生要求、教学安排上梳理。

①招生要求。

A 校的招生要求是年满 6 岁，葡文先过关才可以读小学，葡文入学：测试达不到要求的需要先补习葡文。A 校全校有学生 400 人，学习中文的学生有 70 人，其中华裔学生 60 人，非华裔学生 10 人。学习中文的学生占比 17.5%。

华裔学生"年龄太大的不要""葡文不过关的不要"，也就是说葡文过关才可以下午学习中文。

刚来的学生我们是要给他测试葡文，中文的话就是附带，为了不能让他忘记，但是以葡文为主，就是为了让他能够尽快地融入这个课堂里。葡文补得差不多能够跟得上，就是能够听得懂，不说正常交流了，起码老师说什么他大概能听懂。不然他进班以后，他跟不上，这对学生的打击是很大的。如果说他在中国学习很好，尤其是学习好的那种学生来的话，考一次不及格，再考一次还不及格，对他的打击很大的。所以我们就尽量是给他补葡文，先把葡文给他往上赶，然后才说中文这一块，我觉得这才是正确的教学，能够让孩子尽快地融入当地的社会。

（M5 号 – LSJ – 校长访谈摘录 –2019）

葡文要是学不好的话，融入不到当地的主流社会中去。能不能在当地考上好大学，将来进到这个政界，做法官、做军警、做司令？我倒希望这些孩子们到巴西这个主流社会当中去。

（M7 号 – LSJ – 校长访谈摘录 –2021）

B 校和 C 校的年龄要求要宽泛得多。从 C 校官网上我们可以看到其招生简章上的要求：国籍没有要求，凡具有巴西合法签证或身份证的学生均可以申请，对于想上幼儿园的巴西华二代祖语生来说，除了要到2岁和"不穿纸尿裤"以外，没有其他要求，而对于要上小学的巴西华二代祖语生，要求有一定的汉语基础，如果中文基础达不到小学水平，要先补中文。B校为了保证教学的质量，会给巴西华二代祖语生和家长一个星期的试读期。

年龄非常不同，我最小的学生，年龄是两岁半，我的要求是两岁半不可以穿纸尿裤。一般来说巴西是3岁到6岁上一年级。我这里像大孩子来报名，我都不要他先报，你读一个礼拜，你读得好，你愿意学，老师愿意教的，下礼拜一叫爸爸来报名，我们都有试念一个礼拜。所以有试读的话，就能让学生和家长都有自己的看法。

（M3号-YXZ-校长访谈摘录-2014）

②教学安排。

三所学校都是全日制学校，A校的全日制教学（小学）是上午巴西葡文课程＋下午一两节的中文选修课＋兴趣班，B校和C校的全日制教学是上午人教版课程＋下午巴西课程＋选修课。我们可以看到A校是以葡文为主，为必修课，中文为选修课，而B校和C校都是中葡文双必修，总体上以中文课程为主。

我们有从星期一到星期五的全日制的，也有周末的。有分开。我们是这样子分两块的，虽然说我们是对巴西人的，巴西的学校是半日制，学历学校只是半天的，我另外的半天就是（给）中国学生学习中文，还有一些其他选修课。

（M5号-LSJ-校长访谈摘录-2019）

除了中文课程以外，C校还开设了数学、英语等选修课，甚至开设奥数等课程，采用人教版教材，以满足家长带孩子回国读书的需求。另外，相对来说，B

校和 C 校的兴趣课程更丰富，有中华传统的美术、舞蹈、武术等艺术团。C 校在师资方面，语文、数学、英文、葡文等科目的教师都有，中文会略多一些，英文用的都是中国的教师。在招聘上以学历为第一要求，专业背景相关，受教育程度较高。

　　我们上午班大部分是两节课，一个半小时。两节课这样子。在一个学期能讲完。我们是因材施教。我们有分低年级、中年级、高年级这样子的。看孩子能力，有的孩子根本就没有。我们教完一课就要考试，考七八十分，我们才教第二课，我们不囫囵吞枣的。这个人教版《语文》还是蛮有压力的，尤其是对孩子来说，可是家长都这样要求，还要求加数学。家长 30 来岁的都要求一定要有数学，然后我想我们还差数学老师，还一定要（教）人教版《数学》，所以我现在老师也难选了，我现在已经开始申请两个（数学）老师。

（M4 号 – CLJ – 校长访谈摘录 –2019）

　　又弹吉他了，又弹古筝了，又弹钢琴了，又唱歌了，又跳舞了，加了这么多课程，你选这些东西他们不是纯粹就光教语言了。我觉得因为你这一天一个时间光学语言都不够，如果你为了兴趣可以加一点儿东西进去，天主堂的话是中文课还是照旧到周五，然后古筝还有什么国画那些都是下午去，在另外的时间。

（M2 号 – TFJH – 校长访谈摘录 –2014）

　　我们学校也是有教书法，也教国画。中国民族舞蹈好，还有校庆也都是老师们介绍中国服装。课辅班就是课业辅导，等于一年级开始就是上课辅班，我幼稚部是幼到大中小班，它（课辅班）是托儿班这样子，那时候我的学生很多都是从幼稚班去读，差不多念初二了，功课多了才会离开，我们学校课辅班一直到初中。

（M4 号 – CLJ – 校长访谈摘录 –2019）

③课堂形式。

A 校的中文教学属于复式教学，也就是一个班级里面有不同年级的学生在上课。这种复式教学在学校成立之初就存在，现在依然使用这种形式。主要原因在于学生数量不是很多、教师师资缺乏。一个班级里不到 10 人，分成不同年级。

我们就这样子合起来，因为教室不够，我们就有复式教学，有复式教学模式，教学效果不是很好，但是有的老师认为复式教学也很好，那么这就是环境的问题了，在国内没有这些问题。在国外，看到我们学校你就可以知道，是所有的巴西学校里面规模最大、最完整的一所学校，我们房子、教室都不够用，所以一看大教室里面套小教室，老师就说不行，我们在里边讲他们在外边吵，在外边讲里边听不见，带来很多问题。

（M2 号 – TFJH – 校长访谈摘录 – 2014）

B 校和 C 校由于学生人数较多，采用分年级和分年龄上课的形式，每个班级差不多有 30 人。对教师的要求较高，要做到因材施教，灵活处理。

像我本身是师范教育毕业的，你不要以为你师范教育（毕业你教学）就没问题，因为有很多的教学方法不一定适合，现在这个年代，常常我会比较创新，就是这样子，因为你要变，所以我要求老师来我这要不断更新教学方法。

（M1 号 – CXZ – 校长访谈摘录 – 2014）

他们老师派来这儿讲习的，说句实话对我们老师并不是很实用，他们是按照传统的教学方法，我们这里不行，我们这里教材是实在的，你教书你要因材施教。

（M2 号 – TFJH – 校长访谈摘录 – 2014）

④教材使用。

A 校由于既有中文作为第一语言的巴西华二代祖语生，也有中文作为第二语言的巴西人，因此使用的教材较为多元。面对中文作为第二语言的学生使用汉办教材，面对有一点儿中文基础的学生使用暨大版的教材，面对中文好的巴西华二代祖语生使用人教版《语文》教材。而使用哪种教材的关键在于巴西华二代祖语生是否打算回中国读书。

我们学校是有用人教版的，还有暨大版的，还有汉办的，等于是三套。汉办的是对巴西人用的。暨大版是对像我这个孩子这样子的情况，葡语好的，中文差的（用的），因为它比较简单、比较好学。对中国出生长大的，从中文环境来的那就是用人教版。大部分的中文学校它们用的就是人教版的，因为它们的学生就是纯中国环境。

（M5 号 – LSJ – 校长访谈摘录 – 2019）

就是这些孩子他为什么要选择人教版又选择回国学习，跟这都有关系。你在西方国家就没有这个问题，他就想融入社会，现在排斥融入。所以融入不融入的态度决定了他到底是怎么学习的，他知道要学哪个，学中文还是学葡文。

（M4 号 – CLJ – 校长访谈摘录 – 2019）

⑤学校的发展。

A 校受益于巴西的天主教，在资金和场地上有较大的优势，也考虑得较为长远，带有慈善和公益性质。但巴西大部分的华文学校是自筹资金租用场地，部分华文学校虽自己购入场地但是场地面积不大，随着学生的不断增加，很多学校不得不对校区进一步扩容，或是选择合适的地址再开设新的校区。B 校的场地是自己购入的，在街上看只是很小的门面，随着学校的发展，现有的地方不能满足需要，又购入新的地皮，并打算盖新的教室。2009 年成立的 C 校就是从一间教室开始不断发展壮大，目前已经发展成拥有三个校区近 4 000 平方米的华文学校。

我们现在已经在筹备当中，做一个真正双语的幼稚园，因为你必须从（年龄）小的开始，他要求的双语学校一半课程用中文上，另外一半用葡语上，小孩子必须从零开始。

我们的学生是可以直接进入中学的，因为你在这边（巴西）上课，必须要在（巴西）学校（教育体系）里边的学历学校里面上学才可以的。我们是学历学校。

（M5 号 – LSJ – 校长访谈摘录 – 2019）

我们那个地方地是前面窄后面宽，我当初在市中心买的门面小小的，最近很幸运就把隔壁的后半段又买过来了。所以我目前就开始准备盖成 L 型，前面实在是不起眼的，新的教室正在盖，已经开始挖土了，地是自己的，然后就慢慢投资、慢慢改这样子。我现在正在盖房子，我把房子盖好的话，我们就做一个多媒体教室，我们可以再盖 4 楼，最起码可以盖大概七八个教室，以后我做一个很好的图书馆。

（M4 号 – CLJ – 校长访谈摘录 – 2019）

三、　小结

巴西华二代祖语生的中文学习动机和语言态度是多元的，这反映了他们在学习祖语方面的不同动机和态度。这些动机和态度对于他们的语言学习和传承起着重要作用。

首先，巴西华二代祖语生的学习动机分为工具型动机和融合型动机。工具型动机表现在一系列外部因素，如父母的要求、回国上学的需要、中文的实用性、朋友也在学习中文以及参加港澳台侨联考等。这些因素促使他们学习中文，因为中文在实际生活和学业中具有重要作用。此外，内在融合型动机也推动着他们学习中文，因为他们认为作为华侨华人的孩子，学习中文是一种文化认同和传承，也是个人兴趣和对中华文化的兴趣所驱动的。

　　其次，在语言态度方面，巴西华二代祖语生认为的语言重要性与他们的语言水平相一致。他们将中文视为最重要的语言，其次是葡萄牙文、英文、方言和西班牙文。这反映了他们对中文的重视程度，也与他们的学习动机相符。特别值得注意的是，在巴西生活和出生的华二代祖语生视中文为最重要的语言，可能是因为他们生活在中文沉浸式环境中，包括家庭、学校和社会等各个方面。这个环境使得中文成为他们生活中不可或缺的一部分，这也反映在他们的语言态度上。

　　此外，家长对孩子学习中文有强烈的愿望，并采取了一系列措施来支持他们的祖语传承。他们希望孩子能够回中国读书，因此在语言管理方面，他们鼓励孩子选择学习中文，并送他们去华文学校，甚至经常带孩子回中国。家长选择将孩子送到由中国大陆新移民开办的华文学校，原因在于这些学校使用人教版教材、教师水平高、学校管理良好、费用较低。这表明了家长对于学校教育的重视，尤其是教材的选择，这与他们希望孩子回国读书的愿望一致。

　　家庭语言实践也是祖语传承的重要环节。中文被视为家庭语域的强势语言，家庭成员在日常交流中使用中文。即使在上网聊天和看电视节目时，他们也更倾向于使用中文。这种语言环境有助于巩固孩子的中文语言能力，但也导致方言无法传承，因为家长通常不会与孩子使用方言交流。

　　巴西华二代祖语生的学习动机和语言态度受到多种因素的影响，包括家庭、社会环境以及个人兴趣和需求。家长在祖语传承中发挥着重要作用，他们的愿望和行为对孩子的语言学习和传承产生深远影响。这些因素共同塑造了巴西华二代祖语生的语言学习路径和态度，为祖语传承提供了有力支持。

　　巴西的华文学校意识到了巴西华二代祖语生"中文水平比葡文水平高"这样的语言现象。不同的学校语言意识不同：一类学校管理者认为要扭转这一现象，把华二代祖语生控制在学生总人数的十分之一，以便华二代祖语生有更好的学习葡文的环境，能更好地融入巴西社会；一类学校管理者认为回中国学习是新移民家长的需求，要配合家长做好中文教学工作。学校的语言实践表现在：①在招生上，前者对葡文要求严格，后者相对宽松；②在课程安排上，前者把中文当作选修课，后者以中文课程为主，另外开设奥数等课程；③在课堂形式上，前者是班级复式教学，后者是班级同级教学；④在教材使用上，前者一语、二语教材均有使用，后者使用与中国国内学校相同的教材；⑤在学校的发展上，前者向巴西学校靠拢，后者向自我集团式发展。

第七章　巴西华二代祖语生流动与祖语传承

在前面的章节中，我们可以看到部分巴西华二代祖语生在个人和家庭语言规划、社会生活等方面表现出了在中国和巴西之间流动的特点，这和国际移民流动，以及全球经济、社会、政治和技术变革密切相关。据《世界移民报告2020》统计，2019年全球移民规模达到2.72亿，其中近三分之二是劳务移民。报告同时指出近年来移民发生了增量变化。在国际移民中，移民后代儿童这一群体越来越引起人们的注意。UNICEF（联合国儿童基金会）在《行动呼吁：保护流动儿童始于更好的数据》（*A Call to Action：Protecting Children on the Move Starts with Better Data*）中指出有数以万计的移民儿童跨境迁移，了解移民如何影响儿童及其家庭，对于各国制订政策和满足移民家庭儿童的需求至关重要。与一国之内城乡间人口流动不同的是，这些新移民子女或是拥有某国国籍，或是拥有某国永久居留权，身份的特殊性使得他们被称为"国际流动生"。国际流动生普遍存在语言选择问题，不同的语言选择意识导致他们存在文化失根、当地归属感缺失等问题。越来越多的证据表明，虽然"国际移民"概念简单明了和相对固定，但是其复杂性变得更加明显，越来越多的学者在思考"移民"概念下日益增长的"反常"现象。

巴西早期的华侨华人的思想意识已经开始发生变化，很多巴西老侨的思想逐渐向巴西当地的思想转变，大部分的老侨已经融入当地了。那么为什么中国大陆新移民的后代的流动性会如此之强呢？除了正常的中巴人口流动外，是否还有其他的原因呢？本章重点阐释巴西华二代祖语生流动的原因。我们拟借助"推拉理论"分析以下问题：巴西华二代祖语生被送回中国—被接去巴西—再回中国的

"推力"和"拉力"各是什么？回到中国的学习情况和融入情况如何？接去巴西的学习情况和融入情况如何？再回中国的意愿如何？以上问题是我们在祖语传承衔接、中断和再衔接中需要面对的问题。

一、 被送回中国

1. 回国的意愿和原因

根据统计，巴西华二代祖语生首次被父母送回中国大多数是在学龄前。在对12 名家长的调查统计中，我们发现有41.67%的家长希望送孩子回中国学习，还有58.33%的家长处于中国和巴西两可之间。这些中国大陆新移民到巴西之时，中国仍然实行计划生育政策，而到巴西之后由于堕胎在巴西属于违法行为，且部分华侨华人是非法移民，因此大多数新移民夫妻会选择再生育子女。我们在走访中得知很多家长生育子女后，不仅使自己的身份合法化，孩子也得到了巴西国籍，但是由于创业艰难，无法照顾年幼的孩子，孩子会被送回国内，可以说新移民的家庭生育和新生代培养都是二元化的。

巴西华二代祖语生被送回中国的原因（见表 7 - 1）可分为家庭原因、社会原因和个人原因。其中家庭原因主要是在中国还有家人、父母希望孩子回中国学习、父母忙于生意无暇照顾；社会原因在于毕业后工作机会更多；个人原因是更喜欢中国的学习环境、对巴西文化不适应和葡文不好。由此可见，巴西华二代祖语生被送回中国学习的原因主要在于家庭和个人。

表 7 - 1　巴西华二代祖语生被送回中国的原因

原因	响应		普及率（$n=18$）
	n	响应率	
在中国还有家人	9	25.71%	50.00%
父母希望孩子回中国学习	8	28.57%	44.44%

（续上表）

原因	响应		普及率（$n=18$）
	n	响应率	
父母忙于生意无暇照顾	3	8.57%	16.67%
更喜欢中国的学习环境	7	20.00%	38.89%
对巴西文化不适应	1	2.86%	5.56%
毕业后工作机会更多	4	11.43%	22.22%
葡文不好	3	8.57%	8.57%

拟合优度检验：$\chi^2=30.895$，$p=0.001$。

　　除了无暇照顾年幼的子女外，巴西华二代祖语生家长想让孩子回中国读书的原因主要是相较于巴西，他们认为中国的基础教育更好、中国的大学更好、想让孩子在中国上大学、在中国有亲人可以照顾等（见表7-2）。新移民到巴西后，年长的父母多留在中国的老家。许多家长认为巴西的基础教育质量，尤其是公立教育质量比不上国内的公立学校，送孩子读巴西私立学校又没有足够的经济支持。孩子被送回中国后，多由家中的老人照顾，家长则留在巴西打拼，这是较好的选择。

表7-2　巴西华二代祖语生家长想让孩子回中国学习的原因

原因	响应		普及率（$n=12$）
	n	响应率	
中国的基础教育更好	2	22.22%	16.67%
中国的大学更好	2	22.22%	16.67%
想让孩子在中国上大学	2	22.22%	16.67%
在中国有亲人可以照顾	1	11.11%	8.33%
其他	2	22.22%	16.67%
汇总	9	100.00%	75.00%

拟合优度检验：$\chi^2=9.889$，$p=0.360$。

2．回国后的祖语传承教育

在我们调查的 18 名被送回中国的华二代祖语生中，关于被送回中国时的年龄，除 1 人填写"不知道"以外，其余 17 人都出生在巴西，且被送回中国的年龄主要集中在学龄前阶段。最小的 3 个月，最大的 11 岁，平均年龄 3 岁（见图 7－1）。

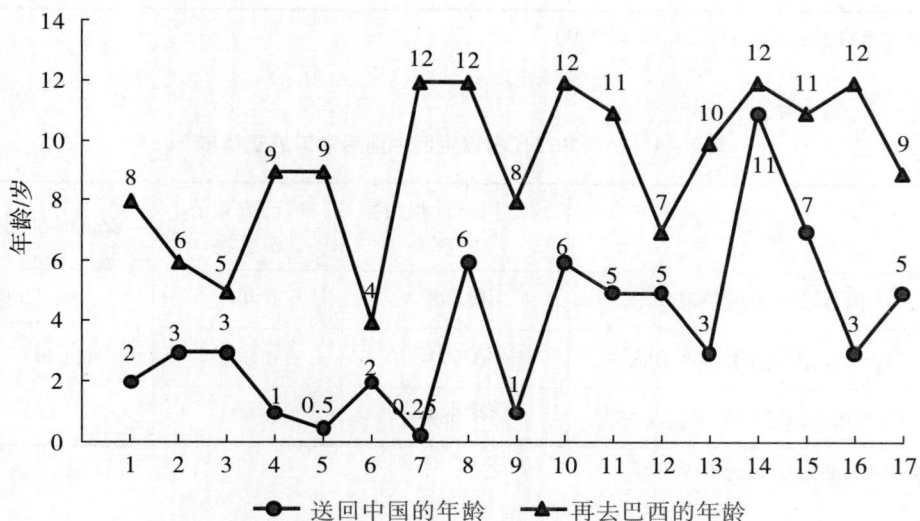

图 7－1　巴西华二代祖语生被送回中国的年龄和再去巴西的年龄

由于中国实行九年义务教育，读过五年级（有的地区是六年级）的学生等于完成了小学阶段的教育，2014 年的调查显示完成小学阶段教育的比例为 48%，2021 年的调查显示完成小学阶段教育的比例为 52.9%。根据我们的调查（见表 7－3），学龄前回中国的巴西华二代祖语生中有一半左右在中国接受了完整的幼儿园和小学阶段教育。其中有 47.83% 的巴西华二代祖语生接受过中国的幼儿园教育，43.48% 的巴西华二代祖语生就读过中国的公立小学，接受过中国的公立初中教育和一直在家的巴西华二代祖语生仅各占 4.35%。

表7-3　巴西华二代祖语生回中国后就读选择的学校

就读学校	响应		普及率（$n=18$）
	n	响应率	
中国的幼儿园	11	47.83%	61.11%
中国的公立小学	10	43.48%	55.56%
中国的公立初中	1	4.35%	5.56%
一直在家，没去过	1	4.35%	5.56%

拟合优度检验：$\chi^2 = 64.261$，$p = 0.000$。

表7-4　巴西华二代祖语生回中国后学习感受信度

选项	校正项总计相关性（CITC）	项已删除的 α 系数	Cronbach's α
你喜欢在中国学习吗	0.978	0.983	
你觉得在中国学习难不难	0.973	0.971	0.984
我回到巴西适应得又快又好	0.983	0.974	

标准化 Cronbach's α 为 0.990。

　　从表7-4可知，信度系数值为0.984，大于0.9，因而说明研究数据信度质量很高。任意问题项被删除后，信度系数并不会有明显的上升，因此说明问题项不应该被删除处理。

　　针对"CITC"，分析项的 CITC 值均大于0.4，说明分析项之间具有良好的相关关系，同时也说明信度水平良好。综上所述，研究数据信度系数值高于0.9，综合说明数据信度质量高，可用于进一步分析。

表 7 - 5　被送回中国的巴西华二代祖语生在中国读书的情况

问题	选项	频数	占比/%	累计占比/%
你喜欢在中国学习吗	一般	4	22.22	22.22
	喜欢	4	22.22	44.44
	很喜欢	10	55.56	100.00
你觉得在中国学习难不难	很容易	2	11.11	11.11
	不难	1	5.56	16.67
	一般	10	55.56	72.22
	难	4	22.22	94.44
	很难	1	5.56	100.00

通过表 7 - 5，我们可以看到 55.56% 的巴西华二代祖语生"很喜欢"在中国学习，22.22%"喜欢"在中国学习，剩下的 22.22% 选择"一般"。在学习难度上，11.11% 的巴西华二代祖语生认为"很容易"，5.56% 认为"不难"，55.56% 认为"一般"，22.22% 认为"难"，还有 5.56% 认为"很难"。总的来看，被送回中国的巴西华二代祖语生有近 80% 的人是喜欢在中国学习的。

表 7 - 6　被送回中国的巴西华二代祖语生学习中遇到的困难

困难	响应		普及率（$n = 73$）
	n	响应率	
作业太多	4	44.44%	5.48%
跟不上学习进度	3	33.33%	4.11%
学习压力太大	1	11.11%	1.37%
其他	1	11.11%	1.37%

拟合优度检验：$\chi^2 = 9.000$，$p = 0.109$。

巴西华二代祖语生认为在国内学习有一定难度，主要原因是：作业太多（44.44%）、跟不上学习进度（33.33%）、学习压力太大（11.11%）以及其他原因（见表 7 - 6）。

这些巴西华二代祖语生在语言关键期的最初几年被送回中国，接受的是中国正规的基础教育，祖语传承在幼儿园和小学延续，除了拥有巴西国籍或者巴西身份以外，与中国学生没有太多区别。

3. "洋"留守儿童问题

被送回中国的巴西华二代祖语生有些成了"洋"留守儿童。近年来，随着跨国移民的发展，"洋"留守儿童的问题引起了广泛关注。"洋"留守儿童一般指的是具有外国国籍但长期离开父母在国内生活和读书的留守儿童，这些"洋"留守儿童普遍存在家庭身份特殊、亲子关系隔阂、父母管教缺位等问题（张富洪等，2022），还存在社会层面的政策制度、亲情关怀、权益保护、去留取舍等"洋"特点（文峰，2014）。目前中国对"洋"留守儿童的研究主要从家庭教育（夏玲、邓纯考，2017）、媒介素养（王佑镁，2013）、教育学（黄嘉伟，2011；陈海娜、郑琼荷，2012；李雪飞，2012；林丽丽，2012）、心理学（陈美芬、陈丹阳、袁苑，2014）、国际移民（林胜，2016）、社会学（杜日辉，2008；徐辉，2020）、社会工作服务（陈怡，2008）、社会变迁（徐文永，2010）、权益保护（陈阿海、郑守猛、陈丽丽，2013）等视角进行，从社会语言学方面进行的研究仅见到对中国"洋"留守儿童语言生活状况的研究（孙浩峰，2019），尚未见到从语言传承角度进行的研究。这些"洋"留守儿童是中国未来侨务资源的一部分，其语言能力对改善经济情况有重要作用（王春辉，2019），在教育语言扶贫的大环境下尤其值得关注。

上述巴西华二代祖语生回中国学习中文时尚年幼，不具备选择的权利，多是由其父母决定送回中国后交由孩子的爷爷奶奶等长辈来抚养。杜日辉（2008）曾对浙江省丽水市青田县侨乡留守儿童进行了调查，认为留守儿童作为侨乡的一种特殊社会现象，大部分并不存在经济方面的问题，主要是隔代抚养对孩子文化知识教育上的力不从心，孩子未形成良好的道德品质，由于长期不与亲生父母在一起导致性格孤僻、叛逆、自卑、消极等心理问题，另外父母和孩子之间情感缺位，缺乏应有的亲情沟通。这些在巴西忙于赚钱的年轻父母为了给孩子提供更好的生活条件而与孩子长时间分离，对孩子习惯的养成、性格的培养及学习教育等方面显然是无法顾及的。同时，为了节省开支，很多父母多年不回中国，孩子在6岁前极少享受到父母的关爱，有的甚至到小学结束后才再次见到亲生父母，与国内留守儿童不同的是这些"洋"留守儿童面临更多更复杂的问题。

　　他们这些学生（华二代祖语流动生）很可怜的，真的太可怜了。他们中有很多自闭的，给送回到中国去，午餐时候打个电话，钱会给够他们，但是没办法了解到他们内心深处的情感世界，这是最痛苦的。爷爷奶奶那边觉得只要有吃有喝，不饿着，就觉得他们的责任已经尽到了，就根本没有人去走进他们（学生）的世界，去了解他们内心深处的需求。当我最需要的时候，我最需要父母的时候，才两三岁你就硬生生地把我给丢到中国去。

　　其实最大的问题是缺爱。他们的内心缺爱，长期以来缺少人给他关爱，导致他们内心深处很孤独，而孤独就会产生一种叛逆，叛逆就有很多行为出来。我感到很痛心。他们没有找到可以倾诉的对象，他们有的不会跟父母讲，因为父母都是用命令的口气，然后回来都是用责骂的语气、责备的语气，所以他们在国内本身就孤独。

（M6 号 – WWG – 校长访谈摘录 – 2021）

　　巴西华二代祖语生与国内家人日渐生疏。根据我们的访谈，许多巴西华二代祖语生与国内的祖辈或者兄弟姐妹等联系不是很频繁，多是长辈主动联系晚辈。因长时间未在一起，这些孩子与父母、兄弟姐妹、亲戚沟通较少，缺乏共同语言。

　　我爷爷奶奶会给我爸爸打电话，然后我爸爸会让我跟我奶奶聊天。大概几个月联系一次。

（S2 号 – XKL – 学生访谈摘录 – 2022）

我弟弟（在中国）可能跟我以前一样，以前爸爸妈妈从巴西发视频过来我们都会躲起来，就是不想让他们看到我们。然后现在他可能跟我以前一样，可能模仿了我以前，可能会比较害羞。好久没见了。爸爸妈妈跟他聊得很少，我现在在巴西跟弟弟聊得也很少。有时我想跟国内的弟弟聊天但是他会直接挂掉。

（S33 号 – HYS – 学生访谈摘录 – 2022）

我的姐姐一直在中国待着，她是住宿的，平时跟她聊得很好，一个月或是更长的时间联系一次，一般来说是我爸妈打回去跟奶奶聊，然后后面跟姐姐聊几句。

（S48 号 – LN – 学生访谈摘录 – 2022）

二、 被接去巴西

1. 被接去巴西的意愿和原因

表 7 – 7　家长接回国的巴西华二代祖语生去巴西的意愿和年龄统计

问题	选项	频数	占比/%	累计占比/%
您送孩子回中国一段时间后还会把他接去巴西吗	看情况	7	58.33	58.33
	会	2	16.67	75.00
	不会	3	25.00	100.00
您什么时候会把孩子接去巴西	6 岁前	4	33.33	33.33
	不一定	5	41.67	100.00

根据我们的调查（见表 7 – 7），在 12 名家长中，除了 3 名明确表示不会接孩子去巴西外，58.33% 的家长对是否把孩子接去巴西持不确定的态度，还有16.67% 的家长明确表示会把孩子接去巴西。在把孩子接去巴西的时间问题上，33.33% 的家长选择在孩子 6 岁前，41.67% 的家长不能确定具体接的时间。结合对家长、校长和巴西华二代祖语生的访谈和调查，我们得知巴西华二代祖语生再去巴西的时间集中在 6～12 岁，17 名巴西华二代祖语生中再去巴西的最小的年龄

是 4 岁,最大的 12 岁,平均年龄是 9 岁多。这些巴西华二代祖语生在中国的平均时长为 5 年左右,最长的有将近 12 年,最短的为 1 年。综合调查和访谈我们得知,大部分巴西华二代祖语生的家长还是会选择让孩子在巴西上学,他们会在孩子上小学前或上小学的前几年把孩子接去巴西。

尽管家长把孩子送回了中国,但是做父母的在心里也一直在思念孩子和赚钱之间纠结和焦虑,有些家长也看到了留在中国的孩子在性格、生活习惯和教育上存在的问题,决定把孩子接去巴西。在访谈中,我们听到多位家长谈到因为思念孩子、忍受不了骨肉分离,在经济条件好转后会把孩子尽快接去巴西,一家人团圆是中国人传统的、朴素的价值观。

他在这边(巴西)出生,一岁的时候回去(中国)的,然后他快上小学了,六七岁的时候回来。因为就怕老不在一起,感情也不好。

(P72 号和 P73 号 – WYX – 家长访谈摘录 –2022)

除了亲情的"拉力"把这些巴西华二代祖语生拉回父母身边外,这些巴西华二代祖语生也需要在巴西生活一段时间以满足入籍或获取巴西身份的要求。

2. 被接去巴西后的祖语传承教育

在前面几章,我们曾对巴西华二代祖的中文语言水平比葡文水平高这个问题,分别在家庭语域、学校语域、生活语域、社交媒介语域展开了分析,并讨论了家庭、学校和社会的语言规划对巴西华二代祖语生中文水平的影响,可以说巴西华二代祖语流动生的语言环境是沉浸式的中文环境,从祖语传承的角度来看,祖语并没有中断,相反,祖语在巴西传承得非常好,甚至达到了与国内语文教育"同步"的水准。

另外,我们也看到巴西华二代祖语生被接去巴西后,在"我回到巴西适应得又快又好"这个问题上,只有 11.11% 的巴西华二代祖语生觉得适应得还可以,44.44% 的巴西华二代祖语生认为自己适应得一般,38.89% 的巴西华二代祖语生不同意,5.56% 的巴西华二代祖语生非常不同意,也就是说觉得自己适应得不好的巴西华二代祖语生差不多占到45.00%。

在被接去巴西不适应的原因上，巴西华二代祖语生认为"葡文不好"是最大的原因，占50.00%，"在中国生活得太久了"占25.00%，"学习变得轻松"和"只学习半天"各占8.33%（见表7-8）。可以说，葡文较差是再去巴西的这些巴西华二代祖语生不能适应的最大原因，这也和前面我们论述中提到的需要"补习葡文"相一致。这些巴西华二代祖语生在中国已经和其他的小学生没有什么差别，因为在国内生活得比较久，他们想再融入巴西变得较为困难。

表7-8 巴西华二代祖语生再去巴西不适应的原因

选项	响应		普及率（$n=73$）
	n	响应率	
葡文不好	6	50.00%	8.22%
在中国生活得太久了	3	25.00%	4.11%
学习变得轻松	1	8.33%	1.37%
只学习半天	1	8.33%	1.37%
其他	1	8.33%	1.37%

拟合优度检验：$\chi^2 = 12.000$，$p = 0.035$。

在进一步访谈中我们得知，在接收这些巴西华二代祖语生的华文学校校长们看来，这些巴西华二代祖语生被接到巴西后"十分可怜"，并为他们感到"痛心"。原因在于他们觉得这些孩子在应该接受正常教育的时候被"耽误了"。这些巴西华二代祖语生虽然出生在巴西，但是因为长期生活在中国，葡文一点儿也不会，由于没有葡文基础，他们无法正常接入巴西学校的葡文课程，需要先过葡文语言关，教师在教学上也感到较为困难。家长对自己的孩子缺乏了解，同时也缺少教育知识，还是以国内的考试标准来要求孩子，对学校的要求较高，希望在短时间内将葡文补上。

我觉得有语言的问题，比如说从国内来的，没办法，家长又催得厉害，说孩子在这边已经一年多了，读不起来。有很多孩子患自闭症，家长催着说葡文不行，那个不行。我觉得家长在教育方面缺乏一些教育孩子的知识。家长想让孩子像在国内读书（那样），或者一定得前几名什么的。

（M6 号 – WWG – 校长访谈摘录 – 2021）

在巴西生活好像生意也不太好做，不太好说，有很多人就是生意不好又回中国去了，还有学生流动性也不小。二三年级他们回中国去了，生意不好就送回中国去了。有的生下来就送回中国，然后大了才送过来。他是应该读三四年级，然后从 ABCD 开始，很多历史、地理都不会，根本不会写字，不懂葡语的历史、地理，还是很可怜的。

（M4 号 – CLJ – 校长访谈摘录 – 2019）

带回来的孩子问题比较多。至少有百分之二三十是没有加入巴西国籍的。有一些是父母先到巴西，到巴西以后，等到经济条件好一些，再把国内的孩子接过来，也挺多的，像圣保罗新侨比较多，这些留守儿童太可怜了。这些（华二代祖语生）一种是丢在中国，没人管，一种是带回来要管管不了。反正就是很多这方面的问题，我见多了，我办学校十多年来看到太多了。因为常常不在身边，即使带到巴西，他们（父母）也忙着自己做生意什么的，可能也没有时间管。

（M7 号 – LSJ – 校长访谈摘录 – 2021）

3. 流动与融入问题

在我们的访谈中，我们得知很多巴西华二代祖语生游走在中国和巴西之间，被父母接去巴西后无法融入巴西，首先表现在学习上无法较好地接入巴西的基础教育，究其原因是葡文较差，需要先"补葡文"。可以说，巴西华二代祖语生的葡文水平是他们融入巴西的先决和重要条件。

我们这里还有一个很特殊的情况，我们近五年来收太多这样的学生，这些

（在）巴西出生的孩子被送到国内去，现在差不多 10 岁，他们到巴西后因为要先补葡文，所以目前他们都没有念中文，之后葡文补上来再学（中文），他们的背景全部是国内背景，这批孩子我觉得有一点儿可怜。我们是觉得教起来非常辛苦，这些孩子就是被耽误了，非常可怜，葡文一点儿都不会。

（M3 号 – YXZ – 校长访谈摘录 –2014）

有很多家长是让孩子在国内读几年再过来，比如说小学毕业或初中毕业，完了后再回到巴西，但回到巴西之后他那个葡文不会，进到课堂上之后，讲什么也听不懂，就傻呆呆地混几年混个高中毕业证，甚至连高中毕业证都混不了，有的孩子吓得都不敢去学校了。

（M6 号 – WWG – 校长访谈摘录 –2021）

（流动生）到这边（巴西）语言不懂。你把我丢到学校去，我没有朋友，我听不懂，你看那种情况下你难受不难受？这个就是一个博弈的过程。

（M6 号 – WWG – 校长访谈摘录 –2021）

其次表现在日常行为习惯难以融入巴西社会。巴西华二代祖语生普遍缺少家庭的关爱与温暖，家长忙于开店做生意赚钱等，陪伴孩子的时间比较少，虽然重视孩子的学习，但无暇顾及。这些孩子 6 岁前很少跟父母在一起，在中国待的时间比较长，国内的老人只负责他们的一日三餐，较少关注他们的心理需求，导致他们养成了一些不良的生活习惯和行为。在最需要父母陪伴教育的时候父母缺位，在国内上了幼儿园、小学，有了熟悉的小伙伴和朋友后，又被父母出于弥补亲情的考虑，"以爱之名""硬生生地"接去了巴西。他们到了巴西以后语言不通，缺少倾诉对象，长此以往会导致性格叛逆、无法沟通、心理障碍等一系列严重问题。有些华二代祖语流动生不得不放弃学业，"混"个高中毕业证后就帮父母开店去了。

在这里找不到温暖的地方，然后当我在中国已经适应了、习惯了中国的环境，你又说你爱我，硬生生地把我带到巴西。父母不理解，孩子也不理解。孩子当然就讲："我最需要你的时候，为什么你不来？我现在不想来，我在中国有朋友、有自己的生活，你非得把我带来。"父母说："我不把你送回去，我没办法做生意，对吧？我现在经济好了，我为了弥补对你的爱，我把你带到巴西。"都是爱的问题。爱的方式错了。他总是长期压抑，没有地方去释放，也没有人去关心他的需求，所以慢慢地导致最后很自闭，然后就有一种反作用，越来越情绪化，随着青春期到来越来越表现出很多这种情况。

（M6 号 – WWG – 校长访谈摘录 –2021）

这些学生的问题解决起来说实话是有一定难度的，这里面有一个大问题：孩子们在国内跟着姥姥奶奶这一辈人，形成了一个不良的习惯——好吃懒做，不愿意读书，即使到了这边之后读书也不行，这样的话就辍学了。

（M8 号 – XSJ – 校长访谈摘录 –2021）

巴西华二代祖语生融入巴西较差还表现在身边的朋友仍以中国朋友为主，在访谈中，我们得知很多巴西华二代祖语生觉得巴西的朋友较为"热情"，而中国朋友更为"内敛"，他们更喜欢跟中国朋友玩。

巴西学校的巴西同学好像跟我混得不是很熟，跟我相差太大了，他们太热情了。我很少出去跟他们玩。性格是一个，像巴西人的话，比较开放，放得很开的那种，然后中国人就没有那么开放。

（S48 号 – LN – 学生访谈摘录 –2022）

因为我们这边巴西学校的话也有很多和我同样情况的朋友，就是说在巴西出生，但是父母都是中国人，就算是华裔吧，然后也都是跟我一样的情况。我更多的是中国朋友，然后偶尔也会在网上跟一些聊得来的朋友、跟中国朋友说一说这边的情况。

（S55 号 – HXY – 学生访谈摘录 –2022）

值得关注的是，并非所有的巴西华二代祖语生都无法融入巴西学校和社会。

在调查和访谈中，我们得知有的巴西华二代祖语生在国内学习习惯良好、被接去巴西后家长用心陪伴并给予更多关爱、被送去巴西学校补习葡文、被接去巴西的年龄较早、其家长积极营造葡文环境等，这些巴西华二代祖语生是可以融入巴西社会的，融入与否的关键在于家长的语言规划意识。

如果他从小在这边长大，一直在父母身边会好一点儿，他能融入这个社会，因为他同学都在这边，朋友都在这边，他就无所谓了。如果他在中国长大，朋友、同学都在那边，那跟父母关系也不是很好，那就不太能适应了。

(P72 号和 P73 号 – WYX – 家长访谈摘录 – 2022)

但是有一部分孩子在国内已经有一个好的学习习惯，来了这边之后肯读书，肯吃苦，差不多三年之后葡文就能过关，考个大学是没问题的。

(M8 号 – XSJ – 校长访谈摘录 – 2021)

我家孩子适应得很好。因为她来的时候 6 岁半了，巴西 6 岁上学，结果那个老师说你家孩子直接上二年级，她绝对能跟上，我就直接让她上二年级，其实就上了半年，跟三年级也没问题。小孩子是半年、一年她就能跟上了，十四五岁上初中的再跟就困难了。我一个朋友家的孩子就是不愿意学葡文，也不愿意和巴西人接触，接触的还是中国人，他就没有融入社会。

(P72 号和 P73 号 – WYX – 家长访谈摘录 – 2022)

在进一步的调查中，我们看到尽管巴西华二代祖语生融入巴西的程度较低，但是他们融入巴西当地的意识是存在的。在前面的章节中，我们看到巴西华二代祖语生的中文水平与国内语文教育"同步"，在我们进一步的问卷调查和访谈中，也浮现出来新的问题——巴西华二代祖语生的中文水平很高，但是他们并不认为"中文要比葡文先学习"，而事实上他们是先学习了中文的，这是他们无法事先选择的。在访谈中，我们得知很多巴西华二代祖语生一开始上的都是中文学校。也就是说，很多巴西华二代祖语生认为中文很重要，但是并不觉得要先学习中文。中文学习的重要性和学习顺序并不是一致的（见表 7–9）。

表 7 - 9　巴西华二代祖语生对中文学习重要性的认识和学习顺序

问题	非常不同意	不同意	一般	同意	非常同意	平均分
我的中文比葡文好	1（1.37%）	4（5.48%）	8（10.96%）	22（30.14%）	38（52.05%）	4.26
中文比葡文重要	2（2.74%）	4（5.48%）	27（36.99%）	24（32.88%）	16（21.92%）	3.66
先学好中文再学习葡文	3（4.11%）	14（19.18%）	33（45.21%）	16（21.92%）	7（9.59%）	3.14
中文能听能说不用会读会写	37（50.68%）	25（34.25%）	9（12.33%）	2（2.74%）	0（0.00%）	1.67

　　我两个语言（中文和葡文）现在是一起学的，中文应该是先学的，然后又去学葡文。

（S2 号 - XKL - 学生访谈摘录 - 2022）

　　社会融入的一个重要方面就是身份的认同，与早期移民子女"中低度认同"不同，巴西华二代祖语生对自己是"中国人"的族群认同度较高，具有强烈的认同感（贾琳，2022）。当别人问"Where do you come from?"时，基本都会回答"我是中国人"，再补充一句，"我出生在巴西"。在被人问"你觉得自己更像是'中国人'还是'巴西人'"的时候，基本毫不犹豫地回答"中国人"，因为"长着中国人的脸"，很小的时候就觉得自己是中国人，大部分的生活习惯也偏向于中国人。

　　我更像中国人，因为家庭的原因，因为家庭都是中式教育。

（S1 号 - YQQ - 学生访谈摘录 - 2022）

　　我可能会比较习惯说我是中国人，然后跟他们说出生在巴西。因为我之前就到中国了，就是很小的时候自己是中国人什么的，在中国生活可能还是感觉久一点儿。

（S2 号 - XKL - 学生访谈摘录 - 2022）

　　我就说我在巴西出生的，但是我的爸妈是中国人，大部分都是这样子。

（S52 号 - CJX - 学生访谈摘录 - 2022）

我是长着一张中国人的脸，就是巴西人看到我，就说我要么是中国人，要么是日本人。因为他们说我们那个眼睛就是看的时候能看出来，我中国人的长相肯定是随父母，我大部分的生活习惯还是中国人的，但也有一些习惯更倾向于巴西人，像我用筷子我是两只手都会用，但是不太习惯。

（S55 号 – HXY – 学生访谈摘录 – 2022）

被接去巴西的巴西华二代祖语生中有部分人没有加入巴西国籍，这些巴西华二代祖语生在面对自己的中巴双重身份时，有的认为作为"中国人"是件很"酷"的事情，像是穿上了巴西这件"马甲"，其实脱了马甲还是"中国人"，双重身份帮助自己有更多的选择，在未来也多了一条出路；有的觉得两不像，既不像中国人，也不像巴西人；也有的对自己的双重身份持消极态度，觉得自己是"异类"，会导致有些人不喜欢他。由此可见，尽管大部分巴西华二代祖语生觉得自己是中国人，但是对"生活在巴西的中国人"这样一种身份的情感认同偏向于多元化，喜欢、中立和厌恶的态度都有。

我觉得挺好的，我可以拥有更多的选择。我可以选择更多的路，我已经在想未来我多一门语言了，我可以比别人多一种选择。

（S1 号 – YQQ – 学生访谈摘录 – 2022）

我觉得非常好，甚至感觉自己就是一个"例外"，反正我就是独一无二的。我妈妈还是能听懂一点儿葡文的，我去中国的那几个月里，我跟她讲悄悄话的时候，就可以大方地用葡文跟她沟通。在巴西的话，我也可以跟那些（中国）小伙伴吐槽一些巴西不好的地方，然后用中文，反正他们（巴西孩子）也听不懂。他们都听不懂我说的话，我感觉我就是"唯一"，我就是"特例"。

我一般都会觉得巴西是一件"马甲"。我有一次在玩国际服游戏的时候，因为对面说的是英文，我也不知道他是哪国人，然后他突然问："Where are you from？"我一时间不知道该回答我是中国人还是巴西人，但是我还是说我是巴西人，然后看他什么反应，他说他是中国人，然后我瞬间也不装了，脱下了"马甲"，告诉他我是华裔。

（S55 号 – HXY – 学生访谈摘录 –2022）

我不知道该怎么说，因为算是中间的人吧，不算是像中国人，也不算是太像巴西人。

（S48 号 – LN – 学生访谈摘录 –2022）

会让人觉得这个人他比较"特殊"，可能会有很多人喜欢他或者说不喜欢他，或者说很排斥他，但是他也让你感觉到就是特别的不一样，像个"异类"吧。

（S33 号 – HYS – 学生访谈摘录 –2022）

三、　再回中国

1.　巴西华二代祖语生家长再回中国的意愿和原因

在巴西生活的巴西华二代祖语生家长真的决定留在巴西的并不多，在调查中只有 1 人，更多的家长处于观望的态度，大多数觉得"还说不好"。这些新移民家长在来巴西的时候就没打算"落地生根"，而是希望"衣锦还乡、落叶归根"，对巴西的归属感普遍较差，再加上在巴西的生意越来越难做，他们葡文水平有限，自身融入巴西程度不高，工作和生活交际圈都在华人环境中。在访谈中，一些华文学校的管理者和家长透露，有时很想回国，但是并不是想走就能走的，在徘徊纠结中很多年就过去了。回国主要担心由于年龄较大找工作困难、竞争激烈，难以适应国内的工作和生活环境。

我们是等于没有融入进去，因为孩子他们有同学，可能以后的同事都在巴西，他就可能比较能融入这个社会，我们是没有融入进去，我们生活在自己的圈子里。

（P72 号和 P73 号 – WYX – 家长访谈摘录 –2022）

新侨还是总感觉到以后还能回到国内去，在国内生活，现在临时在这边赚些钱，但是其实回去的可能性也比较小，有很多人以前也是这么想的，说在巴西赚一部分钱，将来再回去，但还是没有回国内，可能性不大的，回去之后也不太适应了。

（M8－XSJ－校长访谈摘录－2021）

对，还是想回去。总之在巴西生活，好像生意也不太好做，不太好说，有很多人就是生意不好又回中国去了。

（M4 号－CLJ－校长访谈摘录－2019）

比如说出门买个东西，你当然可以不用说话，超市里边什么东西都有，但是你稍微去办点儿事情，语言好跟不好会差很多。很多中国人是这样，自己语言不好，听不懂人家说的话，然后不能融入社会，所以他就没有那种归属感。

（M5 号－LSJ－校长访谈摘录－2019）

现在是我们想回去也回不去了，回去的话你到我们这个年龄的话，四五十岁的人了，就是说自我做起事情来，中国的竞争也是非常大的，那么在这边我们还是有基础的。

（P9 号－LXY 家长－家长访谈摘录－2022）

巴西的社会安全问题长期以来困扰着当地的华侨华人。巴西是一个贫富差距悬殊的国家，贫困人口占总人口的 8.5%，基尼系数 0.52，社会治安状况较差，犯罪率居高不下，尤其是圣保罗人口集中，贫富差距较为严重，持枪抢劫、绑架勒索等案件频繁发生。巴西每年约有 4 万人死于暴力活动，是全球致死率第二高的国家。① 巴西圣保罗 25 街虽说是开店赚钱的好地方，但也是抢劫等犯罪高发的地区，加上华侨华人不喜欢把钱存在银行，且又"招摇过市"，因此该地区的华侨华人存在较高的开店风险，做生意和生活是在"冒险"。我们在巴西任教期间，被当地的教师多次告诫，避免拿贵的手机和穿贵的衣服出门，以免被抢。

---

① 驻巴西使馆经商参赞处. 巴西的社会治安［EB/OL］.（2015－07－28）［2020－05－12］. http：// br. mofcom. gov. cn/article/ddgk/zwcity/201107/20110707665022. shtml.

有很多人也回到国内去了，因为国内比较安全。另外这边的经济也不太好，还有这个汇率的问题，因为现在差不多和人民币一样。

（M7 号 – LSJ – 校长访谈摘录 – 2021）

巴西的新移民普遍在国内还有亲人——"一老一小"的父母和孩子，尤其是年迈的父母成为促使这些新移民回国的"拉力"。

首先是留在中国的孩子令人牵挂。巴西华侨华人家里普遍有两个以上的孩子，但是孩子不是都在巴西，有的孩子是去巴西之前生育的或是在巴西出生后被送回中国的，在国内的子女作为留守儿童由爷爷奶奶或姥姥姥爷抚养长大，并在中国上学，接受中国的基础教育直至高等教育。家长最大的希望是自己的子女在中国有稳定的工作。

我的弟弟一开始就在中国读书，然后我来巴西的时候，他还在中国读书，而且也希望他在中国读书，我爸爸妈妈在考虑要不要把他带来巴西，但是他的中文成绩比较好，所以我觉得他还是在中国好了。

（S33 号 – HYS – 学生访谈摘录 – 2022）

包括我的父母、公公婆婆，还有我的大儿子都在国内，我们就是一家人在这里先把生意搞好，钱赚多赚少无所谓，就是先把生意搞好，就是说让家里人少负担一些。我大儿子他在这里（巴西）学了三个月，也要学葡文，中国的那个高中学籍还是没有退的，学了三个月他回去（中国）了。他说他觉得在这里（巴西）的生活两点一线，根本就没办法适应，因为他在中国读到高中，都有自己的圈子和习惯了，我们也没办法。我想真要走这个路线（儿子）又不出来，白折腾了。他高考的时候努力考了个一本。大的孩子就让他在中国读，读出来以后我们希望（他）找个稳定的工作就可以了。

（P72 号和 P73 号 – WYX – 家长访谈摘录 – 2022）

其次是国内的长辈需要人照顾。随着年龄的增长，国内的长辈已经迈入老年人的行列，身体健康出现了问题，需要这些新移民回国照顾他们的晚年生活。而巴西华二代祖语生正忙于学业，也无暇照顾。

奶奶说实话肯定是想他们从巴西回去的，因为像我奶奶60多岁了，很多事情自己是做不了的，就得找别人帮忙，然后如果我阿姨比较忙的话，就没办法帮，所以很多事情都是我姐姐在做。但是姐姐还要上学，还得照顾奶奶。

（S48号 – LN – 学生访谈摘录 – 2022）

原来是想让他们（孩子）俩都在这边上完大学的，后来我想想我爸妈岁数太大了，怕他们出意外。以前我是没想到，你说说，一分离分了这么多年，真没想到这个样子。我实在等不及了，我爸妈现在岁数大了，老二再过几年，到他高中毕业，然后再过4年，我觉得老人可能等不及了，等不了那么多年，我就很担心，所以我就不想这样，想让老二回国上大学。很难两全。都是生活，骨肉分离，有什么意思呢？

（P72号和P73号 – WYX – 家长访谈摘录 – 2022）

2. 巴西华二代祖语生再回中国的意愿和原因

如果说学龄前被送回国学习是因为幼小没有选择权，那我们再来看一下这18个曾在中国学习的巴西华二代祖语生的选择。根据表7 – 10，我们可以看到其中有14人想再回中国读大学，想留在巴西的仅有3人，想去欧洲国家的有1人。

表7 – 10　曾接受过国内基础教育想再回国接受高等教育的巴西华二代祖语生统计（2021）

问题	选项	频数	占比/%	累计占比/%
你将来想在中国、巴西还是其他国家读大学	中国	14	77.78	77.78
	巴西	3	16.67	94.44
	欧洲国家	1	5.56	100.00
合计		18	100.00	100.00

我们再来看一下没在中国读过书的巴西华二代祖语生的选择（见表7-11），除6人（11.54%）选择"其他"外，有39人（75.00%）选择回中国读大学，5人（9.62%）选择继续留在巴西读大学，另外还有2人（3.85%）选择去美国读大学。由此可见，无论是否在国内接受过教育，巴西华二代祖语生都有70%~80%愿意选择回中国读书。通过对巴西华二代祖语生和家长的访谈得知，多数巴西华二代祖语生会选择在巴西读完高中后回中国读大学。

表7-11　一直在巴西接受基础教育想回国接受高等教育的巴西华二代祖语生统计（2021）

问题	选项	频数	占比/%	累计占比/%
你将来想在中国、巴西还是其他国家读大学	中国	39	75.00	75.00
	巴西	5	9.62	84.62
	美国	2	3.85	88.46
	其他	6	11.54	100.00
合计		52	100.00	100.00

我的父母建议我回中国读大学。中国那边的教育也非常不错，像我如果能考的话就考回中国。我自己也有这种考虑，就是说大概在巴西拿到高中毕业证，然后就可以回去申请一个不错的大学。

（S52号-CJX-学生访谈摘录-2022）

因为之后是更想回国，我是觉得中国那边发展会更好一些，有多条路可以选择。

（S55号-HXY-学生访谈摘录-2022）

因为我自己是草根，就是没办法背着旅行箱到处飞的那种，所以不希望孩子走这条路线，希望他们读了书以后出来稳稳当当地有个工作，工资多少要靠你自己的努力。

（P72号和P73号-WYX-家长访谈摘录-2022）

除了上述主动想回中国读书上大学的巴西华二代祖语生以外，还有部分巴西华二代祖语生实在无法适应巴西的生活，有的面临不得不再次回到中国的情况，这些巴西华二代祖语生一般来说中文和葡文成绩较差，他们正处于语言学习的关键期，在中国和巴西之间来回钟摆式地流动，陷入跟不上中国教育，又无法融入巴西，再回到中国更跟不上中国教育的恶性循环中。家长和学生本人都非常痛苦。巴西的华文学校在努力跟中国国内同步，使用人教版教材，这是他们海外的努力。如何使回国的巴西华二代祖语生更好地接入中国的中小学教育端，也是一个值得相关教育部门深思和研究的问题。

> 到中国之后，我（教）的孩子只要在我们幼华打基础的，都是念直邮班。
>
> （M4 号 – CLJ – 校长访谈摘录 – 2019）

> 在巴西，好学生要考巴西当地的大学，尤其是考那些证书什么的，如果不在当地上这个大学是无法拿到职业证书的。比如说建筑师需要建筑资格证，医生要有（医生）资格证，如果没有在巴西读大学它都不会承认的，回去的大都是学习不好的学生。
>
> （M5 号 – LSJ – 校长访谈摘录 – 2019）

巴西华二代祖语生如果不打算回中国的话，中文一般学到小学五六年级就不再学习了。但因为巴西华二代祖语生大多持有巴西护照，申请中国的大学有一定的优势，很多巴西华二代祖语生看重这一点，无论是否在中国学习过，都会在巴西学习中国的教材，尤其是那些对回中国摇摆不定的巴西华二代祖语生。还有部分持中国护照的巴西华二代祖语生，会回中国参加港澳台侨联考。根据《教育部等四部门关于做好普通高校联合招收华侨港澳台学生工作的通知》（教学〔2018〕4 号）①，在参加考试前要满足在巴西居住条件，考生本人及其父母一方均须取得住在国长期或者永久居留权，并已在住在国连续居留 2 年（截至报名结束日），两年内累计居留不少于 18 个月，其中考生本人须在报名前 2 年内在住在

---

① 教育部等四部门关于做好普通高校联合招收华侨港澳台学生工作的通知 [EB/OL]. （2018 – 05 – 30）[2019 – 05 – 01]. http：//www. moe. gov. cn/srcsite/A15/moe_776/s3111/201807/t20180704_ 341994. html.

国实际累计居留不少于 18 个月。考生本人或其父母一方未取得住在国长期或永
久居留权,但已取得住在国连续 5 年以上(含 5 年)合法居留资格、5 年内在住
在国累计居留不少于 30 个月,且考生本人在报名前 5 年内在住在国实际累计居
留不少于 30 个月的,也可参加报名。考试科目与中国文理科类似,理工类考试
科目为中文、数学、英语、物理、化学;文史类考试科目为中文、数学、英语、
历史、地理。每科满分为 150 分。教育部考试中心按照有关考试大纲命题,因此
这些巴西华二代祖语生会在巴西学习中国考试大纲规定的高中课程,这也是有些
华文学校开设港澳台侨联考培训班的原因。

　　许多家长想着说我过几年就走了,所以我就是要孩子以中文为主先学好。可
是他没有发现他不是马上就能走的,孩子即使是肯定回中国,也需要这里的转学
证明,也要知道你在巴西上了几年级,学校也要开证明给你的,你什么都不会,
你回去说你在这里都没上过学,回去就上七年级、八年级,可能吗?

(M5 号 – LSJ – 校长访谈摘录 – 2019)

　　(学生)基本上是中国国籍,但是不瞒你说,我带这些班带得非常艰难,都
是问题孩子,很多在巴西学校都读不下去了,所以最后没有办法就想能不能通过
这个(联考)方式,分数也比较低,然后到中国去留学。可是学习太差劲了,
经常逃课。十七八岁了,然后不听话,你给他发信息不回你。问题很严重,一个
月七八十节课只给我来上二十几节课,逃课去玩游戏。从问题小孩到问题青年
了,家长也管不了。像这种回国一年后绝对被赶回来,到处挂科,大红灯笼高高
挂绝对会被退学回来。叛逆得不得了。第一期的挺好的,有考上浙江师范大学、
福建师范大学、暨南大学的。后来两期越来越差。我本来是想帮他们,因为有家
长提出来,然后说想要这样回去(中国),我就说好。这也是改变自己的一个机
会,那么我就请师资来培训,可是你不配合我怎么办?

(M6 号 – WWG – 校长访谈摘录 – 2021)

四、 与其他国家对比

在 2014 年调查的 67 名巴西华二代祖语生中，除 3 人未填写外，70.3% 的学生在中国读过书；在 2021 年调查的 73 名巴西华二代祖语生中，除 3 人未填写外，在中国读过书的有 18 人，占 25.7%，没有在中国读过书的有 52 人，占 74.3%。

通过比较 2014 年、2021 年的调查结果，我们发现，巴西华二代祖语生曾回国读书的比例明显高于其他国家，尽管在 2021 年比例有所下降，但平均比例仍在 48%。

现在新侨比较多，欧洲也好，其他国家也好，都是新侨比较多，新侨对学校的要求也特别高，他们希望说孩子要跟国内同步，但是达到同步是不可能的。

（M5 号 – LSJ – 校长访谈摘录 – 2019）

2019 年我们对 63 名海外华文教师进行了问卷调查，63 名华文教师中有 44 名所在的学校有在中国读过书的华二代祖语生，这些华二代祖语生来自欧洲（爱尔兰、奥地利、匈牙利、德国、俄罗斯、法国、瑞典、瑞士、荷兰、罗马尼亚、英国、西班牙、希腊）、北美洲（加拿大、美国）、亚洲（马来西亚、日本、文莱、泰国、印度尼西亚）、大洋洲（澳大利亚）。由此可见，在中国接受过一段时间教育再跟随家人移民到国外继续学习中文的华二代祖语生比较普遍。

调查显示，上述学校中有 31% 使用的是人教版教材。根据我们的统计（见表 7 – 12），使用人教版教材的原因是：便于学生回国后对接国内的教育（26.67%）、学校要求（20.00%）、其他教材过于简单（13.33%）、里面的传统文化知识非常重要（13.33%）、家长要求（8.89%）、其他学校也使用（8.89%）、为学生参加港澳台侨联考做准备（6.67%）。

表 7 – 12　其他国家华二代祖语生使用人教版教材的原因

原因	响应		普及率（$n = 63$）
	n	响应率	
学校要求	9	20.00%	14.29%
便于学生回国后对接国内的教育	12	26.67%	19.05%
为学生参加港澳台侨联考做准备	3	6.67%	4.76%
其他教材过于简单	6	13.33%	9.52%
家长要求	4	8.89%	6.35%
里面的传统文化知识非常重要	6	13.33%	9.52%
其他学校也使用	4	8.89%	6.35%
其他	1	2.22%	1.59%

拟合优度检验：$\chi^2 = 22.800$，$p = 0.004$。

对人教版教材的满意度，49.82% 的教师觉得一般，28.75% 的教师觉得满意，21.43% 的教师很满意。人教版教材比较系统且学生学起来比较容易出成绩。

有没有发现，其实现在欧洲各个地方很多华侨都用到了人教版。因为大家都觉得人教版的很系统，然后教起来，只要你按照系统去做，比较容易出成果。《中文》那个就是相对来讲比较适合老外的，华裔跟老外不是等同概念，华裔肯定理解能力各个方面比老外强。国侨办上次也送了一些《中文》到巴西这边来，然后我们又领了一些，说实话到目前只用了它的第一册跟第二册。我只用到了它的拼音，其他的我用不上。因为对我们的学生来讲太浅了。

（M6 号 – WWG – 校长访谈摘录 – 2019）

根据我们的调查，其他国家的中文学校也有在中国接受过教育想再回到中国学习的华二代祖语生（26.98%），在面向华二代祖语生的实际教学中，使用的教学方法较为多元，跟中国并不一致，有的课堂是复式教学（11.11%），有的不是（11.11%），所在的学校除了教中文外，还用中文教授数学等课程的占 31.75%

（见表 7 - 13）。

表 7 - 13　其他国家中文教师使用人教版教材及教学情况

名称	选项	频数	占比/%
您使用人教版《语文》等教材的时候使用的教学方法和中国的教学方法类似	是	5	7.94
	否	9	14.29
您在教授人教版《语文》等中国国内统编教材时课堂教学使用复式教学	是	7	11.11
	否	7	11.11
您所教的学生中有在中国接受过教育想再回到中国学习的	有	17	26.98
	无	27	42.86
您所在的学校是否除了教中文外，还用中文教授数学等课程	是	20	31.75
	否	36	57.14

　　从上述其他国家中文教师使用人教版教材的情况可知，目前华二代祖语生流动情况在其他国家同样存在，也有很多华二代祖语生是先接受中国教育再移民的，他们的祖语传承状况已受到关注，但是否与巴西华二代祖语生一样在两国之间来回流动，还有待进一步研究。目前所看到的是，上述 21 个国家中，也有华裔不加入住在国国籍的情况。另外，非常值得关注的是人教版教材在海外的使用情况存在相当的比例，需要引起国内足够的重视和研究。

五、　小结

表 7 - 14　巴西华二代祖语生流动动因

时间轴	改革开放后至 2000 年		2000—2019 年				2020 年至今	
"推力"／"拉力"	巴西	中国	巴西	中国	巴西	中国	巴西	中国
经济环境							推	拉
自然环境	拉	推						

（续上表）

时间轴	改革开放后至2000年		2000—2019年				2020年至今	
"推力"/"拉力"	巴西	中国	巴西	中国	巴西	中国	巴西	中国
社会安全			推	拉			推	拉
工作机会	拉	推					推	拉
生育环境	拉	推						
教育环境			推	拉	拉	推	推	拉
家庭原因	拉	推	推	拉	拉	推	推	拉
年龄段	婴儿		学前		小学		大学	
华二代祖语生	出生在巴西		被送回中国		被接去巴西		再回中国	
祖语传承	无		延续		延续/中断		延续	

　　本章我们梳理了巴西华二代祖语生出生在巴西—被送回中国—被接去巴西—再回中国的一个流动过程（见表7-14）。从时间的发展来看，我们分成三个阶段：改革开放后至2000年，这一时期在国内"推力"和巴西"拉力"的共同作用下，巴西的中国大陆新移民显著增多。这一时期，中国方面的"推力"表现在：工作竞争较大、计划生育政策，尤其是家庭方面，受周围人出国的影响，家人也支持出去闯荡一番；巴西方面的"拉力"表现在工作机会相对较多，只要能吃苦就能赚到钱，许多在巴西的亲戚朋友也鼓励新移民前往巴西。2000—2019年，这20年的时间里，巴西华二代祖语生已经开始在中国和巴西之间流动，整体来看，伴随着巴西华二代祖语生在巴西和中国之间"钟摆式"的跨国流动，国内"洋"留守儿童问题逐渐显现。2020年后，随着中国经济稳定增长，回国的华二代祖语生不断增加，从祖语传承的角度来看，他们的祖语或是延续或是中断，如何让他们接入国内大中小学的教育，在不久的将来会是摆在祖语传承面前的重要问题。

第八章　互联网赋能巴西祖语传承

2020 年，受全球性突发公共卫生事件影响，海外 2 万多所华文学校正常的教学秩序受到严重影响，巴西华文学校的教学在过去几年的时间里经历了从线下转到线上，又从线上转到线下的过程。本章将重点分析以上改变对巴西华文学校和巴西华二代祖语生的影响，目前巴西祖语传承的需求和供给情况，以及网课期间祖语传承路径的新变化。

一、　外部环境的影响

1．对学校的影响

全球外部环境改变的影响首先表现在在华文学校学习中文的巴西华二代祖语生数量急剧下降，有些学生是暂时中断学习，有些学生则选择退学不再学习中文。一些华文学校的学生数量由之前的数百人降为只有几十人、十几人。有的家长觉得自己在家也可以教孩子就不让孩子在学校学中文了。

网课前的话，有时候班里边有十几个。线上课真的是很少，有三四个、四五个这样子。

（M5 号－LSJ－校长访谈摘录－2022）

网课前我大概有将近 600 个学生，然后网课刚刚开始的时候就剩下 220 多个，刚开始就是所有的行业都凋敝、都关掉，很多家长也待在家里，然后就觉得这样的一个过程不知道要多久，要自己在家里，有的时候我们自己带一带，所以孩子就不读了。

（M6 号 – WWG – 校长访谈摘录 – 2021）

　　学校资金紧张却仍要缴纳租金和税费。全球外部环境的改变对华文学校的影响是巨大的，对于巴西的各个华文学校而言更是面临"生死存亡"的危机。巴西政府对巴西的公立学校是有资助支持的，但华文学校基本上都是私立的，只能"自生自灭"。在访谈中我们得知近一半的华文学校没有"撑过去"，按照校长的说法，能"撑到"2021 年上半年的基本就活下来了，其他的则不在了。在学费的缴纳上，收缴上来的网课学费大幅降低，另外，租用的校区在税收上没有得到减免，仍需正常缴纳，这对生源急剧下降的华文学校来说无疑是雪上加霜，难以为继，有的学校撑不下去只能宣布倒闭。

　　三个校区，但是在网课期间，我关了一个，就是工具街的教学点，这个幼儿园我先关掉了，租金太高了。我当时跟他洽谈说你能不能给我减免个 30% 或者 40%，但一分都减不下来，最后还跟我说什么，你可以搬走，你可以走。没什么用，知道我投了 100 多万去装修，我是不可能随便走的，所以他就抓住你的这个弱点，因为你不得不去交，所以太难了。

（M6 号 – WWG – 校长访谈摘录 – 2021）

　　教学对象复杂，编排班级难度大。教会学校在网课之前一个班的学生有十多人，但是网课期间只有几个人，在编排班级时较为困难。尤其是复式教学在网课上很难实施，如果单开班成本又比较高。

　　华文学校复课难度大，校长、家长和巴西华二代祖语生三方都持观望态度。尽管巴西学校在 2021 年后半年陆续宣布恢复线下课，但华文学校并没有立刻跟随巴西学校的步伐。巴西学校复课后学生不得不去，这是因为不去巴西学校上课则不能获得学分，但是华文学校则没有这样的权威，华文学校的约束性在网课期间变得微乎其微。

　　为了稳定教师队伍，华文学校需要保证和提高教师待遇。在教师待遇方面，由于当时中国外派到巴西的教师都已返回中国，巴西的华文教师以当地师资为主，教会学校正常发放教师的薪水，没有因为外部环境的改变而减少，中国大陆背景的华文学校在自负盈亏的情况下也没有降低薪水反而增加薪水以稳定师资队伍。

　　我觉得老师很不容易，真的很不容易，我要为了我这个团队，不然如果我这个团队瓦解了，我开学怎么办？所以第一是我要稳住这个团队，第二是整个物价提高了很多，整个巴西通货膨胀很厉害，物价提高了，所以老师也要生活，我自己苦一点儿，没事，老师也要生存，也要生活。

（M6 号 – WWG – 校长访谈摘录 – 2021）

　　开展线上教学对于很多教师来说都是首次，由于不能把传统的线下教学经验搬到线上，几乎没有任何经验可借鉴。据统计，接近 90% 的华文教师面对突如其来的线上教学是"零经验"，大家突然在摄像头前变为"主播"，有的华文教师是兼职上网课，这些对教师们来说是巨大的挑战（陈雯雯，2021）。宗教性质的华文学校坚持非营利性的宗旨，甚至以减免学费等方式留住学生。在准备、调整硬件设备的同时，这些华文教师顶住压力、不断磨课，挽留住了一大批学生，使得祖语得以传承下去。

　　我觉得我们有一支很棒的团队，我们这个团队去年（2020 年）刚开始就做好了准备，我们其实两年前就已经全部多媒体上课了，我们很早每个教室都配有电脑、投影什么的，两年前就开始朝这方面去准备，我们有统一的课件给所有的老师，我们对老师进行培训。巴西下令 3 月 21 号之前必须关闭线下课，我们是 6 号关的。7 号到 20 号我们做培训搭建好平台。用 5 天的时间，所有的老师从早到晚每个人都上课直播，就在老师直播群里面直播，每个老师从不行讲到行，一个人讲，下面所有人点评给你提出意见，哪里讲得好，哪里不好需要修正。因为我们所有的老师都谈到，网课更重要，所有的家长都在旁边听你的课，如果你没有讲好，没有认真负责任，老师一定会被淘汰的，所以我们的老师真的都挺用心、挺棒的。

（M6 号 – WWG – 校长访谈摘录 – 2021）

宗教团体开办的教会华文学校在疫情中的公益性和慈善性凸显出来，有些华侨华人家庭在疫情防控期间非常困难，甚至要借钱才能让孩子读书。华侨天主堂不断补贴下面的各所华文学校，并认为疫情防控期间华文学校不应以赚钱为目的，需要对有困难的华侨华人的孩子予以一定的帮助和照顾。为了不让这些孩子辍学，宗教团体开设与巴西政府合作的幼儿园，以满足不断增加的幼儿人数且免收费用。这些幼儿园由于是和巴西学校合作，也不需要付租金，所以无形中减轻了学校的运转负担。在作文比赛、朗诵比赛时，教会学校会针对年龄大一些的孩子开设免费的辅导课程。宗教团体下属的华文学校除了接济有困难的华侨华人的孩子外，还希望通过减免学费等方式让家长把孩子留在巴西，不要把孩子送回中国。幼儿园雇用专业的幼儿教师，从孩子 0～3 岁就开始培养他们说葡语，以更好地让孩子融入巴西社会。

幼儿园我们是在 2019 年开工的，2020 年 3 月份刚一开学网课就来了，在 2020 年 10 月、11 月，紧接着我们又同时建了两家，没有让停工反而继续建。现在我们已经招满了，494 个孩子，还有很多孩子在排队等着，整个圣保罗有 8 万孩子还没有学校上。我们还要找地方，第四家地方已经看好了，准备要开始做了。这些孩子有华裔，也有巴西人，小孩子不考虑华裔比例问题。越小的越好，越小的他学得越快，从 0～3 岁。用专业的幼儿老师，以葡文为主，每天两个小时左右的中文。我们有个想法就是 0～3 岁的孩子把他们培养出来之后，慢慢地他们再去私立的幼儿园，比如说 4～6 岁的孩子到刘学琳幼儿园。总之，开始给他们进行双语教育，慢慢地就是幼儿园毕业之后，无论是巴西的孩子还是中国的孩子，他进到一年级的时候，双语都是特别好的。

如果说完全办中文学校的话，可能会受影响。最主要我们不能完全以中文为主，不能以中国孩子为主，当地的巴西人我们要兼顾。所以说我觉得还不会有问题，在学生方面我倒是不那么担心的。

（M7 号 – LSJ – 校长访谈摘录 – 2021）

开的这个慈善幼儿园是跟政府合作的，我觉得太多人有困难了。我想的主要是很多孩子一出生就被送走，他们因为家庭条件不好，还有一个，因为没人照顾孩子，所以我们开这个慈善幼儿园，从早上7点到下午5点，基本上能够解决全天的问题，还一分钱都不收的，就是希望他们能把孩子留下来，不要送走。你送走对这个亲情还是种伤害，还有对孩子，我觉得这个语言上面也是一个（伤害）。我们是招收0~3岁的，0~3岁在学校里边基本上都是葡语的老师而且是专业的幼教老师。我们说在父母身边长大的孩子，跟在其他人身边长大的孩子性格是不一样的。一般上到初中就能感觉到了，有的上小学就能感觉到。我觉得我跟神父不是以赚钱为主的，所以与其我一直往学校里面贴钱，不如说我跟政府合作做慈善，这一块我起码不贴钱。教育这一块我觉得还是要做的，要为华人做点儿事情，尤其是为低收入阶层做一点儿事情。

（M5 号 – LSJ – 校长访谈摘录 – 2022）

中国大陆新移民开办的华文学校在疫情防控期间由于房租租金较高，有的校区被迫关闭，教学点减少，入不敷出，严重亏损。学校面临严峻的考验，不得不寻找新的路径以求转型。以巴西目前最大的中国大陆新移民开办的华文学校为例，它在经历过2021年闭校上网课后，于2022年1月6日恢复线下课教学，从招生广告中我们可以看到为了照顾其他州、城市以及一些仍不愿去学校上课的学生，它还是采用网课教学的方式，网课与线下课一致。可以看出，虽然目前已经恢复了线下课程，但华文学校依然采用"线上＋线下"的教学模式，这是互联网赋能下祖语传承路径的新变化。

从开始的不知所措逐渐过渡到积极转型、拥抱变化，华文学校不但生存下来而且转危为机，生源数量不仅超过了网课之前，而且生源的范围和规模得益于网课，辐射到了巴西更多的城市乃至其他国家，而这一切要归因于校长的坚持、师资队伍的磨炼、软硬件的培训、教学质量的保证和贴心的家校服务。

2020 年 3 月 16 号那一天开始停课，我跟我太太两个人送完最后一个孩子，坐在操场上看日落，坐了两个多小时看太阳落下，一句话都讲不出来，就是很痛，不知道如何走下去。何去何从，走什么样的一个路？没底，因为从来没有过这样的一个情况，心里恐惧，但是最终必须去做。对谁来讲都是一样的，唯独就是尽快去适应。摆在面前的就是我的成本开销比收入多很多，我不去改变这个现状，我就必须关闭。我辛辛苦苦培育市场这么多年了，我怎么可能让我这个学校关闭，我怎么能让这个团队就这样，不可能的事，无论如何我都要把它给撑下去。

我是全心全意为家长服务，（手机）24 小时开机的。孩子有什么情况我们服务都很周到。还有一个，我们作业的批改都很认真。所以当时因为我们的这种耐心，我们的这种付出得到了家长的认可，后来他们不断地给我推荐新的孩子进来。

后来慢慢地我们的生源也恢复到以前，用了一年左右的时间，现在的这个生源已经从之前的只有一个圣保罗，发展到巴西利亚、里约等城市，甚至巴拉圭、墨西哥、美国等国家我们都有生源，另外一些驻巴中资企业也通过网络上我们的课，这个真的太棒了。危机也是转机，但这个过程真的很痛苦。线上突破，获得了线上涅槃。

（M6 号 – WWG – 校长访谈摘录 –2021）

2. 对巴西华二代祖语生的影响

对于部分巴西华二代祖语生来说，外部环境的变化使得原本就对学习兴趣不高的他们更多地选择中断学习，退学后去父母开的店里看店。这些退学的巴西二代祖语生在祖语传承上再次中断，葡文也较差，使得他们难以融入巴西社会，想回到中国但因为是巴西国籍也回不去，进退两难。

我原来的华文学校复课了，但是华文学校的上课时间，和我现在巴西学校的（上课）时间冲突，我的时间不太能调得过来。以后学不学中文还不一定。

(S48 号 – LN – 学生访谈摘录 – 2022)

表 8 – 1　巴西华二代祖语生网课学习时间

选项	响应		普及率（$n = 73$）
	n	响应率	
每天中文课程 2 小时左右	41	38.32%	56.16%
每天中文课程 4 小时左右	5	4.67%	6.85%
每天葡文课程 2 小时左右	4	3.74%	5.48%
每天葡文课程 4 小时左右	33	30.84%	45.21%
周末中文	3	2.80%	4.11%
其他	21	19.63%	28.77%

拟合优度检验：$\chi^2 = 106.336$，$p = 0.000$。

对于依旧选择上中文课的巴西华二代祖语生而言，学习中文的时长减少。根据我们的调查（见表 8 – 1），大部分华二代祖语生学习中文的时间每天在 2 小时左右（38.32%），少数学生每天在 4 小时左右（4.67%），而学习葡文的时间维持得较好，大多数学生每天在 4 小时左右（30.84%），少数学生每天在 2 小时左右（3.74%）。根据我们的访谈，还有学生学习中文的时间在半小时左右，学习葡文的时间有的长达 5 小时甚至到 6 小时。与网课前半天中文、半天葡文的学习时间相比，学习中文的时间较网课前大幅减少。

　　网课前，因为巴西学校都是半日制的，我基本都是读全天，半天中文，半天葡文，上午是葡文，下午是中文。网课后，因为我们在家上网课，巴西学校老师有安排，我们班也是像之前一样半天葡文，半天中文。网课的话，时间比之前更短一些，像以前是两小时，现在是一小时左右。

（S1 号－YQQ－学生访谈摘录－2022）

　　上网课对巴西华二代祖语生的成绩有影响，许多巴西华二代祖语生的学习成绩下降严重。不仅中文课成绩下降，葡文课成绩也如此。比起线上教学，这些巴西华二代祖语生更喜欢在教室里上课，这主要是由于线上教学注意力无法做到有效集中，互动性较差，且每次线上课较线下课课时缩短，部分授课教师无法把控课堂。

　　孩子的注意力不容易集中，另外就是老师也不容易观察到使用（线上教学）的一个反馈，总是觉得不太好。

（P72 号和 P73 号－WYX－家长访谈摘录－2022）

　　我还是觉得在学校上课好一点儿，因为上网课的时候有时候还可能会偷点儿懒什么的。

　　数学的话有点儿不是很好，主要是那个老师他在加拿大，所以只能上网课，就是在学校上网课我也不太喜欢。

（S2 号－XKL－学生访谈摘录－2022）

　　虽然我的华文学校已经复课了，但是离我们家实在太远了，所以还是先不去了。网课，就是老师看不见我们在干什么，然后看着老师在那边讲，挺有趣的，但是在线下学得更好一些。

（S33 号－HYS－学生访谈摘录－2022）

　　上网课现在习惯是习惯，但是有时候就是觉得线下上课比线上上课好。成绩不是非常理想，开始就是这样子，线下上课的时候成绩就好了。

（S52 号 – CJX – 学生访谈摘录 – 2022）

二、　网课的需求和供给

在网课期间，华文学校面临从线下转到线上的转型问题，其中最难的在于师资线上培训。

如果转型的过程当中你没有去赢得这个市场的发展跟需求，你肯定是驾驭不住了。像我岳父 67 岁了，之前是电脑都不懂的，因为他们老一代的老师都没有上过网课，都是线下教书，直接在黑板上写板书的，但是网课期间我岳父也撑了好几节的（线上）数学课，而且不懂教到懂，现在也很熟练地在上网课。

（M6 号 – WWG – 校长访谈摘录 – 2021）

另外，教材的获取存在一些困难。根据我们 2014 年的走访和 2022 年的访谈，在过去的 8 年中，教材运输问题仍未得到妥善解决。根据我们的调查，目前巴西华文学校获取人教版教材的方式主要是靠国内私人代买后通过海运拼货柜的方式送去巴西。中国和巴西地理距离遥远，这些货柜到巴西的时间不稳定，导致运费、保管费等昂贵，不仅增加了运输成本，而且由于送达时间不定，开学后教材还没能分发给学生，衔接不上。通过领事馆、中国华文教育基金会等赠送的教材，如《中文》《华文》等也有一定的适用性，但是考虑到绝大部分的巴西华二代祖语生使用的是人教版教材，华文学校的校长呼吁通过外交等途径使这些教材快速到达巴西。对巴西华二代祖语生的教育实际上是国民教育在海外的延伸，希望这些在海外接受国民教育的巴西华二代祖语生能畅通且较快地使用上国内的教材。

人教版的这些书都是我们托人，或者是装人家货柜过来的。

（M5 号 – LSJ – 校长访谈摘录 – 2019）

网课到现在，书本进不来，书本太少了。以前我那个书本也是通过货柜过来的，然后我一般来讲一次就是 40 箱、50 箱，一年两次到三次，以前好一点儿，运费还低一点儿，一个大概 3 000 多块钱，现在一个开价开到 1 万多，然后还得跟人家拼柜，拼的是杂货，很多时候还提不出来，半年以上，甚至到一年都提不出来。这样的话一本书，单是运费就要 50 到 60 巴币，加上中国采购的费用，一本书下来单成本就要七八十块，我们现在是卖 60 块钱，所以等于是倒贴的。说实在话，我们的原意就是说多付，最主要的是要够快，外交的途径快，很快就可以很便利地提货，我们现在书本到这里是半年以上的，我在最需要的时候还拿不到书本，实在是太难了。

（M6 号 – WWG – 校长访谈摘录 – 2021）

巴西华二代祖语生的家长希望能有更多中国国内的中小学教师对他们的孩子开设"一对一"和"一对多"的中文课程。我们找到了 2022 年 4 月一位中国教师面向巴西华二代祖语生线上教学的课表，从这位教师的个人课表（见表 8 - 2）里我们可以看到这位教师使用的教材有三套，一套里面也有不同级别。这对线上教学的教师要求较高，同时由于巴西和中国有 11 小时的时差，这也会给中国教师带来不小的挑战。

表 8 - 2　面向巴西华二代祖语生线上教学的中国国内教师个人课表

	星期一	星期二	星期三	星期四	星期五	星期六	星期日
6：00~6：30 6：30~7：00	Jonhy 班课 轻松学中文 3b	Wong 班课 发展汉语：初级口语 1		Wong 班课 发展汉语：初级口语 1	Jonhy 班课 轻松学中文 3b	Wong 班课 发展汉语：初级口语 1	Jonhy 班课 轻松学中文 3b
7：00~7：30 7：30~8：00	Siem 班课 发展汉语：初级综合 1				Siem 班课 发展汉语：初级综合		Siem 班课 发展汉语：初级综合 1
21：00~21：30 21：30~22：00		Vivi 一对一 发展汉语：高级综合 1		Vivi 一对一 发展汉语：高级综合 1			
21：30~22：00 22：00~22：30	Lucas 班课 部编版语文一年级下		Lucas 班课 部编版语文一年级下		Lucas 班课 部编版语文一年级下		

　　此外，华文学校还要面对国内中文培训机构出海带来的市场冲击。受中国政策利好等影响，现在国内的中文培训机构开始把注意力转移到了海外，国内商业化的供给会挤占属于巴西华文学校的市场份额。一些国内的中文学习机构已经系统地研发出了面向海外华裔和中文作为第二语言教学的课程，并投放到了海外市场。巴西华文学校的校长在访谈中多次透露，这是"狼来了"，他们需要的是服务，而不是抢占他们的学生，挤占网课下本就不多的市场份额。

　　我们需要的是服务，我们需要的是怎么来培训我们这些团队，让我们的网课质量更好，需要他们想办法怎么把书送到我们这里，而不是说你们来抢我们的市场。中国推免费的中文培训课程给我们以为是帮助我们了，其实根本是雪上加霜，在抢我们的市场。我们学校倒闭了，等到开学以后这些孩子怎么办？他们要不要去学校？

（M6 号 – WWG – 校长访谈摘录 – 2021）

三、　未来展望

　　根据我们的访谈，许多华文学校的校长认为巴西这边将有大量的华二代祖语生回国，生源下降预计将会远超网课期间，尤其是以中文教学为主的华文学校将面临一次巨大的挑战，甚至再次面临倒闭的危险。因此，巴西华文学校急需转型，寻找新的市场增长点。

第九章 结语

本书从不同方面对巴西祖语传承情况进行了考察，主要发现如下：

1. 传承模式和路径随时代发展而不断调适

巴西祖语传承经历了不同的历史阶段。从最初的方言聚集地（茶园、铁路施工地）到前两次巴西移民潮下的宗教团体办学、台湾同胞办学，再到 21 世纪后以中国大陆移民办学为主，中国政府机构、天主教神父和当地老华侨华人成为传承的主要推动力量，形成了巴西祖语传承教育的新局面。

巴西祖语传承的主体对象是基础教育阶段的巴西华二代祖语生，包括早期移民第二代、第三代子女和新移民第一代子女。由于移民时间长短不一、学习动机多元，具有一定的复杂性。

巴西祖语传承的主要路径是各种各样的华文学校，主要集中在基础教育阶段。华文教师是祖语传承的核心。新移民教师大多拥有中国国籍，他们在巴西的地位和待遇不高，教师不是其首选职业。华文教师的学历较高且多是中葡双语教师，但专业背景对口的较少。在巴西祖语传承教育中，教学类型既有中文作为第一语言的教学，也有中文作为第二语言的教学。目前仍然存在复式教学模式。教师的教学方法单一，教学多媒体设备准备不足。教学质量由学校和教师自己掌握，无统一的评估机制。随着祖语传承路径的变化，华交教材向中国大陆版转变，华文教师的构成也由中国台湾教师向年轻的中国大陆教师转化，课堂教学类型以中文作为第一语言为主。

2．巴西华二代祖语生多以中文作为第一语言

巴西华二代祖语生存在中文水平高于葡文水平、葡文是第二语言的现象。多语水平从高到低依次为：中文、葡文、英文和方言。中文分技能水平从高到低依次为：听、说、读、写；葡文分技能水平从高到低依次为：读、听、写、说。从祖语的传承度来看，中文听、说、读的水平达到了与国内"同步"的级别，而写的方面处于"保持"级别，方言处于"濒危"级别。巴西华二代祖语生中文的使用语域比葡文更为广泛，包括人际交往、家庭、学习、日常生活、社会媒介等。葡文的使用语域限于医院、超市等公共场合。

巴西华二代祖语生在就读年级上存在年级顺差和年级逆差，这使得巴西华二代祖语生的中文课堂教学变得复杂，尤其表现在复式教学模式上。

3．家庭和学校的语言规划在祖语传承中的作用至关重要

巴西华二代祖语生学习中文的动机多元，既有父母要求、回国上学、中文有用、回国参加港澳台侨联考、朋友也在学等工具型动机，也有华侨华人的孩子要学中文、喜欢学习中文和对中华文化感兴趣等融合型动机。表现在语言态度上，巴西华二代祖语生普遍觉得中文比葡文、英文、方言、西班牙文更重要。

在家庭语言规划中，家长对巴西华二代祖语生学习中文有着强烈的愿望。在具体的语言管理和语言实践上，表现为：送孩子去华文学校学中文、经常带孩子回中国、要求学校使用人教版《语文》教材、在家里跟孩子说中文不说方言、看电视和上网聊天等都使用中文。

华文学校作为祖语传承的主要路径，在注意到巴西华二代祖语生"中文比葡文好"这一现象后，在语言规划上存在分化现象。有的华文学校会控制巴西华二代祖语生的招生比例，让巴西华二代祖语生尽快适应巴西的教育，但是更多的华文学校会迎合巴西华二代祖语生家长的需求，使用人教版教材，有的还开设与国内同步的奥数等课程，以适应巴西华二代祖语生回国学习的要求。

4．巴西华二代祖语生面临双向流动带来的祖语传承衔接问题

巴西华二代祖语生之所以想回国上学，其根源在于不确定的流动。在过去

20多年的时间里，巴西华二代祖语生已经在中国和巴西之间来回流动，其背后有"推力"，也有"拉力"。经济环境、自然环境、生育环境、社会安全、工作机会、教育环境、家庭成为影响巴西华二代祖语生来回流动的动因，在不同阶段形成不同的"推力"和"拉力"。巴西华二代祖语生按照流动的意愿分为被动流动和主动流动。这些巴西华二代祖语生经历了从被动流动到主动流动的过程。

　　巴西华二代祖语生流动的年龄段按照接受教育的时间可分为四个阶段：婴儿阶段、学前阶段、小学阶段和大学阶段。流动主要发生在学前阶段和小学阶段，而这一时期恰是语言发展的关键期。在中国和巴西之间的来回流动产生了两大问题：①社会问题：回到中国的"洋"留守儿童问题，以及如何衔接国内的祖语传承教育；②接去巴西后的学习问题和心理问题：学习上怎么解决"中文比葡文好"的祖语传承问题，以及心理上如何融入巴西社会。

二、　研究建议

1. 关注巴西华二代祖语生对方言、中国文化和传统品德的传承

　　方言是华语在海外的变体之一，除了关注巴西华二代祖语生对中文的传承外，也要关注对方言的传承。除了传承语言外，也要关注对中国文化的传承，以及对中国传统品德的传承。

2. 加强对巴西基础教育阶段华文学校的扶持力度

　　巴西祖语传承主要集中在基础教育阶段。目前，尽管部分巴西当地的华文学校获得了来自中国的资金支持，但是杯水车薪。希望有关方面积极推动当地华文学校纳入巴西教育体系，使其早日成为"正规"的学校。在教材运输方面，希望能提供多途径的运输方式，制定优惠政策输送包括人教版教材在内的中国基础教育阶段的教材到巴西。

3. 推动巴西高等教育阶段中文教学与研究的人才培养

　　目前在高等教育阶段，巴西的华文教师仍以中国台湾教师为主，要推动中国

大陆教师进入巴西高校任教，而不仅仅是与孔子学院合作教第二语言，在祖语传承上也要加强对巴西当地大学中文教学与研究的人才培养。

4．研发适合巴西华二代祖语生对接中国基础教育的中文教学资源

国内相关机构在充分调研的基础上，可考虑研发适合巴西华二代祖语生在海外学习中文（语文）的多语种教学资源，包括教材、教辅等产品，范围可进一步扩大到其他中小学学科。也可开发和扩充升学衔接"接口"的中文教学资源，如港澳台侨联考教材等。

5．涵养教育扶贫下的中国"洋"留守儿童侨务资源

被送回国和主动回国的巴西华二代祖语生是中国侨务资源的一部分。中国不仅要加强对"洋"留守儿童的语言教育，也要关心他们的心理健康和成长，细化升学、教育等侨务政策，使其在流动的同时，更好地成为国际交往的桥梁和纽带。

6．借助自媒体、智能学具进行"AI 云传承"

随着网络技术的发展，"新""奇""特"的自媒体等新兴媒介将成为受巴西华二代祖语生欢迎的祖语传承路径之一。中国和巴西距离遥远将不是问题，"AI 云传承"将打破巴西华二代祖语生在华文学校学、回国学的地理禁锢，变为随时随"国"学。

7．赋能"网络外派教师"走进"双师课堂"教"定制课程"

互联网赋能"外派"师资培训工作将成为未来一段时间内不可或缺的一种新形式。同时，面对海外"一对一""一对多"的"中文外教""中文课堂"等市场需求，我们要做好供给和服务。

三、 不足之处

尽管本书以"历史—现状—未来"为主线，采用整体系统分析法归纳了巴

西祖语传承的历史与发展，但对祖语传承的概念、路径等的认识还需要进一步加强。在研究方法上，因本人水平有限，再加上全球外部环境的影响，前后收集资料历时 8 年，有些待查的问题无法再次前往巴西进行进一步调研。在访谈资料的获取上，有的受访者无法进行面对面采访，采用语音聊天的方式效果一般。问卷的发放采用的是发放电子链接的方式，无法获知发放的样本数量，样本数量略显不足。在发放的过程中，尽管已经尽可能兼顾样本的学校分布，但是仍难以平衡年龄、语言水平等个体差异。只能运用"田野调查＋问卷＋访谈"的方式加以弥补和印证。在研究的对象上，以中国大陆新移民华二代祖语生为主，台湾华二代祖语生的祖语传承仅有少量涉及，在后续的研究中，希望能对上述两类华二代祖语生的语言水平和选择进行对比研究。

四、　待研究的问题

本书立足于巴西华二代祖语生这一主体对象，对巴西祖语传承的历史、现状进行了系统的研究，回应了绪论中提出的问题。同时，有些新问题逐渐浮现出来，在未来的研究中，将着眼于以下几个问题：

第一，对回中国后的巴西华二代祖语生的祖语传承情况进一步做调查研究。关注中国国内"洋"留守儿童的祖语传承情况。

第二，关注仍在巴西的华二代祖语生的祖语融入和认同情况。如何让巴西华二代祖语流动生更好地融入和适应巴西的教育，是我们努力的方向。

第三，开展祖语传承对比研究。如巴西华二代祖语流动生与国际流动生祖语传承对比研究，巴西"洋"留守儿童与国内留守儿童语言学习对比研究。

巴西祖语传承研究作为世界祖语传承研究的一部分，是个"宝藏"，还有很多问题待发现、待研究。

附录一

巴西华二代祖语传承问卷

目前中国对巴西华二代祖语传承的中文学习情况了解不够，希望通过研究，增进中国对新形势下巴西华侨华人子女学习中文的认识，以便更好地促进中巴之间的互助互学。由于疫情等原因不能前往巴西调研，只好以问卷的形式，对于您的参与和帮助，不胜感激！

填写说明

（1）问卷分为学生卷（1~40题）和家长卷（1~40题）。

如果家长您有两个或两个以上的孩子在学习中文，需要您以每一个孩子的家长的身份各填写一份家长卷。

（2）本问卷不记名，只用作学术研究。

【学生卷】

1. 年龄：_____岁　华文学校名字_____　[填空题]*
2. 性别 [单选题]*
   ○男　　　　　　　○女
3. 你出生在哪里？[单选题]*
   ○巴西　　　　　○中国　　　　　○其他_____

4. 你的国籍［单选题］*

　　○巴西　　　　　　○中国　　　　　　○其他 _____

5. 你现在在学中文吗？［单选题］*

　　○在学　　　　　　○不学了

6. 你现在或之前读几年级？［填空题］*

　　中文_____葡文_____

7. 你是华裔吗？（爸爸、妈妈或者爷爷、奶奶是中国人）［单选题］*

　　○是，我是华裔　　　　　　　　○不，我不是华裔（停止回答问卷）

8. 你家里谁是中国人？［多选题］*

　　□爷爷是中国人　　　　　　　□奶奶是中国人

　　□姥姥/外婆是中国人　　　　　□姥爷/外公是中国人

　　□爸爸是中国人　　　　　　　□妈妈是中国人

9. 你的祖籍地是哪里？［填空题］*

　　_____省_____市

10. 你在中国读过书吗？［单选题］*

　　○我在中国读过书　　○我没有在中国读过书（直接跳转到第 20 题）

11. 你回中国学习的原因是什么？［多选题］*

　　□在中国还有家人　　　　　　□父母回国了

　　□父母希望我回中国学习　　　□葡文不好

　　□现在很多人回中国学习　　　□对巴西文化不适应

　　□在巴西父母忙没人照顾我学习　□中国发展快，毕业后工作机会多

　　□更喜欢中国的学习环境　　　□其他 _____

　　□爸妈在中国有生意

12. 你是几岁回中国的？［填空题］* _____

13. 你回到中国后去过中国哪些学校学习？［多选题］*

□中国的幼儿园   □中国的公立小学

□中国的公立初中   □中国的公立大学

□中国的国际小学   □中国的国际初中

□中国的国际大学   □一直在家，没去过

□其他 _____

14. 你喜欢在中国学习吗？［单选题］*

○很不喜欢   ○不喜欢   ○一般   ○喜欢   ○很喜欢

15. 你觉得在中国学习难不难？［单选题］*

○很容易   ○不难   ○一般   ○难   ○很难

16. 你觉得在中国学习最难的是什么？［多选题］*

□跟不上学习进度   □中国老师讲的听不懂   □学习压力太大

□作业太多   □除了语文课，其他科也很难   □其他 _____

17. 你是几岁再去巴西的？［填空题］* _____

18. 你同意吗？［矩阵量表题］*

　　　　　　　　　　1 非常不同意　 2 不同意　 3 一般　 4 同意　 5 非常同意

我回到巴西适应得又快又好   ○   ○   ○   ○   ○

19. 你回到巴西不适应的原因是什么？［多选题］*

□在中国生活得太久了   □葡文不好   □学习变得轻松

□只学习半天   □没人管我的学习   □其他 _____

20. 你将来想在中国、巴西还是其他国家读大学？［单选题］*

○中国   ○巴西   ○美国   ○加拿大   ○欧洲国家   ○其他 _____

21. 网课前你在中文学校的学习时间安排［多选题］*

□上午中文，下午葡文   □上午葡文，下午中文

□全天中文   □全天葡文

□周末中文   □周末葡文

□其他 _____

22. 网课期间你的学习时间安排 [多选题]*

□上午中文, 下午葡文　　□上午葡文, 下午中文

□全天中文　　　　　　　□全天葡文

□周末中文　　　　　　　□周末葡文

□其他 _____

23. 网课前你学习中文时班里同学的比例 [矩阵文本题] [输入 0 到 100 的
数字]*

华裔同学比例_____

巴西同学比例_____

24. 网课期间你学习中文时班里同学的比例 [矩阵文本题] [输入 0 到 100 的
数字]*

华裔同学比例_____

巴西同学比例_____

25. 你常常使用下面的语言吗? [矩阵量表题]*

	从来不用	不经常	有时候	常常	每天
中文 (普通话)	○	○	○	○	○
方言	○	○	○	○	○
葡文	○	○	○	○	○
英文	○	○	○	○	○
西班牙文	○	○	○	○	○

26. 你现在或之前学习中文的原因是什么? [多选题]*

□爸爸妈妈让我学的　□我要回国上学　　　□我对中华文化感兴趣

□我自己喜欢学中文　□回中国参加港澳台侨联考　□我觉得中文将来有用

□我身边的朋友也学习□华侨华人的孩子要学中文　□其他 _____

27. 按照你的语言水平从高到低排序 (1 最好, 5 最不好) [排序题, 请在中括号

内依次填入数字]*

[ ]葡文   [ ]中文（普通话） [ ]方言   [ ]英文   [ ]西班牙文

28. 按照你认为的语言的重要性从高到低排序（1 最重要，5 最不重要）[排序题，请在中括号内依次填入数字]*

[ ]葡文   [ ]中文（普通话） [ ]方言   [ ]英文   [ ]西班牙文

29. 你同意吗？[矩阵量表题]*

	非常 不同意	不同意	一般	同意	非常 同意
我的中文比葡文好	○	○	○	○	○
中文比葡文重要	○	○	○	○	○
要先学好中文再学习葡文	○	○	○	○	○
中文能听、能说就行，不用会读、会写	○	○	○	○	○
父母对我的中文学习很重视	○	○	○	○	○
父母对我的生活很关心	○	○	○	○	○
父母对我的要求很严格	○	○	○	○	○
网课对我的中文学习影响很大	○	○	○	○	○
我喜欢在学校上课	○	○	○	○	○
我喜欢在家里上网课	○	○	○	○	○
网课结束后我想回中国读书	○	○	○	○	○
我知道很多中文学习网站和 App	○	○	○	○	○

30. 你的葡文水平怎么样？[矩阵量表题]*

	1 非常不好	2 不好	3 一般	4 好	5 非常好
葡文（听）	○	○	○	○	○
葡文（说）	○	○	○	○	○
葡文（读）	○	○	○	○	○
葡文（写）	○	○	○	○	○

31. 你的中文（普通话）水平怎么样？[矩阵量表题]*

	1 非常不好	2 不好	3 一般	4 好	5 非常好
中文（听）	○	○	○	○	○
中文（说）	○	○	○	○	○

中文（读）	○	○	○	○	○
中文（写）	○	○	○	○	○

32. 你的方言水平怎么样？［矩阵量表题］*

	1 非常不好	2 不好	3 一般	4 好	5 非常好
方言（听）	○	○	○	○	○
方言（说）	○	○	○	○	○
方言（读）	○	○	○	○	○
方言（写）	○	○	○	○	○

33. 你的英文水平怎么样？［矩阵量表题］*

	1 非常不好	2 不好	3 一般	4 好	5 非常好
英文（听）	○	○	○	○	○
英文（说）	○	○	○	○	○
英文（读）	○	○	○	○	○
英文（写）	○	○	○	○	○

34. 你现在或之前学中文使用的是什么教材？［多选题］*

□《语文》　　□《汉语》　　□《当代中文》　　□《汉语拼音》

□《汉语乐园》　　□《中文》　　□其他_____

35. 除了学习语文，你还学习什么？［多选题］*

□只学语文　　□数学　　□奥数　　□英语　　□其他_____

36. 你在下列环境里说什么语言？［矩阵多选题］*

	中文（普通话）	方言	葡文	英文
跟爷爷	□	□	□	□
跟奶奶	□	□	□	□
跟外公/姥爷	□	□	□	□
跟外婆/姥姥	□	□	□	□
跟爸爸	□	□	□	□
跟妈妈	□	□	□	□
跟哥哥弟弟、姐姐妹妹	□	□	□	□

跟年长的亲戚	☐	☐	☐	☐
跟年轻的亲戚	☐	☐	☐	☐
跟中国朋友	☐	☐	☐	☐
在中文学校下课后	☐	☐	☐	☐
在葡文学校下课后	☐	☐	☐	☐
在超市		☐	☐	☐
在医院	☐	☐	☐	☐
上网聊天	☐	☐	☐	☐
看电视节目	☐	☐	☐	☐

37. 你喜欢吗？［矩阵量表题］*

	非常 不同意	不同意	一般	同意	非常 同意
我喜欢跟中国同学一起玩	○	○	○	○	○
我喜欢跟巴西同学一起玩	○	○	○	○	○

38. 你用过下面什么 App？［多选题］*

　　☐支付宝 Alipay　　☐微信 WeChat　　☐抖音 TikTok　　☐微博 Weibo

　　☐淘宝 Taobao　　☐京东 JD　　☐QQ　　☐都没用过

39. 你的邮箱（email）［填空题］* _____

40. 你的微信（WeChat）［填空题］* _____

【家长卷】

1. 您的出生地［单选题］*

　　○中国　　　　　　○巴西　　　　　　○其他 _____

2. 您的国籍［单选题］*

　　○中国　　　　　　○巴西（跳到第 4 题）○其他 _____

3. 您不入籍的原因是什么？［多选题］*

　　☐还不符合入籍政策　　☐来往中国方便　　☐还有生意、公司等在中国

　　☐中国国籍比较好　　☐其他 _____

4. 您的祖籍地是哪里?［填空题］* ＿＿＿＿＿＿

5. 您的学历［单选题］*

　　○小学　　　　○初中　　　　○高中　　　　○大学　　　　○研究生

6. 您是第几代移民?［单选题］*

　　○第一代　　　○第二代　　　○第三代　　　○第四代　○其他 ＿＿＿＿

7. 您移民巴西多久了?［单选题］*

　　○出生在巴西　○1～5 年　　○6～10 年　　○11～15 年

　　○16～20 年　　○21～25 年　　○26～30 年　　○31～35 年

　　○36～40 年　　○41～45 年　　○46～50 年　　○50 年以上

8. 您当初移民巴西的原因是什么?［多选题］*

　　□父母在巴西　　　□丈夫/妻子在巴西　　　□亲戚在巴西　　　□朋友在巴西

　　□巴西的教育环境比较好　　　　　　□巴西的自然环境比较好

　　□巴西的社会环境比较好　　　　　　□巴西赚钱更容易一些

　　□希望有机会去美国等国家　　　　　□周围很多人去巴西

　　□巴西工作机会更多　　　　　　　　□其他 ＿＿＿＿＿＿

9. 您打算在哪个国家长期居住?［单选题］*

　　○回中国长期居住　　　　○在巴西长期居住　　　　○还说不好

10. 您刚来巴西时从事什么职业?［多选题］*

　　□服务员　　□教师　　□拎包客　　□打零工　　□自己开店　　□商人

　　□律师　　　□公务员　□医生　　　□管理者　　□全职在家

　　□其他 ＿＿＿＿＿＿

11. 您现在从事什么职业?［多选题］*

　　□服务员　　□教师　　□拎包客　　□打零工　　□自己开店　　□商人

　　□律师　　　□公务员　□医生　　　□管理者　　□全职在家

　　□其他 ＿＿＿＿＿＿

12. 您每天工作多长时间？［单选题］*

　　○8 小时以下　　　○8 ~ 10 小时　　　○11 ~ 12 小时　　　○12 小时以上

13. 您觉得自己的经济状况在巴西属于下列哪种情况？［单选题］*

　　○低等　　　　　　○中低等　　　　　○中等　　　　　○中高等　　　○高等

14. 您觉得以下比例大概是多少？［矩阵文本题］［输入 0 到 100 的数字］*

　　您居住的周围的华侨华人比例＿＿＿＿＿＿

　　您工作的地方的华侨华人比例＿＿＿＿＿＿

　　您孩子学校的华侨华人比例＿＿＿＿＿＿

15. 您会说哪些语言？［多选题］*

　　□中文（普通话）　　　□方言　　　□葡文　　　□英文　　　□西班牙文

　　□其他 ＿＿＿＿＿＿

16. 您会说什么方言？［多选题］*

　　□闽南话　　　　　□潮州话　　　　□粤语　　　　□都不会

　　□其他 ＿＿＿＿＿＿

17. 在下列情况下您使用什么语言？［矩阵量表题］*

	1 中文	2 葡文	3 英文	4 方言	5 其他
在家里和孩子	○	○	○	○	○
跟中国朋友聊天	○	○	○	○	○
跟中国亲戚聊天	○	○	○	○	○
在中国饭馆点餐	○	○	○	○	○
跟您的邻居聊天	○	○	○	○	○
上网聊天	○	○	○	○	○
看电视节目	○	○	○	○	○
参加华人社团活动	○	○	○	○	○

18. 您觉得自己的语言水平怎么样？［矩阵量表题］*

	1 非常差	2 差	3 一般	4 好	5 非常好
中文（普通话）	○	○	○	○	○
方言	○	○	○	○	○
葡文	○	○	○	○	○
英文	○	○	○	○	○
西班牙文	○	○	○	○	○

19. 您多长时间带孩子回一次中国？［单选题］*

○半年及以下　　　　○1 年左右　　　　○3 年左右

○5 年左右　　　　○不一定　　　　○其他 _____

20. 您有几个孩子？［单选题］*

○1 个　　　　○2 个　　　　○3 个　　　　○4 个

○5 个及以上

21. 您家有保姆或者工人吗？［单选题］*

○有　　　　○没有

22. 您家保姆或工人是哪国人？［单选题］*

○中国人　　　　○巴西人　　　　○其他国家人

23. 您每天辅导孩子学习多长时间？［单选题］*

○几乎没时间　　　　○半小时左右　　　　○1 个小时左右

○2 个小时左右　　　　○3 个小时左右

24. 您觉得孩子的中文学到什么程度就可以了？［单选题］*

○不需要学　　　　○小学　　　　○初中　　　　○高中

○其他

25. 您会送自己的孩子回中国学习吗？［单选题］*

○会　　　　○不会（跳转到第 31 题）　　　　○看情况

26. 您送孩子回中国学习的原因是什么？［多选题］*

　　□在巴西太忙了，照顾不过来　　　　□中国的基础教育更好

　　□中国的大学更好　　　　　　　　　□想让孩子在中国上幼儿园

　　□想让孩子在中国上小学　　　　　　□想让孩子在中国上中学

　　□想让孩子在中国上大学　　　　　　□在中国有亲人可以照顾

　　□孩子太小了

　　□其他_____

27. 您送孩子回中国一段时间后还会接孩子回巴西吗？［单选题］*

　　○会　　　　　　　　○不会　　　　　　　　○看情况

28. 您会在孩子多少岁前将其接回巴西？［单选题］*

　　○3 岁前　　　　○6 岁前　　　　○12 岁前　　　　○15 岁前

　　○18 岁前　　　　○不一定

29. 您觉得孩子回到巴西有哪些问题？［多选题］*

　　□跟不上巴西学校的学习　　□学习成绩不好　　□葡文太差

　　□适应不了巴西的文化　　　□和同学相处得不好　　□其他 _____

30. 如果孩子回到巴西后不能适应巴西的学习和生活，您会怎么做？［多选题］*

　　□再送回中国　　　　　□只能让孩子去适应　　□走一步看一步

　　□我也不知道　　　　　□其他 _____

31. 您打算让孩子将来生活在哪个国家？［多选题］*

　　□巴西　　　　　　　　□中国　　　　　　　　□美国

　　□加拿大　　　　　　　□欧洲国家　　　　　　□其他

32. 您让或曾经让孩子去学中文吗？［单选题］*

　　○是的，让他学中文　　　　○不是，没有让他学中文

33. 您会把孩子送到什么学校学习中文？［单选题］*

　　○中国大陆移民开办的学校　　○教会学校

○中国台湾移民开办的学校 ○孔子学院/课堂 ○其他

34. 您送孩子到那所中文学校的原因是什么？[多选题]*

☐中国孩子多 ☐巴西孩子多 ☐用的是人教版教材

☐教师水平高 ☐学校管理好 ☐其他 _____

35. 您会选择让孩子在什么时间学习中文？[多选题]*

☐上午 ☐下午 ☐晚上 ☐周末 ☐全天

36. 您同意吗？[矩阵量表题]*

	1 非常不同意	2 不同意	3 一般	4 同意	5 非常同意
孩子的中文比葡文更重要	○	○	○	○	○
孩子上网课很好	○	○	○	○	○
网课对我的工作影响很大	○	○	○	○	○
网课对我的生活影响很大	○	○	○	○	○
网课对我孩子的学习影响很大	○	○	○	○	○
希望有全日制的公立中文学校	○	○	○	○	○
希望有全日制的私立中文学校	○	○	○	○	○
希望我的下一代可以听、说中文	○	○	○	○	○
希望我的下一代可以读、写中文	○	○	○	○	○

37. 您用过下面哪些 App？[多选题]*

☐支付宝 Alipay ☐微信 WeChat ☐抖音 TikTok ☐微博 Weibo

☐淘宝 Taobao ☐京东 JD ☐QQ ☐都没用过

38. 您希望有更多的下列哪些资料？[多选题]*

☐中文辅导书 ☐中文练习册 ☐适合学中文和葡文的 App

☐其他 _____

39. 您对巴西的华文教育有什么建议？

40. 您的微信是多少？如果方便的话，可以留下您的微信以便做进一步的访谈。

[填空题]

附录二

巴西华文学校管理者访谈提纲

1. 背景情况

年龄、学历背景、来巴西的原因、办学的原因等。

2. 华文学校的历史与发展

（1）您所在的华文学校创办时的情况：资金、场地、规模、教师组成；

（2）您所知道的所在华文学校的历史发展情况；

（3）目前您所在的华文学校的发展情况：规模、招生情况、学生人数、班级构成、教师选任标准、全日制还是半日制、政府支持力度、是否纳入国民教育体系、巴西学生和中国学生比例、是否组织家长会等。

3. 华文学校的华语传承情况

（1）语言选择：中文、葡文、英文、西班牙文的情况；

（2）您觉得对你们学校来说，中文、葡文、英文、西班牙文哪一个更重要？

4. 华文学校的教学情况

（1）教材：教材种类、来源渠道；

（2）教法：第一语言教学、母语教学；

（3）教师：构成、薪资水平、资格证、师资培训；

（4）课程设置：教学的侧重点、中华文化、教学进度；

（5）教学模式：复式教学、双语教学；

（6）教学质量控制：教学大纲、教学测评（入学时、阶段测试、级别考试、

HSK、华文水平测试、港澳台侨联考等)、教学评估。

5. 华文学校的学生情况

(1) 学校是否有不加入巴西国籍的学生?他们不加入巴西国籍的原因是什么?

(2) 对于不加入巴西国籍的学生是怎么做的?

(3) 巴西华裔是否大部分住在聚居区?

6. 学习中文的情况

(1)(家长、学生)学习中文一般到什么程度?

(2) 对学习中文的重视态度如何?(家长、学生、学校)

(3) 学生的语言水平如何?(中文、葡文、英文、西班牙文)

(4) 您觉得学生葡文不好的原因是什么?

7. 中巴华裔流动生问题

(1) 您怎么看待中巴之间流动或摇摆这个问题?

(2) 您觉得培养孩子的品德重要吗?您的学校是怎么做的?

(3) 对巴西社会的融入程度如何?(家长、学生、学校)

8. 对中华文化的认同如何?(家长、学生、学校)

9. 巴西华文教育的推动力量与中坚力量

10. 巴西的华语媒体(广播、电视)、华文报纸有哪些?

11. 学校的发展

(1) 您的学校走到现在,成功的经验是什么?

(2) 现在最大的困难和问题是什么?

(3) 网络授课对您的学校影响大吗?您的学校是怎么应对的?

(4) 您觉得在哪些方面需要中国进行帮助?

(5) 您未来有什么打算?

附录三

巴西华二代祖语生访谈提纲

1. 基本信息

请简单介绍下你的年龄、国籍、祖籍地、有没有在中国上过学、有无兄弟姐妹等。

2. 流动情况

（1）你回国学习过吗？

（2）你是几岁回国的？

（3）你为什么回中国学习？

（4）你在中国的学习情况怎么样？

（5）你在中国学习时有哪些困难？

（6）你是几岁再去巴西的？

（7）你再去巴西后感觉怎么样？适应吗？

3. 语言水平

（1）你觉得自己中文好还是葡文好？

（2）你在学校里中文和葡文成绩怎么样？

4. 语言选择

（1）比如说有一个东西或一件事情让你来描述一下，你脑子里首先想到的是中文还是葡文？

（2）你在家里、学校、超市常常说什么语言？

（3）你喜欢看什么电视节目？你知道哪些中国的节目？

（4）你平时有什么爱好？

5. 外界影响

父母对你要求严格吗？他们有时间检查你的作业吗？

6. 身份认同

（1）你喜欢和中国朋友玩还是喜欢和巴西朋友玩？

（2）你觉得自己更像是中国人还是巴西人？

7. 网络授课影响

（1）网络授课对你的影响大吗？

（2）网络授课前你的学习安排是怎样的？之后呢？

8. 未来打算

（1）你打算回中国学习吗？

（2）将来你想做什么工作？

附录四

巴西华二代祖语生家长访谈提纲

1. 基本信息

请简单介绍下您的年龄、祖籍、国籍（孩子、家人）、学历、移民时长、第几代移民、孩子数量、家属情况、居住地环境、移民巴西的原因。

2. 语言意识

（1）您的语言水平如何？（中文、方言、葡文、英文）

（2）您觉得对您工作和生活来说哪种语言更重要？

（3）您觉得您的孩子有必要学中文吗？为什么？

（4）您希望孩子中文学到什么程度？

（5）您在家里要求孩子说中文吗？

（6）您家里的布置会偏向中式还是西式？会为孩子的中文学习创造条件吗？

3. 语言选择

（1）您觉得对孩子来说中文和葡文哪个更重要？

（2）如果中文、葡文、英文、西班牙文要排序的话，您会怎么排？

（3）您觉得孩子的中文水平如何？葡文呢？

（4）您孩子的成绩在班里如何？中文、葡文成绩如何？

（5）在家里，和孩子您说什么语言？

（6）在家里，和爱人您说什么语言？

（7）您和邻居说什么语言？

（8）您会选择让孩子在什么学校学习中文？（中国移民开办的华文学校、教会学校还是其他）

4. 中巴流动

（1）您多久带孩子回中国一次？

（2）您会送孩子回中国学习吗？为什么？

（3）您怎么看待中巴之间流动这个事情？

（4）您希望将来孩子在哪儿学习？工作？

5. 身份认同

（1）您觉得孩子更喜欢和中国孩子玩还是更喜欢和巴西孩子玩？

（2）您常常带孩子参加中国的节日庆祝活动吗？

（3）您喜欢去中国的超市还是巴西的超市？

（4）您觉得作为华侨华人自豪吗？

参考文献

［1］白娟．华文教育中的家庭语言政策驱动机制和影响分析［J］.语言战略研究，
　　2019，4（4）.

［2］白俊杰．巴西华侨华人概述［M］//周南京.华侨华人百科全书·历史卷．北
　　京：中国华侨出版社，2002.

［3］博纳德·斯波斯基．语言管理［M］.张治国，译．北京：商务印书馆，2016.

［4］博纳德·斯波斯基，张治国．语言政策中的人口因素［J］.语言战略研究，
　　2019，4（6）.

［5］曹贤文．海外传承语教育研究综述［J］.语言战略研究，2017，2（3）.

［6］曹贤文．"继承语"理论视角下的海外华文教学再考察［J］.华文教学与研
　　究，2014（4）.

［7］曹贤文．传承语教育与海外汉语教学［N］.中国社会科学报，2018－07－09.

［8］曹贤文，金梅．美国新泽西州华二代华语传承调查研究［J］.语言战略研究，
　　2021，6（4）.

［9］柴纹纹．巴西留学生汉语学习偏误分析与对外汉语教学［J］.科教文汇（上
　　旬刊），2011（10）.

［10］陈阿海，郑守猛，陈丽丽．洋留守儿童的现状及其权益保护研究［J］.管理
　　观察，2013（17）.

［11］陈宝国，彭聃龄．语言习得的关键期及其对教育的启示［J］.心理发展与教
　　育，2001（1）.

［12］陈保亚．语势、家庭学习模式与语言传承：从语言自然接触说起［J］.北京

大学学报（哲学社会科学版），2013（3）.

［13］陈海娜，郑琼荷. 侨乡留守儿童的个别化教学策略研究：以温州籀园小学国际部为例［J］. 科技信息，2012（12）.

［14］陈建伟. 国外继承语代际传播研究综述［J］. 广州广播电视大学学报，2013，13（6）.

［15］陈丽芳. 巴西汉字教学中的"语文并进"和"语文分进"教学模式对比［D］. 天津：天津师范大学，2016.

［16］陈美芬，陈丹阳，袁苑. 侨乡留守儿童社会支持与心理健康关系的研究［J］. 心理研究，2014（3）.

［17］陈明. 巴西学生汉字习得与教学研究：以米纳斯吉拉斯联邦大学孔子学院为例［D］. 武汉：华中科技大学，2019.

［18］陈太荣，刘正勤. 19 世纪中国人移民巴西史［M］. 北京：中国华侨出版社，2017.

［19］陈雯雯. 巴西华文教育现状探析［J］. 华文教学与研究，2015（2）.

［20］陈雯雯. 巴西华文教育历史发展浅析［J］. 世界华文教学，2020（1）.

［21］陈雯雯. 华文线上教学的海外需求和国内供给［J］. 中国语言生活报告，2021（1）.

［22］陈怡. 多重需要：社会工作实践教育的现实处境：以某侨乡留守儿童社会服务为例［J］. 社会工作，2008（12）.

［23］陈重瑜. 华语（普通话、国语）与北京话［J］. 语言教学与研究，1985（4）.

［24］程晶. 巴西发展报告（2020）［M］. 北京：社会科学文献出版社，2020.

［25］崔希亮. 汉语国际教育与人类命运共同体［J］. 世界汉语教学，2018（4）.

［26］戴庆厦. 中国的语言传承工作能够为世界提供参考［J］. 语言战略研究，2017（3）.

［27］刁力人，张凤鸣. 语言教学中的一颗潜在新星：继承语［J］. 才智，2013

(15).

[28] 刁晏斌. 语言安全视角下的全球华语及其研究 [J]. 云南师范大学学报（哲学社会科学版），2018 (3).

[29] 丁安仪，郭英剑，赵云龙. 应该怎样称呼现代中国的官方语言?：从英汉对比看"汉语"、"普通话"、"国语"与"华语"等概念的使用 [J]. 河南师范大学学报（哲学社会科学版），2000 (3).

[30] 董伟. 汉语和巴西葡语动物成语对比分析及教学策略研究 [D]. 保定：河北大学，2020.

[31] 杜日辉. 浙江省丽水市青田县侨乡留守儿童的现状调查 [J]. 浙江万里学院学报，2008 (1).

[32] 范立立. 印尼巴淡华人家庭语言规划调查 [D]. 广州：暨南大学，2019.

[33] 方夏婷. 澳大利亚华裔中学生祖语学习与认同研究 [D]. 广州：暨南大学，2016.

[34] 高虹. Heritage language 的由来及其中文译名 [J]. 中国科技术语，2010 (2).

[35] 高伟浓. 拉丁美洲华侨华人移民史、社团与文化活动远眺：上 [M]. 广州：暨南大学出版社，2012.

[36] 古雯鋆. 全球化背景下的巴西国内语言政策浅析 [J]. 语言政策与规划研究，2014 (2).

[37] 古雯鋆. 国家利益视角下的巴西语言教育政策研究 [J]. 语言政策与语言教育，2015 (2).

[38] 古滢. AP 目标下美国华裔后代继承语三段式教学方法研究 [D]. 南京：南京师范大学，2012.

[39] 关文新. 还是称"华语教学"好 [J]. 汉语学习，1992 (1).

[40] 郭军叶. 巴西留学生汉语声韵母习得偏误分析浅探 [J]. 科技创新导报，2012 (2).

[41] 郭良夫. 从"汉语"名称论汉语词汇史研究 [J]. 语言教学与研究, 1985 (4).

[42] 郭熙. 论祖语与祖语传承 [J]. 语言战略研究, 2017 (3).

[43] 郭熙. 中国社会语言学 [M]. 杭州: 浙江大学出版社, 2004a.

[44] 郭熙. 论"华语" [J]. 暨南大学华文学院学报, 2004b (2).

[45] 郭熙. 论华语研究 [J]. 语言文字应用, 2006 (2).

[46] 郭熙. 论汉语教学的三大分野 [J]. 中国语文, 2015 (5).

[47] 郭熙. 新时代的海外华文教育与中国国家语言能力的提升 [J]. 语言文字应用, 2020 (4).

[48] 郭熙. 试论海外华语传承话语体系的构建 [J]. 语言文字应用, 2023 (2).

[49] 郭熙, 李春风. 东南亚华人的语言使用特征及其发展趋势 [J]. 双语教育研究, 2016 (2).

[50] 郭熙, 林瑀欢. 明确"国际中文教育"的内涵和外延 [N]. 中国社会科学报, 2021 - 03 - 16.

[51] 郭熙, 王文豪. 论华语研究与华文教育的衔接 [J]. 语言文字应用, 2018 (2).

[52] 国家语言文字工作委员会. 中国语言政策研究报告2018 [M]. 北京: 商务印书馆, 2019.

[53] 韩晓明. 继承语理论对东南亚华语传播的启示 [J]. 民族教育研究, 2018 (1).

[54] 何冉. 巴西学生汉语名量词习得偏误分析与教学建议: 以里约热内卢天主教大学孔子学院为例 [D]. 保定: 河北大学, 2017.

[55] 黄嘉伟. 温州市国际留守儿童教育现状与对策研究 [D]. 延吉: 延边大学, 2011.

[56] 季绍斌. Krashen 的习得学说与外语教学 [J]. 陕西工学院学报, 2003 (1).

[57] 贾琳. 巴西华裔新生代双向族群认同研究 [J]. 教育评论, 2022 (1).

[58] 贾益民. "大华语"的三个层次和"大华语战略" [J]. 语言战略研究,

2017（4）.

［59］姜瑾．语言·社会·生态：社会语言学动态应用研究［M］.南京：东南大学出版社，2006.

［60］姜丽萍，王立．智慧教育视域下中文学习平台的构建：特征、功能与实现路径［J］.国际中文教育（中英文），2021（4）.

［61］金玉顺．浅议中日语言文化的传承特征［J］.人民论坛，2011（2）.

［62］孔江平．语言文化数字化传承的理论与方法［J］.北京大学学报（哲学社会科学版），2013，50（3）.

［63］劳红叶．印尼新生代华裔祖语保持研究［D］.广州：暨南大学，2019.

［64］雷敏．基于巴西汉语教学的《精英汉语·教师手册》研究［D］.兰州：兰州大学，2019.

［65］李贝贝．巴西汉语学习者汉字书写偏误研究［D］.保定：河北大学，2020.

［66］李春风．国内语言传承研究综述［J］.海外华文教育，2019（1）.

［67］李春风．缅甸华语传承模式研究［J］.语言战略研究，2021，6（4）.

［68］李典．面向巴西汉语学习者的会意字微课教学设计与研究［D］.大连：大连外国语大学，2020.

［69］李国芳，孙茁．加拿大华人家庭语言政策类型及成因［J］.语言战略研究，2017，2（6）.

［70］李计伟，张翠玲．传承语的保守性与东南亚华语特征［J］.华文教学与研究，2019（3）.

［71］李丽，张东波，赵守辉．新加坡华族儿童华语交际意愿影响因素研究［J］.华文教学与研究，2013（2）.

［72］李莉．克拉申第二语言习得理论述评［J］.郑州大学学报（哲学社会科学版），1997（4）.

［73］李泉．国际汉语教学的语言文字标准问题［J］.语言教学与研究，2015（5）.

［74］李嵬，祝华，连美丽．想象：跨国移居家庭传承语维持与转用的关键因素

　　　　［J］.语言战略研究，2017，2（3）.

［75］李雪飞."类家庭"教育模式在侨乡留守儿童中的应用研究［J］.福建教育
　　　　学院学报，2012（1）.

［76］李岩岩.关于初级阶段汉语学习者词汇习得的研究：以重庆大学巴西班为
　　　　例［D］.重庆：重庆大学，2014.

［77］李银萍.华文作文结构标准构建研究［D］.广州：暨南大学，2015.

［78］李英姿.重视在华国际家庭的语言教育规划研究，推动汉语传播［J］.语
　　　　言战略研究，2017，2（6）.

［79］李宇明.大华语：全球华人的共同语［J］.语言文字应用，2017（1）.

［80］李宇明.海外华语教学漫议［J］.暨南大学华文学院学报，2009（4）.

［81］李宇明.论母语［J］.世界汉语教学，2003，17（1）.

［82］梁舒静.关于蒙特梭利教育的敏感期［J］.魅力中国，2019（39）.

［83］廖雯莹.米纳斯吉拉斯联邦大学孔子学院课程大纲研究［D］.武汉：华中
　　　　科技大学，2018.

［84］林丽丽.侨乡留守儿童养成教育研究：以浙江温州为例［D］.温州：温州
　　　　大学，2012.

［85］林胜.侨乡国际移民跨国联系的起因、表现和影响：以福州市为例［D］.
　　　　福州：福建师范大学，2016.

［86］刘海咏.高年级汉语继承语学生的写作特点及其教学［J］.海外华文教育，
　　　　2009（2）.

［87］刘虹.语言态度对语言使用和语言变化的影响［J］.语言文字应用，1993
　　　　（3）.

［88］刘慧.华侨华人华语基本信息资源数据库建设及应用研究［J］.华文教学
　　　　与研究，2021（4）.

［89］刘慧.柬埔寨华人家庭语言规划与华语传承调查研究［J］.语言战略研究，
　　　　2021，6（4）.

［90］刘金萍，傅惟光．汉语言文字中华文明传承的纽带［J］.理论观察，2012（6）.

［91］刘丽敏．美国华裔子女汉语继承语教育现状与问题［J］.比较教育研究，2019，41（12）.

［92］刘念，石镁．汉语教学在巴西的发展状况及应对策略［J］.文化发展论丛，2016（0）.

［93］刘熹蒨．华文习作文本质量及其与整体评分关系研究［D］.广州：暨南大学，2015.

［94］刘伊尧．西语美洲华二代祖语保持研究［D］.广州：暨南大学，2019.

［95］刘悦．继承语背景下中亚与缅甸华裔学生汉字学习策略对比研究［D］.兰州：西北师范大学，2020.

［96］卢德平．认同、区分、整合："华语"略论［J］.语言战略研究，2017a，2（1）.

［97］卢德平．"大华语"命名的意义和价值［J］.语言战略研究，2017b（4）.

［98］卢海云，王垠．华侨华人概述［M］.北京：九州出版社，2005.

［99］陆俭明．关于建立"大华语"概念的建议［M］//李晓琪.汉语教学学刊：第1辑．北京：北京大学出版社，2005.

［100］陆俭明．"华语"的标准：弹性和宽容［J］.语言战略研究，2017，2（1）.

［101］吕崇伟．中文作为传承语教学未来发展的挑战与展望：以澳大利亚新南威尔士州为例［J］.华文教学与研究，2020（3）.

［102］马明．新生代农民工继续教育问题研究［D］.哈尔滨：东北林业大学，2016.

［103］密素敏．试析巴西华侨华人的社会融入特点与挑战［J］.南洋问题研究，2015（2）.

［104］佩德罗．中国巴西文化差异对汉语二语教学的影响：以谦虚文化、等级关

系和性别文化为例［D］.广州：广东外语外贸大学，2017.

［105］秦悦.加拿大官方双语政策背景下的汉语教育［M］//张建民.国际汉语教育研究：第二辑.北京：高等教育出版社，2013.

［106］权妍姬.语言净化理论与韩国国语醇化工作［D］.南宁：广西大学，2016.

［107］饶倩楠.泰北清迈云南华人村祖语教育现状调查研究［D］.昆明：云南师范大学，2019.

［108］邵明明.汉语继承语学习者家庭因素和学习动机研究：以日本汉语继承语学习者为例［J］.华文教学与研究，2018（2）.

［109］石琳.巴西学生汉语习得中的语法偏误分析：以巴西里约热内卢天主教大学孔子学院为例［D］.保定：河北大学，2013.

［110］束长生.巴西华侨华人研究文献综述与人口统计［J］.华侨华人历史研究，2018（1）.

［111］宋靖武.柬埔寨汉语继承语学习者汉语学习动机调查研究：以暹粒中山学校为例［D］.武汉：湖北工业大学，2020.

［112］孙浩峰.侨乡"洋留守儿童"语言生活状况研究：基于福建省福清市江阴镇的田野调查［D］.厦门：厦门大学，2019.

［113］汤熙勇.巴西招徕台湾人移民：1960年代我国政府的态度与人民的反应［J］.人口学刊，2013（46）.

［114］田诗园.巴西学生使用汉语语气词的偏误分析与教学策略：以"吗、呢、吧、啊、的、了"为例［D］.武汉：湖北大学，2014.

［115］万秀兰.巴西教育战略研究［M］.杭州：浙江教育出版社，2014.

［116］汪卫红，张晓兰.方言代际传承中的父母媒介转译行为［J］.语言战略研究，2019，4（2）.

［117］王丹萍.去殖民化理论视角下的新西兰语言生活研究［J］.语言战略研究，2021，6（5）.

[118] 王春辉.语言与贫困的理论和实践 [J].语言战略研究，2019，4（1）.

[119] 王春辉.历史大变局下的国际中文教育：语言与国家治理的视角 [J].云南师范大学学报（哲学社会科学版），2021，53（2）.

[120] 王汉卫.华文水平测试（HSC）的基本理念 [J].语言战略研究，2016，1（5）.

[121] 王汉卫.华文水平测试的设计与初步验证 [J].世界汉语教学，2018，32（4）.

[122] 王泓博.初级汉语综合课主题单元式教学设计与实践：以巴西通用教材《快乐汉语》为例 [D].济南：山东师范大学，2019.

[123] 王琳璐.加拿大二代移民的继承语习得研究 [J].山东商业职业技术学院学报，2016，16（2）.

[124] 王玲.言语社区内的语言认同与语言使用：以厦门、南京、阜阳三个"言语社区"为例 [J].南京社会科学，2009（2）.

[125] 王玲.语言规划视角下"家庭语言"及其研究 [J].语言战略研究，2017，2（6）.

[126] 王玲，支筱诗.美国华裔家庭父母语言意识类型及影响因素分析 [J].华文教学与研究，2020（3）.

[127] 王秋萍."祖语"视角下的海外华文教材建设研究 [D].广州：暨南大学，2018.

[128] 王泉玲.《精英汉语》和《新实用汉语课本》的对比研究 [D].上海：上海外国语大学，2013.

[129] 王若江.关于"大华语"的教学思考 [C]//《第九届国际汉语教学研讨会论文选》编辑委员会.第九届国际汉语教学研讨会论文选.北京：高等教育出版社，2010.

[130] 王婷.语言景观视角下城市形象建构中的文化传承研究 [D].保定：河北大学，2019.

[131] 王小宁. 克拉申的习得/学得假说与外语教学 [J]. 外语界, 2001 (1).

[132] 王晓梅. 全球华语国外研究综述 [J]. 语言战略研究, 2017, 2 (1).

[133] 王英杰. 语言规划理论的新发展: 语言管理理论述略 [J]. 语言学研究, 2015 (1).

[134] 王佑镁. "跨国寄养" 背景下我国农村侨乡留守儿童媒介素养研究 [J]. 现代远距离教育, 2013 (4).

[135] 韦九报. 日本华裔生祖语传承个案研究 [J]. 华文教学与研究, 2021 (4).

[136] 文峰. 侨乡跨国家庭中的 "洋" 留守儿童问题探讨 [J]. 东南亚研究, 2014 (4).

[137] 吴潮. 浙江籍海外人士研究 [M]. 上海: 学林出版社, 2003.

[138] 吴菲. 涉及多重接口的不完全习得研究 [J]. 外国语 (上海外国语大学学报), 2016, 39 (5).

[139] 吴健. 巴西东北部汉语学习者学习动机调查分析: 以伯南布哥大学孔子学院为例 [D]. 成都: 西南交通大学, 2019.

[140] 吴文. 继承语研究: 应用语言学界冉冉升起的新星 [J]. 西安外国语大学学报, 2012, 20 (1).

[141] 吴应辉. 国际中文教育新动态、新领域与新方法 [J]. 河南大学学报 (社会科学版), 2022, 62 (2).

[142] 吴勇毅. 语言传承研究的三个视角: 主体、客体与环境 [J]. 语言战略研究, 2017, 2 (3).

[143] 夏玲, 邓纯考. 父母出国留守儿童的问题表现与关爱保护: 基于温州市丽岙街道、玉壶镇两地的调研 [J]. 郑州师范教育, 2017, 6 (4).

[144] 萧旸. 民族认同与传承语焦虑 [J]. 语言战略研究, 2017, 2 (3).

[145] 谢大顺. 汉语言文学研究在文化传承中的意义和价值 [J]. 食品研究与开发, 2021, 42 (3).

[146] 谢荣娥. 论语言教育的文化传承观 [J]. 武汉理工大学学报（社会科学版），2017，30（6）.

[147] 邢越. 巴西坎皮纳斯大学孔子学院汉语教材适用性分析：以《当代中文》和《汉语口语速成（入门篇）》为例 [D]. 兰州：兰州交通大学，2020.

[148] 徐辉. 青田县方山乡华侨留守儿童现状调查 [J]. 八桂侨刊，2020（4）.

[149] 徐捷源. 巴西中文教育概况兼谈华人的双语现象 [C]//南美华人天地：三十年来南美华人生活文化学术研讨会文集. 台北：世界华文作家协会，南美华文作家协会，1999.

[150] 徐文永. 青田华侨华人与侨乡社会变迁研究 [D]. 广州：暨南大学，2010.

[151] 许静荣. 家庭语言政策与儿童语言发展 [J]. 语言战略研究，2017，2（6）.

[152] 闫姗姗. 汉语作为继承语的学习动机：两个个案 [J]. 国际汉语教育（中英文），2020，5（4）.

[153] 颜怡. 方言对普通话学习的影响及其对策研究 [J]. 文化创新比较研究，2017，1（19）.

[154] 杨发金. 拉美华侨华人的历史变迁与现状初探 [J]. 华侨华人历史研究，2015（4）.

[155] 杨宏云. 华侨华人在中国公共外交中的作用探析：以巴西浙商为例 [J]. 八桂侨刊，2017（2）.

[156] 杨慧君. 新媒体在语言文化传承中的应用 [J]. 语言文字应用，2017（2）.

[157] 杨小彬. 外国学生汉语学习动机研究：以巴西汉语学习者为例 [J]. 武汉理工大学学报（社会科学版），2017a，30（2）.

[158] 杨小彬. 巴西汉语教学的"三教"问题研究 [D]. 武汉：武汉大学，2017b.

[159] 姚敏. 共同语海外推广历史及"大华语"的现实意义 [J]. 语言战略研究，2017（4）.

[160] 姚敏. 马来西亚华人社会、华语社区与华语传承 [J]. 语言战略研究，
2021，6（4）.

[161] 叶志良. 巴西学校外语教学的特点及启示 [J]. 解放军外国语学院学报，
2014，37（5）.

[162] 原鑫. 华裔学生继承语水平影响因素研究 [J]. 语言文字应用，2020
（3）.

[163] 原源，吕静，原一川. 云南省大学生东南亚语种学习动机实证研究 [J].
云南师范大学学报（对外汉语教学与研究版），2016，14（1）.

[164] 张富洪，杨慧彤，潘东华，等. 洋留守儿童家庭教育问题及帮扶策略研究
[J]. 吉林省教育学院学报，2022，38（1）.

[165] 张广勇. 国外继承语习得研究新进展 [J]. 现代外语，2014，37（1）.

[166] 张楠. 关于汉语继承语的初级课堂个案研究 [J]. 海外华文教育，2019
（5）.

[167] 张巧宏. 意大利华二代祖语保持研究 [D]. 广州：暨南大学，2019.

[168] 张巧宏，王汉卫，张金桥. 意大利华二代祖语保持研究 [J]. 华文教学与
研究，2021（2）.

[169] 张曙光. 中国与葡语国家关系发展报告·巴西（2014）[M]. 北京：社
会科学文献出版社，2015.

[170] 张天伟. 美国祖籍传承语者英语提升项目：启示与思考 [J]. 语言政策与
规划研究，2014（2）.

[171] 张旺熹，等. "新冠疫情下的汉语国际教育：挑战与对策"大家谈（下）
[J]. 语言教学与研究，2020（5）.

[172] 张振. 推广普通话是时代使命、国家方略、国民需求 [N]. 中国社会科学
报，2015 – 10 – 13.

[173] 张志锋. 21 世纪中国海外移民的国际政治分析 [D]. 长春：吉林大
学，2013.

[174] 赵琳．儿童早期语言教育与其后继语文能力发展关系的研究报告：一项早期家庭教育的追溯研究 [J]．学前教育研究，2003（11）.

[175] 赵守辉，张东波．语言规划的国际化趋势：一个语言传播与竞争的新领域 [J]．外国语（上海外国语大学学报），2012，35（4）.

[176]《浙江省华侨志》编纂委员会．浙江省华侨志 [M]．杭州：浙江古籍出版社，2010.

[177] 中国外文局对外传播研究中心．中国国家形象全球调查报告 2014 [R/OL]．（2015 - 03 - 18）[2021 - 07 - 12]．http：//www. accws. org. cn/achievement/201511/P020151126544791521392. pdf.

[178] 周清海．"大华语"与语言研究 [J]．汉语学报，2017（2）.

[179] 周庆生．语言与认同国内研究综述 [J]．语言战略研究，2016，1（1）.

[180] 周庆生．语言立法在加拿大 [J]．语文建设，1994（4）.

[181] 周望森，陈孟林．青田华侨史稿 [M]．丽水：青田县归国华侨联合会，浙江师范大学华侨华人研究中心，2005.

[182] 周小兵．海外汉语师资的队伍建设 [J]．云南师范大学学报（对外汉语教学与研究版），2007（5）.

[183] 周小兵，陈楠，郭珹．基于教材库的全球华文教材概览 [J]．海外华文教育，2015（2）.

[184] 周有光．21 世纪的华语和华文 [J]．群言，2001（10）.

[185] 朱瑞花．对外汉语教学中的中巴文化冲突 [J]．西安社会科学，2010（2）.

[186] 祝晓宏．近十余年来的华语研究：回顾与前瞻 [J]．语言文字应用，2021a（2）.

[187] 祝晓宏．试论早期南洋华文教材的基本面貌与当代价值 [J]．语言战略研究，2021b，6（4）.

[188] 庄国土．全球化时代中国海外移民的新特点 [J]．人民论坛（学术前沿），2015（8）.

［189］邹新树. 农民工向城市流动的动因："推—拉"理论的现实解读［J］.农村经济，2005（10）.

［190］邹瑜然. 巴葡汉语学习者状态补语句的习得问题：以巴西圣保罗州立大学孔子学院学生为例［D］.武汉：湖北大学，2016.

［191］ALBA R. Language assimilation today：bilingualism persists more than in the past，but English still dominates［R］.San Diego：The Center for Comparative Immigration Studies，2004.

［192］ALBA R，LOGAN J，STULTS L B. Only English by the third generation? Loss and preservation of the mother tongue among the grandchildren of contemporary immigrants［J］.Demography，2002，39（3）.

［193］ARRIAGADA P A. Family context and Spanish-language use：a study of latino children in the United States［J］.Social science quarterly，2010，86（3）.

［194］AU T K，KNIGHTLY L M，JUN S，et al. Overhearing a language during childhood［J］.Psychological science，2002，13（3）.

［195］BARREÑA A，AMORRORTU E，ORTEG A，et al. Does the number of speakers of a language determine its fate?［J］.International journal of the sociology of language，2007（186）.

［196］BATES E. Comprehension and production in early language development［J］.Monographs of the society for research in child development，1993，58（3-4）.

［197］BIANCO J L. Policy activity for heritage languages：connections with representation and citizenship［M］//BRINTON D，KAGAN O，BAUCKUS S. Heritage language education：a new field emerging. New York：Routledge，2008.

［198］BROWN J R. Biological foundations of language［J］.Hospital practice，1967，2（12）.

［199］CAMPBELL R，CHRISTIAN D. Directions in research：intergenerational transmission of heritage languages［J］.Heritage language journal，2003，1（1）.

[200] CARREIRA M. Seeking explanatory adequacy: a dual approach to understanding the term heritage language learner [J]. Heritage language journal, 2004, 2 (1).

[201] CLYNE M. Community languages: the Australian experience [M]. Community languages: the Australian experience. Cambridge: Cambridge University Press, 1991.

[202] COOK V J. The poverty-of-the-stimulus argument and structure-dependency in L2 users of English [J]. IRAL-international review of applied linguistics in language teaching, 2003, 41 (3).

[203] COULMAS F. A language policy for the European Community [M]. De Gruyter Mouton, 1991.

[204] CUMMINS J, DANESI M. Heritage languages: the development and denial of Canada's linguistic resources [M]. Toronto: Our Schools/Our Selves & Garamond Press, 1990.

[205] CUMMINS J. A proposal for action: strategies for recognizing heritage language competence as a learning resource within the mainstream classroom [J]. Modern language journal, 2005, 4 (89).

[206] DEUSEN-SCHOLL N. Toward a definition of heritage language: sociopolitical and pedagogical consideration [J] Journal of language, identity and education, 2003, 2 (3).

[207] DUFF P A. Heritage language education in Canada 1 [M]//BRINTON D, KAGAN O, BAUCKUS S. Heritage language education: a new field emerging. New York: Routlege, 2008.

[208] EXTRA G, VERHOEVEN L. Immigrant languages in Europe [J]. Modern language journal, 1993, 77 (3).

[209] FISHMAN J A. Language loyalty in the United States: the maintenance and per-

petuation of non-English mother tongues by American ethnic and religious groups [J]. Social forces, 1966, 72 (4).

[210] FISHMAN J A. Three hundred-plus years of heritage language education in the United States [M] //PEYTON J, RANARD D, MCGINNIS S. Heritage languages in America: preserving a national resource. New York: Routledge, 2001.

[211] FISHMAN J A. Acquisition, maintenance and recovery of heritage languages [C] //VALDÉS G, FISHMAN J A, CHAVEZ R, et al. Developing minority language resources: the case of Spanish in California. Clevedon, UK: Multilingual Matters, 2006.

[212] FISHMAN J A. Language in sociocultural change [M]. Standford: Standford University Press, 1972.

[213] FRIEDMAN D, KAGAN O. Using the OPI to place heritage speakers of Russian [J]. Foreign language annals, 2003, 36 (4).

[214] GOGONAS N. Language shift in second generation Albanian immigrants in Greece [J]. Journal of multilingual & multicultural development, 2009, 30 (2).

[215] HABTOOR H A. Language maintenance and language shift among second generation Tigrinya-speaking Eritrean immigrants in Saudi Arabia [J]. Theory and practice in language studies, 2012, 5 (2).

[216] HAKIMZADEH S, COHN D. English usage among hispanics in the United States [R]. Washington D. C. : Pew hispanic center, 2009.

[217] HE A W. Toward an identity theory of the development of Chinese as a heritage language [J]. Heritage language journal, 2006, 4 (1).

[218] HOUWER A D. Environmental factors in early bilingual development: the role of parental beliefs and attitudes [M]//EXTRA G, VERHOEVEN L. Bilingualism and migration. Berlin: De Gruyter Mouton, 1999.

[219] HURTADO A, VEGA L A. Shift happens: Spanish and English transmission between parents and their children [J]. Journal of social issues, 2004, 60 (1).

[220] ISHIZAWA H. Minority language use among grandchildren in multigenerational households [J]. Sociological perspectives, 2004, 47 (4).

[221] JEON M. Korean heritage language maintenance and language ideology [J]. Heritage language journal, 2008, 6 (2).

[222] KAGAN O, DILLON K. Issues in heritage language learning in the United States [M]//DEUSEN-SCHOLL N, MAY S. Second and foreign language education. 3rd ed. Switzerland: Springer, 2017.

[223] KAGAN O, DILLON K. A new perspective on teaching Russian: focus on the heritage learner [J]. Heritage language journal, 2003, 1 (1).

[224] KRASHEN S. Lateralization, language learning and the critical period: some new evidence [J]. Language learning, 1973, 23 (1).

[225] LAMBERT W. Culture and language as factors in learning and education [C]. The 5th Annual Learning Symposium on "Cultural Factors in Learning", 1972.

[226] LIMA L W N. O ensino de mandarim do Brasil [D]. São Paulo: Universidade de São Paulo, 2012.

[227] LINTON A. A critical mass model of bilingualism among U. S. -born hispanics [J]. Social forces, 2004, 83 (1).

[228] LYNCH A. Toward a theory of heritage language acquisition: Spanish in the United States [M]//ROCA A, COLOMBI M C. Mi lengua: Spanish as a heritage language in the United States. Washington, D. C. : Georgetown University Press, 2003.

[229] MCCLELLAND D C, ATKINSON J W, CLARK R A, et al. Analysis of imaginative stories for motivational content [M]//The achievement motive. New York: Applation Century, 1953.

［230］MONTRUL S. How similar are adult second language learners and Spanish heritage speakers? Spanish clitics and word order ［J］. Applied psycholinguistics, 2010, 31 (1).

［231］PARK C Y. Maintaining Korean as a heritage language ［D］. Tempe: Arizona State University, 2007.

［232］PINKER S. The language instinct: how the mind creates language ［M］. New York: Harper Perennial modern classics, 1994.

［233］POLINSKY M. Heritage language narratives ［C］ //BRINTON D, KAGAN O, BAUCKUS S. Heritage language education: a new field emerging. New York: Routledge, 2008.

［234］RUMBAUT R G, MASSEY D S, BEAN F D. Linguistic life expectancies: immigrant language retention in southern California ［J］. Population and development review, 2006, 32 (3).

［235］SHOHAMY E G. Language policy: hidden agendas and new approaches ［M］. New York: Routledge, 2006.

［236］VALDÉS G. Heritage language students: profiles and possibilities ［M］//PEYTON J K, RANARD D A, MCGINNIS S. Heritage languages in America: preserving a national resource. Washington D. C. : Delta Publishing Company, 2001.

［237］VALDÉS G. Bilingualism, heritage language learners, and SLA research: opportunities lost or seized? ［J］. The modern language journal, 2005, 89 (3).

［238］VELTMAN C. Language shift in the United States ［M］. Berlin: De Gruyter Mouton, 1983.

［239］WILEY T G. Chinese "dialect" speakers as heritage language learners ［M］// BRINTON D, KAGAN O, BAUCKUS S. Heritage language education: a new field emerging. New York: Routledge, 2008.

［240］ZAPATA G C. Developing minority language resources: the case of Spanish in

California (review) [J]. Canadian modern language review, 2007, 63 (4).

[241] ZHANG D, SLAUGHTER-DEFOE D T. Language attitudes and heritage language maintenance among Chinese immigrant families in the USA [J]. Language culture & curriculum, 2009, 22 (2).

后 记

2014—2024 年，10 年。

10 年前我和同事作为国侨办外派教师前往巴西，到今年正好 10 年。缘分很奇妙，10 年前临行告别时，时任我们学院副院长的郭熙教授说："去巴西写篇东西出来。"谁承想，简单的话语竟成为多年后这本书的"引子"。2014 年在巴西华文学校教学之余，我和同事走访了 10 多所华文学校，完成了 70 多位华文教师的调研，还进行了相关人士的访谈。外派结束回国后，2017 年北京语言大学首次也是最后一次在汉语国际教育专业海外华文教育方向下招博士生，郭熙老师正是该方向的博士生导师。而我如此有幸，成为该方向"唯二"的学生。

回想起我写作迷茫时，总是翻阅起手边的那本我在巴西时的教学日记，仿佛一次次进入时空隧道，头顶着蓝天白云，双脚丈量着南半球上那片神奇的土地，穿梭于中巴文化交流中，那段美好的教学时光也慢慢浮现在眼前，成为我人生中一段最美好的回忆[①]。

神父，这是一所魔法学院吗？

2014 年 4 月 2 日，我登上了北京前往巴西圣保罗的飞机，当飞机飞越大西洋的时候，我心里最大的感慨莫过于自然界的神奇让地球变得如此奇妙，也感叹我有幸飞跃 13 188 公里，来到这个距离中国第二遥远的国家。飞机着陆后，顾不

[①] 以下教学小故事被收录于杨建国主编的《我在海外教中文》一书中（北京语言大学出版社，2022 年）。

得 26 小时飞行的劳累、11 小时时差的黑白颠倒和春秋季节的交换，听说是肖神父来接机，我非常好奇神父是什么样子，是像电影里那种穿着黑袍子的神父吗？事实证明他不是，他和我们普通人一样穿着短袖，开着一辆雪佛莱车，上车一问才知道他祖籍河北，交流无障碍。车子驶到我所外派的巴西圣保罗华侨天主堂中文学校，这是一所天主教教会学校，于 2009 年被国务院侨务办公室评为首批海外华文教育示范学校。这所学校迄今已有近 60 年的办学历史，可以说是巴西华文教育的缩影。在全球"中文热"浪潮下，尤其是在新移民的影响下，巴西的华文教育也迎来了"盛世"。

周六、周日，我在华侨天主堂中文学校上课，周一至周五在圣本笃中文学校上课。圣本笃中文学校也是肖神父开办的。学校就在圣本笃修道院，这座有着 118 年历史的古老建筑高大圣洁，兼具教堂、神学院、巴西学校、中文学校等功用，每一处都彰显着巴西天主教的独特魅力。巴西人大多信奉天主教，走进天主教教堂，你会发现里面肃穆神圣，有虔诚的信徒在祈祷。

徜徉在图书馆、走廊，尤其是看着身穿黑袍的天主教神父或者教徒乘坐那古老的电梯时，就像是走进哈利·波特的魔法学院。华侨天主堂中文学校虽然古老，但是拥有全巴西最大的中文图书馆，还有宝藏级的、从中国前来的好几位神父，我们有幸见到其中年龄最大的、85 岁高龄的何神父，他也是华侨天主堂中文学校的创建者之一。

每逢周末，华侨华人的后代还有巴西人会来学中文。家长们则利用这个时间来教会聚会，中午下课后一起在学校用餐，其乐融融。聊天时偶尔会有家长提醒我出门要注意安全。我就换上我用了很多年的书包，把智能手机放包里，打电话的时候把按键手机拿出来，另外穿着 10 元一件的 T 恤衫，去超市一次性采购一周的物品，晚上不出门，在家锻炼或者备课。

老师，您可以教奥数吗？

当我还沉浸在巴西烤肉的美味、呼吸着新鲜的空气时，肖神父和执行校长吴校长问了我一句："陈老师，您可以教奥数吗？或者英语也行。"我当时整个人都是懵的。教奥数？教英语？开什么玩笑！我不是来教他们学汉语的吗？后来我才得知很多巴西华侨华人的学生在巴西学习一段时间后，还是要回到中国的，要对接国内的教育体系，参加国内的港澳台侨联考，在国内读大学。他们的父母不希望他们的数学和英语落下了。教奥数和英语我不在行，我以我是来教汉语的为由拒绝了。"那教他们语文总可以了吧？"于是我被吴校长分配教小学三年级语文。事实上，当我拿到人教版三年级《语文》教材时，我一度严重怀疑自己是否能够胜任，怕辜负了肖神父和吴校长的信任。刚开始的那段时间里，一直从事对外汉语教学的我，心里只想着怎么把这些学生教好。

你会说英语吗？No!

我是北京语言大学汉语国际教育专业毕业的，到巴西最大的问题竟然是语言问题。见到巴西人，我用英语问他们："你会说英语吗？"10 个人里有 9 个回答："No!"接着，他们会反问我："你会说葡萄牙语吗？""你会说西班牙语吗？"我也只能说："No!"

巴西是南美洲说葡萄牙语的国家（在南美洲除巴西以外，其他国家的官方语言都是西班牙语）。尽管我去巴西前跟着我的巴西学生学了些葡萄牙语，但是依旧不能交流，只能读不会说。在巴西，英语并不是很普及，只有接受过高等教育的人会说一些。但是西班牙语他们可以听懂，无奈我不会。交流的障碍一度使我在刚去的前三个月不敢出门。好在我所外派的学校以华侨华人为主，他们很多会中文，加之后来认识了许多巴西老师，我才得以在完全陌生的语言环境中生活下来。

不只是语言不通，教材也存在同样的问题。周末在华侨天主堂中文学校上课使用的教材是《当代中国》（葡文版），我只能拿英文版的去备课，好在第二语言教学法在教巴西人的时候还是可以用的，这让我在最初的时间里找到了自己的存在感。

同学，你能老老实实坐在座位上吗？

回国后，要是有人问我对巴西学生有什么印象？我想说，你想让他们老老实实坐那儿听你讲课是不可能的。那里没有国内课堂那样严肃的氛围，有的学生会直接称呼你的名字。巴西学生生性活泼，教室里的桌椅都是可移动式的，上课的时候坐成一排排或是围绕着你坐都很正常。当遇到违反纪律的学生时，可以寻求教学督导的帮助。以前在国内教学的时候总想多教给学生一些知识，让他们多了解一些中华文化知识。来到巴西后才发现，巴西学生对成绩没有国人那么关注，即使成绩考得不好也没那么难过。他们骨子里的那份乐天和轻松让我的心情变得放松，开始慢慢适应了教学生活，也让我反思学习究竟是为了什么。

刚才我给你的作业是什么来着？

在平时上课的圣本笃中文学校，学生上午学习完葡语课程后，下午可以选择学习中文。下午的课有两个时段，一共有四小节课，学生并不是固定的。比如说，在15：30—17：00这个时段里，有8个学生，其中有2个二年级（上）的学生、1个三年级（上）的学生和5个三年级（下）的学生，他们同时在这个时段里上课。尽管学生不多，复式教学却让我忙得不可开交。我常常给这个学生布置了学习任务，转过脸来就忘记了刚刚给另外一个学生布置了什么任务。即使在同一个时间段，学习同一个年级的教材，也存在不少问题。比如，学生的年龄跨度很大，有的学生已经13岁了，却还和8岁的学生一起学习二年级的内容。教材内容不符合学生的认知水平，可又苦于找不到合适的教材。这给我的教学带来了很大的困扰，尤其是在我教他们的前两个月里，这个问题对我更是不小的挑战。

面对华裔学生的第一语言教学，每次备课的时候，最大的问题不是语言问题，而是要备课文之外的知识，查阅相关的资料给学生以补充。在上课的时候，基本不需要给他们讲解字词的意思，而是要给他们讲词语搭配、近义词的辨析、修辞手法、课文段落大意等，这些看上去与国内的小学语文教学类似。在某种程度上，可以说是中国国民基础教育在海外的延伸。但是这些学生毕竟不在国内，他们的国籍有很多已经变更为巴西，与国内的中国孩子相比，他们存在很多不同的地方，而这些地方恰恰是我感到在教学中最花心思的。举例来说，讲《桂林山水甲天下》一课的时候，我们一般会认为教学重点是如何"甲天下"，而实际的教学情况是，无论我怎么描述都无法让学生感受那种美，只能借助图片或者是和巴西有名的"伊瓜苏瀑布"进行比较，需要给学生讲"桂林"在中国的哪里，那里的风土人情和气候特点等。而这样的例子比比皆是，走出国门，面对华裔，我虽知道传播语言的重要性，但是比这更重要的是给他们介绍中华文化，这些文化不是简单的剪纸、画脸谱那些，而是一点点隐藏在课文的字里行间，需要我去解析。因此，面对华裔学生，关于语言本身的教学不是最大的问题，最大的问题是如何把文化于无声处深入日常的教学当中去。

写在黑板上，清清楚楚

从最初的"教学休克期"到逐步走进"教学甜蜜期"，我大概用了 3 个月的时间。在平时上课的圣本笃中文学校，面对华裔学生，除了常规的教学方法，我也摸索出来了几条经验：

（1）教学步骤流程化。为了解决复式教学的难题，在请教有经验的老教师的基础上，结合本班的教学实际，我总结出一套教学流程：汉字（书写）→生词（组词、近义词辨析等）→句子（造句）→课文（读课文、讲解课文）→练习（辅导书）→作业（听写、背诵等）→单元测验。在每节课前，把每个年级要进行的教学任务事先写在黑板上，学生通晓整个流程后，按照流程对各个年级进行教学，每完成一个步骤，就在前面打钩，使学生和自己都做到"心中有数"，而我也不会再出现顾得了这个学生，却顾不了那个学生的尴尬情况。

（2）努力使课堂的每个教学步骤生动、有趣。教学步骤流程化解决了"手忙脚乱"的问题，但是并不能使学生全神贯注地集中精力学习，这就需要尽可能地使每个步骤都生动、有趣，最好具有一定的挑战性。举例来说，在识字环节，我用平板电脑下载了人教版《语文》的识读软件，学生在跟读的时候，有字义解释、组词还有猜字游戏。有声有义，再加上学生听说能力较强，很快就能掌握字词意思。

（3）激发学生的挑战心和想象力。充分利用巴西学生喜欢"玩中学"的特点，在听写的时候，借用"汉字英雄"的模式，比如，听写本课含有"礻"的字，写出来的越多，得分越高；全班学生按照"1212……"报数分成两个组，数"1"的一个组，数"2"的一个组，两个组比赛写新学的成语，或者是写出含有某一个汉字的词语，或者是用词语最后一个字接龙；玩 Bingo 游戏，学生先在本子上写 9 个学过的词语，随机写在九宫格里，接着我来说，最先 3 个词语连成一条线的算赢；在布置作业的时候，挑选 5 个毫无关系的词语，让学生发挥想象力写成一段话，并给这段话起一个题目，这项作业既练习了词语的用法，又发挥了学生的想象力，等等。

（4）课程教学融入学生的兴趣爱好。在教学过程中，我发现很多学生喜欢画画，我就上网找来一些图片，把这些图片黑白打印出来发给学生，让低年级的学生在图片上进行涂色。比如在讲到唐朝诗人李白的《望天门山》（天门中断楚江开，碧水东流至此回。两岸青山相对出，孤帆一片日边来）时，我就让学生进行涂色，诗里面有山有水，有船有太阳。孩子们的兴趣一下子就被激发出来了，有的高年级学生甚至不用我的图片，自己画出了一幅画。在期末的时候，我把学生的作品一张张粘贴在一个巨大的展板上，学生和家长来参观的时候都特别有成就感。

（5）开设文化选修课。除了上课以外，在圣本笃中文学校我还会利用课外的时间给学生开设文化选修课，教学内容涉及中国的人口、地理、政治、经济、饮食、建筑等，虽然内容较为笼统，但是通过借助多媒体等教学手段进行讲解，课文会变得生动起来，学生理解中华文化也更容易些。

巴西太慢，我太快

"老师，你慢点儿！""我已经很慢了，好的，我再慢点儿。"在北京生活久了，刚到巴西时最不适应的是巴西的生活节奏。他们做事情慢慢悠悠，经常有学生告诉我要慢点儿。去银行取钱都要排很久的队，不是因为人多，是因为每一位都很慢；去超市买东西结账，收银员把我购买的每一件物品，无论大小都各自给装到一个塑料袋里，装完后还帮你放到车的后备箱，回来后再给下一位结账。那是真的慢，刚开始我很不适应，后来慢慢地喜欢上了这种慢。

这种慢也体现在教学上，上课的速度不能快，作业不能多。学生上节课学习的知识，下次上课前要花不少时间来复习和做作业，像国内那样赶进度是不可能的。再加上巴西的基础教育体制是半天制，小学和中学的学生周一到周五只上半天，下午上选修课（中文是下午的选修课之一）。周末的中文会话课就更不必说了，一周上一次课，上午9：00—12：00，还得去掉喝咖啡等课间休息的时间，再加上巴西学生时间观念不强，课后不喜欢做作业，要在课上完成作业等原因，他们实际能掌握的教学内容少之又少，教学进度非常慢。但印象中有个75岁的巴西老太太开着车来学习，几乎每次都会迟到，写汉字的时候手颤巍巍的，我很感动，那一刻我感受到的是活到老、学到老，慢一点儿就慢一点儿吧。我告诉她慢慢写不着急，因此，整体的教学节奏快不得，在那儿的第一个学期我们只教完了拼音。

"r""l"不分？喝水没有"h"怎么能行？

教巴西学生不能快，一个学期的拼音教下来，我发现教好他们发音也不容易。巴西的官方语言是葡萄牙语，属于印欧语系罗曼语族，属于屈折语，主要依靠词形的变化表示语法关系。因此在教学过程中，我也遇到了不少难点。

一是发音方面，巴西学生学习语音时的难点是声母 b[p]、d[t]、g[k]，很容易发成送气塞音 p[pʰ]、t[tʰ]、k[kʰ]；而声母 h[x]则容易被省略，例如把"婚（hūn）"读成"温（wēn）"；在发 r[ʐ]和 l[l]的音时容易混淆二者，把"热（rè）"读成"乐（lè）"，或是发成颤音，发成颤音的原因是受到葡萄牙语里前舌颤音 r 和后舌颤音 rr 的影响单独发不出音来。在韵母的发音上，不会发舌面后音 a[ɑ]，发 o[o]时开口度太大，发 e[ɤ]时发成央元音 e[ə]，zhi、chi、shi 后面的[ʅ]和 zi、si、ci 后面的 i[ɿ]发音不准确，ü[y]在碰到 j [tɕ]、q [tɕʰ]、x [ɕ]时常常读成 u[u]的音，发鼻音韵母 en [ən]、in [in] 时容易和鼻音韵母 eng[ɤŋ]、ing [iŋ]混淆，如"成功"读成"chén gōng"，"热情"读成"rè qín"。

二是声调方面，由于葡萄牙语是没有声调的语言，在读汉语的声调时，在我看来，他们学习汉语四声的难度从小到大依次是去声、阴平、阳平和上声，在上课教学的时候灵活处理成为阴平、去声、阳平和上声的顺序比较好。

在上课的时候，我就把这些拼音和声调写在卡片上玩"连连碰"的游戏或者是"你比画我来猜"的游戏进行滚动式的练习。

拼音先行，汉字再跟上

在巴西很多学习者喜欢先学拼音，在拼音学习阶段基本不出现汉字阅读任务。因此，对于汉语作为第二语言的巴西学习者，我采用"语文分进"的教学模式：在解决了基本的汉语拼读教学后，再进行汉字教学。

在汉字的学习上，建立他们对汉字的基本认知至关重要。写汉字在很多巴西人的眼中就是画画，看他们写的字也的确像是画出来的。因此，在教汉字的初期不能着急，上课的时候我会介绍汉字的基本笔画，一笔一画地带着他们去写每一个汉字。为了使课堂不枯燥，我还会设计一些课堂小游戏，如"笔画知多少"小组比赛等。

有的教材难度跨度较大，我通常会进行拆分，首先选一些常用的象形字和指事字进行教学，再选择一些构字能力较强的汉字进行教学，最后在此基础上介绍汉字的相关部件，以及汉字的分解。在处理教材内容上，以"词"和"句"为教学重点，遵循拼音—字—词—句子的教学顺序进行教学。

汉语量词怎么这么多？

在葡萄牙语里，名词分为阴性名词和阳性名词，根据单复数不同，阴性名词前用 a/as，阳性名词前用 o/os。学生在学习量词的时候，遇到单数的情况常常都用"个"，而恰恰我们的量词是很丰富的，一个个去记住量词对他们来说是一个挑战。

词语上的另一个难题是汉语和葡语在用法上并不一致。比如"não"可以翻译成"不、没"，"novamente"可以翻译成"再、又"，"para"可以翻译成"对于、为了"，但是在汉语里这些词语的用法是不同的。

在语法上，葡萄牙语有一套语法系统，动词、时态都会随着语境发生变化，但是汉语的语法主要依靠语序和虚词来实现，有时还有隐现省略的情况，这对学生来说是非常难的。当遇到语法难点的时候，需要大量的操练，利用图片、实物等先导入例句，再给出句式，最后给情景，让每个学生说出一个句子来。

让卡片动起来

在周末的华侨天主堂中文学校，面对巴西成人会话班的学生，我采用自己熟悉的第二语言教学法，同时结合巴西的实际情况进行教学。

（1）"慢，再慢一点儿，慢滚雪球。"不同于国内将汉语作为第二语言的学生，巴西人学习汉语速度慢，原因主要是巴西人的性格慢、平均年龄较大和教学间隔时间长。我最大的感受是教巴西学生不能着急，各个教学环节都要放慢速度，一遍又一遍不厌其烦地重复，直到每个学生都掌握为止。每次上课前都要花时间或者在某个教学环节有意识地进行"滚雪球"似的复习。

（2）卡片"动起来"。由于大部分的巴西学校没有多媒体设备，我只好借助一些教具来进行教学，其中使用效果最好的是卡片。我会事先把生词写在卡片上。在课堂上，卡片可以有多种用途：在领读生词后，可以把学生分成小组，让不同的小组找出来"副词""动词""形容词""名词"等，然后分组抄写在黑板上，之后在讲解的时候进行搭配讲解，于无形中培养学生的搭配使用能力；把卡片摆放在黑板的凸角处，结合情境，进行句子练习；还可以打乱顺序让学生找出正确的摆放顺序；在听写环节，可以在学生完成听写后，按照听写顺序摆放卡片，让学生改正；还可以将卡片运用于词语复习环节。

（3）减少讲课时间，学生自己互助学习。由于我的葡语水平有限，不能与学生有效沟通，这就要减少讲课的时间，把大部分时间留给学生，并利用分组学习的特点，在每组里找到中文程度较好的那位让他起到"小老师"的作用，对于连"小老师"都不明白的问题，我需要再重新讲一遍。

老师，您觉得哪个队会赢？

在巴西这个足球王国，身处其中才真正感受到巴西人民对于足球的那种狂热，看球赛就像吃饭一样是日常必备。我外派巴西的 2014 年正好是巴西在举办世界杯，每当有巴西队比赛，巴西会全天放假，商场里、餐馆里、咖啡馆里，好多地方都悬挂着电视，人们聚在一起为进球而欢呼，为踢飞了一个球而唏嘘。当听见外面鞭炮一样的声音时，不用说，那肯定是巴西队进球了，那种感觉就像是中国人过年一样。那段时间，穿着巴西队队服走在大街上会碰到很多人对你微笑。在上课的时候，学生会问我："老师，您支持哪个球队？"这个时候你就要小心了，因为很多人都是某个球星的"铁粉"。当然前提是你得了解是哪两个队在比赛，还有队员叫什么名字。当时，为了增进跟学生的感情，我还和学生一样，专门去收集参赛队队员的卡片贴纸，在课下的时候跟他们交换，有时候还把比较难收集的队员卡片当作课堂奖励发给学生，有时候会让学生到黑板前讲这些球员的故事，还有的时候会设计一些小游戏，让学生扮演不同的国家队，这些都大大激发了学生的学习积极性。

如果说初到巴西的语言问题以及教学对象、教材和教学方法的不同让我遭遇了"教学休克期"，那么老教师的帮助、同事间的切磋以及自我不断的摸索就使我慢慢地过渡到了"教学甜蜜期"并享受其中。每当听到学生大声念课文或者背诵唐诗宋词时，那琅琅的读书声总让我恍惚以为是在国内的某所小学里；每当周日，我迎着阳光走进华侨天主堂中文学校，看着一位 75 岁的老太太，大老远地开着她的老"甲壳虫"来到学校，走进我的课堂，戴着老花镜，用布满老年斑的、颤巍巍的手一笔一画地写下汉字时，我都心怀感激；还有一位 47 岁，因为骑摩托不小心撞断了腿、打着石膏锲而不舍地来上课的同学，每次我帮她把脚放在另一把椅子上垫起来时，内心都充满了幸福和骄傲。

感谢

2014—2024 年，10 年，一路同行。

感谢巴西华侨天主堂中文学校的肖思佳神父、吴桂秋校长在外派时对我们细心周到、无微不至的照顾。感谢圣本笃中文学校的马老师、王老师、白老师、Sali 老师对我们教学和生活上的帮助。感谢德馨双语学校的魏万古校长、慈佑学校的罗淑君校长、幼华学园的陈丽娇校长、华侨天主堂的唐鄞济华校长、启智华文学校的张校长、中华会馆的张校长、乐儿学园的叶校长，以及那些可爱的孩子们在书稿写作期间给予的大力帮助。

感谢关注巴西研究的同行者。感谢中国社会科学院拉丁美洲研究所的郭存海老师、南京师范大学的杨新新老师、河北师范大学的乔建珍老师、湖北大学的杨小彬老师，让我觉得研究巴西"大有可为"。特别感谢一路同行的贾琳老师和澳门理工大学的张翔老师与我分享他在巴西的调研成果。感谢北京语言大学的李猛同学与我讨论他对巴西中文教学的经验和感受。

感谢我所任职的北京华文学院的大力支持！

该书的出版是一个总结，也是一个新的开始。

我轻揉双眼，缓步走向面东的落地窗，视线划过南回归线上的水泥丛林，正好迎接一轮攀爬上来的旭日。我知道她刚从北国的故乡而来，天涯是她光速的咫尺；她放射着我取暖的中华文化光芒，她输送着我汲取的中华文化滋养，她继续称我为中华文化的归人，而不是过客……

——邓幸光《南美华人天地》

陈雯雯
2024 年 7 月